GEPFICA
20 ANOS DE MEMÓRIAS FORMATIVAS DOCENTES NO CENTRO DE EDUCAÇÃO DA UFSM

Editora Appris Ltda.
1.ª Edição - Copyright© 2024 dos autores
Direitos de Edição Reservados à Editora Appris Ltda.

Nenhuma parte desta obra poderá ser utilizada indevidamente, sem estar de acordo com a Lei nº 9.610/98. Se incorreções forem encontradas, serão de exclusiva responsabilidade de seus organizadores. Foi realizado o Depósito Legal na Fundação Biblioteca Nacional, de acordo com as Leis nos 10.994, de 14/12/2004, e 12.192, de 14/01/2010.

Catalogação na Fonte
Elaborado por: Josefina A. S. Guedes
Bibliotecária CRB 9/870

G353g 2024	GEPFICA: 20 anos de memórias formativas docentes no Centro de Educação da UFSM / Helenise Sangoi Antunes, Rejane Cavalheiro (orgs.). – 1. ed. – Curitiba: Appris, 2024. 236 p. ; 23 cm. – (Geral). Inclui referências. ISBN 978-65-250-5848-1 1. Professores – Formação. 2. Alfabetização. 3. Formação permanente. I. Antunes, Helenise Sangoi. II. Cavalheiro, Rejane. III. Título. VI. Série. CDD – 370.71

Livro de acordo com a normalização técnica da ABNT

Appris *editora*

Editora e Livraria Appris Ltda.
Av. Manoel Ribas, 2265 – Mercês
Curitiba/PR – CEP: 80810-002
Tel. (41) 3156 - 4731
www.editoraappris.com.br

Printed in Brazil
Impresso no Brasil

Helenise Sangoi Antunes
Rejane Cavalheiro

GEPFICA
20 ANOS DE MEMÓRIAS FORMATIVAS DOCENTES NO CENTRO DE EDUCAÇÃO DA UFSM

FICHA TÉCNICA

EDITORIAL
Augusto Coelho
Sara C. de Andrade Coelho

COMITÊ EDITORIAL
Ana El Achkar (UNIVERSO/RJ)
Andréa Barbosa Gouveia (UFPR)
Conrado Moreira Mendes (PUC-MG)
Eliete Correia dos Santos (UEPB)
Fabiano Santos (UERJ/IESP)
Francinete Fernandes de Sousa (UEPB)
Francisco Carlos Duarte (PUCPR)
Francisco de Assis (Fiam-Faam, SP, Brasil)
Jacques de Lima Ferreira (UP)
Juliana Reichert Assunção Tonelli (UEL)
Maria Aparecida Barbosa (USP)
Maria Helena Zamora (PUC-Rio)
Maria Margarida de Andrade (Umack)
Marilda Aparecida Behrens (PUCPR)
Marli Caetano
Roque Ismael da Costa Güllich (UFFS)
Toni Reis (UFPR)
Valdomiro de Oliveira (UFPR)
Valério Brusamolin (IFPR)

SUPERVISOR DA PRODUÇÃO
Renata Cristina Lopes Miccelli

PRODUÇÃO EDITORIAL
Miriam Gomes

REVISÃO
José Bernardo

DIAGRAMAÇÃO
Andrezza Libel

CAPA
Lívia Costa

Dedicamos este livro aos professores e professoras que atuam desde a educação infantil até o ensino superior, que amam os seus alunos e alunas de forma incondicional, sem nenhuma discriminação de etnia, credo ou condição social e cultural.

AGRADECIMENTOS

Agradecemos aos integrantes do Grupo de Estudos e Pesquisas sobre Formação Inicial, Continuada e Alfabetização (Gepfica), que não mediram esforços para a escrita e o financiamento desta obra.

Ao Ministério da Educação, à SEB/MEC, ao Secadi/MEC, à reitoria e às pró-reitorias da UFSM, ao Centro de Educação, à Rede Nacional de Formação Continuada de Professores, aos coletivos de pesquisadores do Alfabrasil e da AlfaRede/AlfaRede-Sul, à Associação Brasileira de Alfabetização (Abalf), à Prefeitura Municipal e à Secretaria de Educação do Município de Santa Maria, ao Programa da Inovação Pedagógica (Proipe/UFSM), ao Fórum Municipal de Alfabetização de Santa Maria, ao Fórum Estadual de Alfabetização, à Associação Nacional pela Formação dos Profissionais da Educação (Anfope), ao Fórum Nacional de Diretores de Faculdades, Centros de Educação ou Equivalentes das Universidades Públicas Brasileiras (Forundir), à direção do Centro de Educação, aos Departamentos de Metodologia de Ensino e Administração Escolar, às escolas municipais e estaduais, aos professores alfabetizadores, da EJA, educadores infantis, professores universitários e, principalmente, a Deus, aos nossos familiares e a todos(as) que jamais desistem diante dos desafios da vida.

Prof.ª Dr.ª Helenise Sangoi Antunes
Coordenadora do Gepfica/UFSM
Santa Maria, 5 de janeiro de 2024

PREFÁCIO 1

O cenário brasileiro em relação à alfabetização é sempre de pequenos avanços e muitos retrocessos. Ao observarmos a história dos métodos de alfabetização no país, identificamos que, a cada investida política de um novo governo, são implementadas ações que indicam/sugerem/impõem um novo método de alfabetização, materiais didáticos e pacotes de formação de professores, encharcadas de discursos que desqualificam práticas anteriores e um novo método é apresentado como a grande solução para o problema do analfabetismo. Isso não resolveu, nem resolverá, os problemas que envolvem o ensino e aprendizagem da língua escrita, pois se trata de um processo complexo que não se reduz a um método.

As variáveis são diversas e de diferentes ordens, desde as que envolvem as especificidades em torno do ler e escrever até questões mais amplas, de ordem social, política, econômica, cultural, histórica e geográfica. Assim, é necessário articular ao ensino, à pesquisa e à extensão, sendo que, nesse contexto, as instituições públicas de ensino superior têm um papel importantíssimo. Os grupos de pesquisa, especificamente, sobre alfabetização têm uma demanda, uma contribuição e uma responsabilidade enorme diante de um país que tem um número expressivo de crianças, jovens, adultos e idosos analfabetos.

Sendo assim, desde 2002, o Grupo de Estudos e Pesquisa Sobre Formação Inicial, Continuada e Alfabetização (Gepfica) da Universidade Federal de Santa Maria e cadastrado no Diretório de Grupos de Pesquisa do CNPq, vem, ao longo de mais de 20 anos, contribuindo de forma comprometida com o ensino, pesquisa e extensão em torno da alfabetização e letramento, da formação inicial e continuada de professores, e da educação em escolas rurais.

Atualmente, o grupo é coordenado pela Prof.ª Dr.ª Helenise Sangoi Antunes, professora permanente do Programa de Pós-graduação em Educação (PPGE/UFSM), que não mede esforços para agregar participantes e colaboradores.

A Associação Brasileira de Alfabetização (Abalf) parabeniza o grupo e todo o trabalho realizado. Contamos com o apoio do grupo para fortalecer as ações da Abalf na gestão de 2024-2025.

Gabriela Medeiros Nogueira
Presidente da Associação Brasileira de Alfabetização
8 de janeiro de 2024
Itacorubi | Florianópolis - SC

PREFÁCIO 2

Celebrando o Gepfica

O Grupo de Estudos e Pesquisas sobre Formação Inicial, Continuada e Alfabetização (Gepfica) completou, em 2023, 20 anos de intensa atuação e contribuição para o campo da formação inicial e continuada de professores e para o campo da alfabetização. Ao longo dessa trajetória tem demonstrado a sua importância a partir dos projetos de ensino, de pesquisa e de extensão que são desenvolvidos pelos integrantes do grupo.

Parabenizo a líder do grupo, Prof.ª Dr.ª Helenise Sangoi Antunes, e os demais integrantes pelas importantes contribuições, destacando as desenvolvidas a partir das pesquisas sobre histórias de vida de professores alfabetizadores e sobre o ciclo de vida dos professores ao longo da carreira docente.

Desejo vida longa ao grupo e que esse coletivo se mantenha sempre à frente da luta por uma educação de qualidade, inclusiva, democrática e socialmente referenciada.

Dr.ª Gilceane Caetano Porto
Professora Associada da Faculdade Educação/UFPel
Líder do Grupo Interdisciplinar de Pesquisa em Educação Pública (Gipep)
Tutora do Programa de Educação Tutorial (PET) – Pedagogia (UFPel)
8 de janeiro de 2024
Pelotas, RS

APRESENTAÇÃO

Em comemoração aos 20 anos de criação do Grupo de Estudos e Pesquisas sobre Formação Inicial Continuada e Alfabetização (Gepfica), fomos desafiados a produzir artigos que reportassem a alguma passagem de pesquisa e/ou produção ocorrida no intervalo dessas duas décadas.

Prontamente, organizaram-se grupos e em poucas semanas os textos começaram a ser enviados para mim, que também fui desafiada pela liderança do Gepfica a organizar este material. Surge, então, este livro, com uma coletânea de histórias de vida, depoimentos de pesquisas de TCCs, mestrados e doutorados, experiências construídas no coletivo de trabalho de gestão e assessorias ao fazer pedagógico com colegas professores que desenvolvem suas docências em escolas públicas estaduais e municipais da Região Central Sul do Rio Grande do Sul.

O livro reúne, em 16 capítulos, passagens formativas na e para a docência, desenvolvidas a partir de pesquisas, estudos e cursos aderidos e/ou promovidos pelo Grupo de Pesquisa sob a liderança da Prof.ª Dr.ª Helenise Sangoi Antunes e da Prof.ª Dr.ª Débora Ortiz de Leão.

O escopo de abordagem desta obra está no percurso de 20 anos construídos em relações formativas docentes, seu aprofundamento e sua ampliação, com foco em histórias de vida, narrativas e análise de evidências observadas no processo de aprendizagem da leitura e da língua escrita.

O capítulo 1, **"Quando o grupo de pesquisa ultrapassa a entrega formativa docente"**, escrito a quatro mãos pelas autoras Débora Ortiz de Leão (vice-líder do Gepfica), Helenise Sangoi Antunes (líder do Gepfica), Rejane Cavalheiro e Zoraia Bittencourt (pesquisadoras do Gepfica), discorre em reflexões que reconhecem o quão importante é participar de um grupo de estudo com e como pesquisadores que se entregam a cada novo desafio formativo. Essa entrega, pela dedicação e comprometimento em apurar em si o melhor possível em termos de acompanhamento e seriedade nas questões de estudo e acolhimento daqueles que integram os objetivos pelos quais o grupo busca, muitas vezes ultrapassa seus objetivos primeiros. Passa a representar engajamento afetivo que ressignifica o pertencimento de cada um numa IES que se caracteriza pela impessoalidade, buscando, ao mesmo tempo, sua sujeição como pessoa que influencia e é influenciada por seus pares em níveis diferenciados de formação profissional docente.

O capítulo 2, intitulado **"Formação de professores: da identidade do eu à identidade do si pela construção da identidade biográfica"**, produzido por Júlio César da Rosa Machado na companhia de uma de nossas referências teóricas na área da educação no ensino superior, Maria Helena Menna Barreto Abrahão, nos apresenta alguns destaques de pesquisa sobre o viés de construção da identidade biográfica e o quanto estas contribuem para o perfil assumido por cada um de nós professores ao longo da carreira e profissão. Ao ler o texto, atenha-se à beleza das figuras de linguagem que nos auxiliam em sua compreensão.

O capítulo 3, **"Tornar-se professor e investigador na formação inicial: um processo de construção de identidade e valorização profissional"**, traz ideias de *além-mar*. Suas autoras, Conceição da Costa Leal e Beatriz Calado, são portuguesas da cidade de Évora, e suas pesquisas revelam buscas que se entrecruzam às produzidas no Brasil, mais especificamente aquelas que emanam do Gepfica, entre outros grupos de pesquisa do Centro de Educação de nossa querida Universidade Federal de Santa Maria e do Brasil como um todo. Abordam o fortalecimento da profissão a partir de sua valorização como um processo contínuo e qualificador a partir dos achados que, ao longo das diferentes trajetórias, professores investigadores vislumbram sobre a própria profissão.

O capítulo 4, **"A ética e a estética na formação de professores alfabetizadores"**, foca a pesquisa realizada na direção da ética nas relações docentes, destacando a importância do equilíbrio entre a ética e a estética na formação. O texto foi produzido por Clarice Megier, Crystina D'Andrea e Helenise Antunes. As autoras revelam no texto que memórias de suas docências levam-nas a perceber que se constituem a partir das oportunidades de encontros de amorosidade que mediaram o objetivo de formação vividos nos tempos e espaços educadores que envolvem o Gepfica da Universidade Federal de Santa Maria.

Caro leitor, cara leitora, ao término desse capítulo será possível perceber o entrelaçamento deste com os demais trabalhos que integram esta coletânea comemorativa ética e esteticamente afetiva e teórica.

Ao nos depararmos com o capítulo 5, produzido por Loiva Chansis, Helenise Antunes, Priscila Giovelli e Elcí Tonetto sob o título de **"Mosaicos de memórias: os saberes e fazeres docentes"**, é possível ver emergir o quão envolventes de vida e buscas formativas para a docência se constituem as trajetórias que combinam experiências pessoais e de profissão, utilizando a concepção de mosaicos para definir tais recombinações infinitas de possibilidades e acolhimento. Cada um(a) do seu jeito, cada um(a) a seu tempo.

No capítulo 6, **"Percursos formativos: o Gepfica ressignificando o aprender e o ensinar"**, as autoras Beatriz Pontes, Eliane Nikele e Liliane Ortiz discutem como a pesquisa influencia na compreensão dos processos de aprendizagem e as consequências nas práticas do ensinar. As autoras apresentam possibilidades e aproveitamento destas na trajetória formativa de cada uma. Às vezes, pensamos que as ações dão-se em relações particulares, mas nos surpreendemos quando constatamos que estas podem ser bem mais abrangentes e inclusivas do que pensávamos.

O capítulo 7, **"Formação continuada de professoras alfabetizadoras por meio de grupos de estudos: um olhar sobre o Gepfica"**, emerge de uma pesquisa realizada na Universidade Federal de Pelotas-RS com a participação do Gepfica/UFSM, escrito por Cristian Stakonski e sua orientadora de estudos Zoraia Bittencourt.

O capítulo 8, **"Quatro vidas que se encontram: reflexões de um grupo de professoras sobre os caminhos da alfabetização"**, escrito pelas autoras Caroline Romanowsk, Gabriela Oliveira, Thaieni Costa e Fernanda Vogel, retrata as aproximações entre a graduação e a pós-graduação, professores e técnicos administrativos em educação dentro de um grupo de pesquisa. Todo esse movimento numa dinâmica atuante nas premissas de ensino, pesquisa, extensão e gestão. As autoras se propõem a demonstrar como os caminhos se cruzam e tornam tão significativas as vivências e interações sociais construídas a partir da empatia e respeito mútuo.

O capítulo 9, **"Grupo de Estudos e Pesquisa Sobre Formação Inicial, Continuada e Alfabetização (Gepfica): 20 anos de experiências formativas"**, tem autoria de Clarice Megier, Elcí Tonetto, Felipe da Silva e Helenise Antunes. O texto discorre sobre importantes experiências vivenciadas pelas pesquisadoras/autoras no Grupo de Estudos e Pesquisa sobre Formação Inicial, Continuada e Alfabetização.

O capítulo 10, **"Educação fiscal como estratégia para a construção de cidadania"**, escrito pelas autoras Rosaura Vargas e Helenise Antunes, discorre sobre uma parceria do Gepfica/UFSM com a comunidade de Santa Maria no sentido de estimular a participação de crianças, jovens e adultos no conhecimento e valorização da educação fiscal nas escolas do município e região central do Rio Grande do Sul.

O capítulo 11, intitulado de "**Transparência e Democracia Escolar Como Suporte À Valorização Docente Pela Gestão**", foi escrito por Andressa de Senne Cargnin; Helenise Sangoi Antunes; Loiva Isabel Marques Chansis; Ricardo Mateus Klein Cargnin e Rodrigo Roratto. O texto abre a possibilidade de o leitor conhecer o que as professoras alfabetizadoras sentiram em relação ao seu exercício profissional e suas lembranças de um momento tão complexo que foi a pandemia de Covid-19. Um artigo muito instigante, pois, como leitores, somos convidados a nos colocarmos no lugar das professoras.

O capítulo 12, "**O impacto do Pnaic/Gepfica-UFSM na formação continuada de professores**", foi elaborado pelas autoras Elizandra Gelocha, Julia Dolwitsch, Marijane Rechia, Rejane Cavalheiro e Thaís Stangherlin. Nesse artigo, temos a escrita de autoras que fizeram parte da equipe de professoras formadoras e equipe de apoio à coordenação do programa federal Pacto Nacional pela Alfabetização na Idade Certa (Pnaic), todas com o olhar de pesquisadoras em educação, que aliam a expertise técnica com o conhecimento teórico-metodológico docente e constroem um artigo muito bem estruturado e envolvente.

O capítulo 13 aborda "**As memórias afetivas das professoras alfabetizadoras em tempos de pandemia: estudos do Gepfica sobre as narrativas de histórias de vida**". O texto, escrito por Graciele Conrad Benz; Marta Regina Fontoura; Mariane Bolzan; Noeli Oliveira de Camargo; Patricia Miolo, traz à pauta do nosso livro as memórias afetivas sobre as professoras alfabetizadoras durante a pandemia. São recortes que destacam a reflexão sobre situações que afetaram e tornaram tão desafiante a ação docente por terem que lidar, sem saber, com uma realidade que utilizava câmeras como mediadoras de ensino e aprendizagem.

No capítulo 14 apresentamos o texto "**Biosofia em educação... Das cidades educadoras à educação de formação integral institucionalizada**", escrito por Beatriz Pontes, Crystina D'Andrea e Sabrina Garcez. Diante dos atuais desafios da humanidade é fundamental pensar sobre uma educação integral, com possibilidades de cuidar dos indivíduos para a vida pessoal e social. Não é um desafio fácil, mas algo complexo, que precisamos, gradativamente, considerar como algo possível de ser implementado. As autoras acreditam nessa possibilidade e escrevem um texto instigante e desafiador, convidando o leitor a adentrar na Biosofia associada à Educação.

O capítulo 15, intitulado "**A relevância dos programas de formação continuada nos processos formativos de professores alfabetizadores**", é proposto pelas autoras Rejane Cavalheiro e Helenise Antunes, numa ênfase à força e a importância de programas de formação continuada dos professores alfabetizadores com foco no poder da criação humana e na instauração de novos sentidos e significados para os processos formativos potencializadores da docência que protagoniza o ensino a partir da aprendizagem, afetivamente.

E, finalizando, apresentamos o capítulo 16 que convida a todos a revisitarem seus próprios paradgimas no que se refere à formação de professores. Sob o título de "**Revisitando o paradigma da complexidade e a experiência interdisciplinar/transdisciplinar na formação de professores**", as autoras Lorena Peterini Marquezan, Helenise Sangoi Antunes e Ane Carine Meurer debruçam-se sobre os resultados de pesquisa que deram origem ao texto de tese de Lorena P. Marquezan.

Desejamos a todas e todos uma profícua oportunidade de leitura prazerosa, como foram também prazerosas as oportunidades de produção de cada um dos textos aqui apresentados.

As organizadoras

SUMÁRIO

INTRODUÇÃO 23

1
QUANDO O GRUPO DE PESQUISA ULTRAPASSA A ENTREGA
FORMATIVA DOCENTE 25
Débora Ortiz de Leão
Helenise Sangoi Antunes
Rejane Cavalheiro
Zoraia Aguiar Bittencourt

2
FORMAÇÃO DE PROFESSORES: DA IDENTIDADE DO EU À IDENTIDADE
DO SI PELA CONSTRUÇÃO DA IDENTIDADE BIOGRÁFICA 37
Júlio César da Rosa Machado
Maria Helena Menna Barreto Abrahão

3
TORNAR-SE PROFESSOR E INVESTIGADOR NA FORMAÇÃO INICIAL:
UM PROCESSO DE CONSTRUÇÃO DE IDENTIDADE E VALORIZAÇÃO
PROFISSIONAL.. 55
Beatriz Calado
Conceição Leal da Costa

4
A ÉTICA E A ESTÉTICA NA FORMAÇÃO DE PROFESSORES
ALFABETIZADORES... 71
Clarice Marlene Rucks Megier
Crystina Di Santo D'Andrea
Helenise Sangoi Antunes

5
MOSAICO DE MEMÓRIAS: OS SABERES E FAZERES DOCENTES...... 85
Elcí da Silva Tonetto
Helenise Sangoi Antunes
Loiva Isabel Marques Chansis
Priscila Michelon Giovelli

6
PERCURSOS FORMATIVOS: O GEPFICA RESSIGNIFICANDO O APRENDER E O ENSINAR........95

Beatriz Santos Pontes
Eliane Nikele
Liliane Goreti Portinho Ortiz

7
FORMAÇÃO CONTINUADA DE PROFESSORAS ALFABETIZADORAS POR MEIO DE GRUPOS DE ESTUDOS: UM OLHAR SOBRE O GEPFICA........109

Cristian Fátima Stakonski
Zoraia Aguiar Bittencourt

8
QUATRO VIDAS QUE SE ENCONTRAM: REFLEXÕES DE UM GRUPO DE PROFESSORAS SOBRE OS CAMINHOS DA ALFABETIZAÇÃO.....121

Caroline Leonhardt Romanowski
Fernanda Ferreira Vogel
Gabriela Dos Santos Oliveira
Thaieni Mazetto Costa

9
GRUPO DE ESTUDOS E PESQUISA SOBRE FORMAÇÃO INICIAL, CONTINUADA E ALFABETIZAÇÃO: 20 ANOS DE EXPERIÊNCIAS FORMATIVAS........133

Clarice Marlene Rucks Megier
Elcí da Silva Tonetto
Felipe Costa da Silva
Helenise Sangoi Antunes

10
EDUCAÇÃO FISCAL COMO ESTRATÉGIA PARA A CONSTRUÇÃO DE CIDADANIA........145

Helenise Sangoi Antunes
Rosaura Vargas

11
TRANSPARÊNCIA E DEMOCRACIA ESCOLAR COMO SUPORTE À VALORIZAÇÃO DOCENTE PELA GESTÃO 157

Andressa de Senne Cargnin
Helenise Sangoi Antunes
Loiva Isabel Marques Chansis
Ricardo Mateus Klein Cargnin
Rodrigo Roratto

12
O IMPACTO DO PNAIC/GEPFICA-UFSM NA FORMAÇÃO CONTINUADA DE PROFESSORES 169

Elizandra Aparecida Nascimento Gelocha
Julia Bolssoni Dolwitsch
Marijane Rechia
Rejane Cavalheiro
Thaís Virgínea Borges Marchi Stangherlin

13
AS MEMÓRIAS AFETIVAS DAS PROFESSORAS ALFABETIZADORAS EM TEMPOS DE PANDEMIA: ESTUDOS DO GEPFICA SOBRE AS NARRATIVAS DE HISTÓRIAS DE VIDA 183

Graciele Conrad Benz
Mariane Bolzan
Marta Regina Fontoura
Noeli Oliveira de Camargo
Patricia Miolo

14
BIOSOFIA EM EDUCAÇÃO... DAS CIDADES EDUCADORAS À EDUCAÇÃO DE FORMAÇÃO INTEGRAL INSTITUCIONALIZADA.... 193

Beatriz Santos Pontes
Crystina Di Santo D'Andrea
Sabrina Garcez

15
A RELEVÂNCIA DOS PROGRAMAS DE FORMAÇÃO CONTINUADA NOS PROCESSOS FORMATIVOS DE PROFESSORES ALFABETIZADORES.. 209

Helenise Sangoi Antunes
Rejane Cavalheiro

16

REVISITANDO O PARADIGMA DA COMPLEXIDADE E A EXPERIÊNCIA INTERDISCIPLINAR/TRANSDISCIPLINAR NA FORMAÇÃO DE PRO-FESSORES 219

Ane Carine Meurer
Helenise Sangoi Antunes
Lorena Peterini Marquezan

SOBRE AS AUTORAS E AUTORES DESTE LIVRO......................... 233

INTRODUÇÃO

Tivemos a oportunidade de organizar esta obra num período complexo que a humanidade vivencia: problemas de ordem econômica, cultural, educacional, ambiental entre outros. No entanto, a esperança em tempos melhores nos movimentou a instigar o nosso Grupo de Pesquisa a propor textos que os reportasse à memórias da aproximação de vários professores, pesquisadores, estudantes da graduação e pós-graduação com a educação, formação inicial e permanente de professores via participação nas atividades desenvolvidas pelo GEPFICA/ PPGE/UFSM.

O Grupo de Estudos e Pesquisas sobre Formação Inicial, Continuada e Alfabetização, sob a coordenação da Prof.ª Dr.ª Helenise Sangoi Antunes, nos remete a memórias inesquecíveis quando assumiu a coordenação institucional da Universidade Federal de Santa Maria do Programa Pacto Nacional pela Alfabetização na Idade Certa, financiado pelo MEC/SEB. Nesta oportunidade conhecemos a força e a coragem do referido Grupo, que não mediu esforços para organizar e fazer acontecer uma formação que, ao integrar um programa de âmbito nacional de qualificação aos processos praticados em alfabetização, tornava viável a prática ao direito à formação continuada dos professores alfabetizadores das escolas públicas do país. Neste sentido, outras propostas desenvolvem-se desde o ano de 2002 a partir de projetos de pesquisa financiados pela FAPERGS e CNPq e que sustentam a produção deste grupo. Também vimos, por meio de livros e artigos publicados, os produtos dos projetos de extensão financiados pela SECADI\MEC, como a "Escola que Protege", e SEB\MEC, com o PROLETRAMENTO.

Ao acompanhar durante o ano de 2022 e 2023 as iniciativas deste importante Grupo, tivemos o conhecimento durante as palestras do IX Seminário Nacional de Formação de Professores os produtos e a inserção social através do amadurecimento do convênio interinstitucional entre o GEPFICA\UFSM e o CEALE\UFMG, que nos credenciou a participar da Rede Nacional de Formação Continuada de Professores através dos Programas Pró-Letramento e Pacto Nacional pela Alfabetização na Idade Certa. Todo esse conjunto de ações motivou o GEPFICA/UFSM a participar de dois convênios internacionais: o da Asociación de Universidades Grupo Montevideo (AUGM) e o da Universidade do México. Atualmente, continuam ao longo destes vinte anos de ações extensionistas com Secretarias de Municípios do Rio Grande do Sul e mais recentemente do Programa Institucional GEOPARQUES/UFSM.

Ao longo dos 16 capítulos reunidos neste livro intitulado como *GEP-FICA - 20 anos de memórias formativas docentes no Centro de Educação da UFSM* convidamos os leitores a se envolverem nos desafios da alfabetização e nas histórias de vida de professores(as) alfabetizadores nos processos de formação inicial e permanente.

1

QUANDO O GRUPO DE PESQUISA ULTRAPASSA A ENTREGA FORMATIVA DOCENTE

Débora Ortiz de Leão
Helenise Sangoi Antunes
Rejane Cavalheiro
Zoraia Aguiar Bittencourt

Introdução

Este capítulo traz como escopo as influências originadas nas relações de pesquisadores integrantes de um Grupo de Estudos e Pesquisas formado inicialmente pelo interesse de compartilhar o desejo de desenvolver projetos e ingressar em cursos de mestrado e doutorado numa instituição pública federal de Educação Superior. Especificamente, o foco de abordagem estará sobre os processos formativos que perpassaram o desenvolvimento do Pacto Nacional pela Alfabetização na Idade Certa, referido como Pnaic (2012-2018).

O Pnaic teve como compromisso a alfabetização de todas as crianças até o final do 3º ano do ensino fundamental, a redução da idade-série em toda a educação básica, a melhoria do Índice de Desenvolvimento da Educação Básica (Ideb), a qualificação da formação de professores alfabetizadores e a construção coletiva de propostas para definição dos direitos de aprendizagem das crianças até 8 anos de idade. Para tal, teve como base três eixos de ação, sendo eles: (i) a formação continuada de professores alfabetizadores; (ii) a distribuição de materiais didáticos, de livros de literatura infantil, bem como de jogos e tecnologias educacionais de apoio à alfabetização; (iii) a realização constante de avaliações externas, inicialmente com a Provinha Brasil e, posteriormente, com a aplicação da Avaliação Nacional de Alfabetização (ANA); e (iv) a gestão, o controle e a mobilização social a partir de um trabalho em rede com definição de responsabilidades entre Ministério da Educação, instituições de ensino superior (IES), estados, Distrito Federal e municípios.

O presente capítulo discutirá especificamente o Eixo Formação de Professores, o qual ficou sob responsabilidade das universidades federais brasileiras. Os encontros formativos dos professores alfabetizadores foram organizados por IES de todas as regiões do país, atuando com as redes estaduais e municipais de ensino de acordo com a sua região de abrangência. A partir de um conjunto de materiais de formação disponibilizado pelo MEC, intitulado "Organização do Trabalho Pedagógico na Perspectiva da Inclusão e da Interdisciplinaridade", foram distribuídos dez cadernos com textos teóricos sobre os temas da formação, contendo, ainda, relatos de professores e sugestões de atividades, os quais tinham como objetivo "ampliar as discussões sobre alfabetização na perspectiva do letramento, numa abordagem interdisciplinar" (Brasil, 2015, p. 7).

O curso elaborado pelas IES, além do conhecimento teórico e da mediação de especialistas no campo da alfabetização e de demais áreas interdisciplinares, bem como da acolhida dos saberes de experiência trazidos pelos professores alfabetizadores como ponto de partida e de chegada, previa a articulação desse trabalho com os cadernos de formação, sempre pensando em proposições que envolvessem a prática da reflexividade, a socialização e a colaboração entre todos/as. O Pnaic, assim, entendia que, para atingir a Meta 5 do Plano Nacional de Educação, quer seja "alfabetizar as crianças até, no máximo, os oito anos de idade, ao final do 3º ano do ensino fundamental", o investimento deveria ser feito na formação dos professores alfabetizadores, uma vez que reconhecia "a formação continuada de professores como uma das vias principais de acesso à melhoria do ensino" (Brasil, 2015, p. 19).

O que sugere o título deste texto é a dimensão que o programa tomou respondendo à grande inquietação nacional de insucesso na alfabetização na primeira etapa escolar da educação básica. O foco que valorizava a trajetória formativa dos professores e professoras alfabetizadoras, partindo de suas práticas, foi o grande diferencial da maioria dos programas que o antecederam. A consideração das propostas metodológicas presentes no cotidiano escolar marcou o ponto de partida de um processo reflexivo sobre um si mesmo pessoal profissional como convite de transformação desejada por todos: escola, professores, crianças e famílias.

De tanto tentar aprender a não desistir, aprendemos a insistir

As práticas docentes, sobretudo nos anos iniciais do ensino fundamental, geralmente ultrapassam a contagem das horas de trabalho, do salário recebido, e agregam compras de materiais diversos para uso em sala de aula, muitas vezes até mesmo para uso de alunos que não dispõem seguidamente de material para uso pessoal. E isso é tão comum que equivocadamente tais compensações passam a fazer parte dos filtros que decantam o fazer pedagógico como se dele fossem parte.

De tanto tentarmos compreender e até mesmo compensar muitas das faltas com as quais nos deparamos, nos transformamos em pontes no intuito de suprir de alguma forma essas *fendas* da vida real. Nestas, somos inseridos e nos inserimos na escola brasileira. Somos também parte dessas fendas resultantes de faltas, desde aquelas materiais até as estruturais, dos prédios que abrigam um grande número das instituições escolares, bem como daquelas que se revelam a partir de condições individuais das famílias. Essas fendas familiares, muitas vezes, são reconhecidas como lacunas afetivas, as quais têm papel importante como produtoras de autonomia necessária para que a aprendizagem aconteça.

De tanto tentar contornar com criatividade afetiva/pedagógica/compensatória/transformadora/reveladora/motivadora/valorativa e de engajamento, aprendemos a ser professores e professoras contornando essas e outras manobras que afetam nossa autoestima pessoal e profissional, nossa auto e heteroformação para a docência, assim como as vidas de nossos estudantes e de suas famílias. A formação continuada se revela, assim, uma necessidade permanente e um direito conquistado em lei conforme previsto no Art. 62 da LDB 9394/96. Uma formação permanente implica o entendimento de que os seres humanos são inconclusos e estão sempre em busca de saber mais. Além disso, essa formação deve partir da realidade prática e igualmente incidir sobre ela na busca pela mudança necessária das condições de trabalho e na qualidade do ensino oferecido à população.

Conforme Freire (1998, p. 25),

> [...] não há docência sem discência, as duas se explicam e seus sujeitos, apesar das diferenças que os conotam, não se reduzem à condição de objeto, um do outro. Quem ensina aprende ao ensinar e quem aprende ensina ao aprender.

Ainda em *Pedagogia da Autonomia*, Paulo Freire (1998) enfatiza que:

> [...] o saber que a prática docente espontânea ou quase espontânea, 'desarmada', indiscutivelmente produz é um saber ingênuo, um saber de experiência feito, a que falta a rigorosidade metódica que caracteriza a curiosidade epistemológica do sujeito. [...] O que se precisa é possibilitar que, voltando-se sobre si mesma, através da reflexão sobre a prática, a curiosidade ingênua, percebendo-se como tal, se vá tornando crítica (Freire, 1998, p. 43).

A partir da experiência no contexto da Secretaria de Educação de São Paulo (SME-SP), Freire detalhou o que entendia por formação permanente, citando seis princípios básicos nos quais deveria ser baseada e que nos servem de inspiração até os dias atuais, quais sejam:

> 1) O educador é o sujeito de sua prática, cumprindo a ele criá-la e recriá-la. 2) A formação do educador deve instrumentalizá-lo para que ele crie e recrie a sua prática através da reflexão sobre o seu cotidiano. 3) A formação do educador deve ser constante, sistematizada, porque a prática se faz e se refaz. 4) A prática pedagógica requer a compreensão da própria gênese do conhecimento, ou seja, de como se dá o processo de conhecer. 5) O programa de formação de educadores é condição para o processo de reorientação curricular da escola. 6) O programa de formação de educadores terá como eixos básicos: - a fisionomia da escola que se quer, enquanto horizonte da nova proposta pedagógica; - a necessidade de suprir elementos de formação básica aos educadores nas diferentes áreas do conhecimento humano; - a apropriação, pelos educadores, dos avanços científicos do conhecimento humano que possam contribuir para a qualidade da escola que se quer (Freire, 2000, p. 80).

A partir dessas concepções, buscamos imprimir ao nosso trabalho uma marca de resistência e de compromisso com a formação de professores das redes de ensino. Nesse sentido, as formações buscam qualificar os processos formativos a partir do conhecimento profundo das mazelas pedagógicas vividas pelos professores e professoras no primeiro ciclo de alfabetização. Tais mazelas passam a representar fissuras nos conteúdos por abordagens inadequadas, impedimentos de toda ordem e, mesmo assim, não presenciam a desistência em investirem o fazer seu melhor. A própria configuração do ciclo de alfabetização foi pensada no contexto das políticas de formação docente como uma garantia de educação para todos com a negação da lógica excludente e competitiva e a adoção de uma lógica de solidariedade e de inclusão. Dessa forma, o ciclo de alfabetização é compreendido como uma organização curricular que pressupõe a progressão de ensino e a progressão das aprendizagens.

Ao tentar preencher lacunas formativas, os programas de formação continuada, via de regra, pulam partes importantes do processo. Pelas urgências de elevar resultados, não raro, queimam a etapa de trabalhar considerando o processo das teceduras oriundas dos enfrentamentos que o cotidiano de sala de aula trata de desenvolver um pouco a cada dia ao longo dos anos de profissão. É a aprendizagem da docência em meio ao possível e ao desejo de ideal. Em frente ao necessário e ao disponível. Entre a teoria e a adequação desta na realidade de cada escola, cada sala de aula e cada criança.

Percorrer tais movimentos faz parte do processo autoformativo. Vê-los como parte da metodologia proposta de formação continuada é valorativo às trajetórias pessoais que vão amalgamando concepções ao mesmo tempo que nelas decantam transformações. Essa foi a linha teórico-prática de abordagem adotada no Pacto Nacional pela Alfabetização na Idade Certa (Pnaic). Conforme expresso no documento orientador do Pnaic (Brasil, 2012, p. 23, grifo nosso),

> É fundamental assegurar uma formação inicial e continuada que valorize a trajetória profissional, mas que torne esta etapa de ensino mais atrativa para os professores, assegurando as condições necessárias para que eles desempenhem seu trabalho com competência e entusiasmo.

Por sua vez, uma trajetória profissional é definida como

> [...] um processo que envolve o percurso dos professores em uma ou em várias instituições de ensino, nas quais estão ou estiveram engajados. [...] é um processo complexo em que fases da vida e da profissão se entrecruzam, sendo único em muitos aspectos (Morosini, 2003, p. 370).

Essa formação continuada era pensada no Pnaic como uma imersão numa proposta que partia do eu formativo de cada participante propondo materiais de apoio, mas sem instruir seu modelo de uso. Essas formações, como dito, eram ofertadas pelas universidades federais do país, e aqui especificamente estamos nos referindo à formação pensada pela Universidade Federal de Santa Maria (UFSM). Tal formação, pela proposta presente em seus documentos orientadores, tem sua base em uma formação em rede entre universidades, secretarias municipais e estaduais de ensino, escolas da região de abrangência de cada instituição de ensino superior (IES). Como forma de viabilizar a formação dos professores do ciclo de alfabetização (1º, 2º e 3º anos do ensino fundamental) das escolas do país, um grupo de professores de cada escola participava dos encontros formativos na universidade, coordenado por professores universitários e por uma equipe de professores de escolas com experiência em formação docente, para, posteriormente, compartilharem tais aprendizagens e reflexões com seus colegas nos seus locais de trabalho. A ideia concretizou-se nessa exploração de possibilidades que passaram a representar parcerias, diálogos compartilhados, reportes coletivos de experiências construídas junto ao desejo de professores e de professoras de crianças em processo de alfabetização com as quais desenvolveram renovadas propostas de ensino e de aprendizagem no retorno às suas cidades de origem e respectivas salas de aula. Para tanto, o documento orientador do Pnaic (2012, p. 23) já previa que:

> Uma das possibilidades de superação de dificuldades é a oportunidade de discutir com outros profissionais da educação, o que pode favorecer a troca de experiências e propiciar reflexões mais aprofundadas sobre a própria prática. Isso só é possível quando a formação é integrada ao cotidiano da escola, com garantia de ambiente adequado e tempo para os momentos individuais e coletivos de estudo, sem prejuízo dos dias e horas letivos, assegurando os direitos dos estudantes.

O Pacto Nacional pela Alfabetização na Idade Certa (Pnaic), como um conjunto de ações que tinha como eixo principal a formação continuada de professores alfabetizadores, teve um viés de formação preocupada em manter como referência o universo diferenciado de municípios e realidades culturais de onde vieram e para onde retornariam estes profissionais da educação. O diferencial do Pnaic foi cada um desses pressupostos e o seu conjunto. Promover e projetar com o coletivo docente uma formação sustentada pela autorreflexão resultante da retomada pausada e sucessiva sobre as próprias práticas é quase uma ousadia se tomarmos por princípio a compreensão de que aprender e ensinar não são um único movimento. Como defende Freire (1998, p. 43), "na formação permanente de professores, o momento fundamental é o da reflexão crítica sobre a prática. É pensando criticamente a prática de hoje e de ontem que se pode melhorar a próxima prática". Talvez essa tenha sido a premissa mais importante dessa proposta de formação continuada.

Nessa direção, as manobras de reflexão sobre as próprias práticas presentes como pano de fundo de uma formação continuada em nível nacional como o Pnaic projetaram uma espécie de catapulta pedagógica que transformou os processos de abordagem ao desenvolvimento de propostas de alfabetização. Não foi uma formação dedicada ao ensino de métodos. O próprio material de base da formação rejeitava a ideia de que um método seria suficiente para alfabetizar as crianças, uma vez que

> [...] os métodos e estratégias que levam as crianças a somente apropriar-se do sistema de escrita, encarando-a como um código a ser memorizado, são insuficientes para suprir tais demandas (Brasil, 2012, p. 19).

Sobre esse aspecto, as formações problematizaram muitas práticas e desacomodaram professores acostumados com materiais didáticos e cartilhas em forma de materiais xerocopiados.

Portanto, foi uma introspecção ao que cada professor e professora tinha em si construído em concepções sobre os seus processos de serem docentes autoconfrontados aos resultados de suas abordagens no intuito de ensinar seus estudantes a ler e a escrever. Um processo que remexe as certezas, deixando à tona mais dúvidas do que passos a serem seguidos, ultrapassa a entrega do que inicialmente se propunha a ser uma qualificação formativa e avança em resgates de autoestima, de autonomia, de criatividade e de retomadas reflexivas ao próprio processo. É nesse princípio que o Pnaic se distanciou de todos os outros programas de formação continuada docente até então propostos, uma vez que a formação teve como base o

> [...] protagonismo do docente para a construção de sua autonomia pedagógica, observando o pressuposto de que a finalidade de qualquer programa de formação deve ser proporcionar ao professor saberes que lhe permitam buscar, por meios próprios, caminhos que auxiliem o seu desenvolvimento profissional (Brasil, 2015, p. 7).

A partir de situações construídas nos intervalos dos encontros presenciais, havia a reorganização de abordagens no coletivo e se consolidava num planejamento participativo. O planejamento participativo pressupõe que as ideias de cada participante sejam respeitadas e colocadas livremente no grupo para que se possam escolher aquelas que melhor se adequam à situação, ao tempo, às condições e aos recursos.

Ainda tendo como pressuposto a coparticipação, o que produziu comprometimento, debruço teórico sobre a prática para compreendê-la e justificá-la para si mesmo e, neste processo, a reconstrução de novas abordagens que se sustentassem na compreensão e na escolha metodológica para desenvolvê-la. Sem modelos, sem *linhas pontilhadas* de desenvolvimento da docência e professoralidade, o que caracteriza uma transformação sobre o pensar no processo de alfabetização no Brasil, o Pnaic assumiu robustez para ressignificar propostas que treinam e propostas que ensinam desafiando diferentes compreensões.

Ao posicionar-se na criação de propostas de ensino, a docência assume seu lugar de importância para o sentir, o observar, o regular, o enxergar, moderando e avançando com situações não previsíveis e problematizadoras de ensino. Assume-se, assim, uma concepção de docência a partir do seguinte verbete:

> [...] ponto de vista dos professores sobre a docência como criação mental e possibilidade de compreensão. [...] como dinâmicas em que se articulam processos reflexivos e práticas efetivas, em permanente processo construtivo ao longo da carreira docente. Brota da vivência dos professores, apresentando componentes explícitos e implícitos, envolvendo tantos saberes advindos do senso comum, como do conhecimento socialmente elaborado e organizado. Nesse sentido, são atravessados por expectativas (projeções), sentimentos, apreciações que acompanham a linha temporal da trajetória docente (Morosini, 2003, p.372).

A aprendizagem provém da descoberta daquele que aprende, e não da dosagem daquele que ensina. Além do conteúdo, são necessárias as pontes comunicativas entre o/a professor/a e aquela criança que quer aprender.

O Pnaic entregou, para além de uma formação docente, a retomada do possível, da densidade do processo, e não a sua extensão.

Dentre inúmeros tateamentos no desenvolvimento do Programa, que durou de dezembro de 2012 a julho de 2018, esteve presente o censo de equipe, a importância de cada integrante, a influência de cada um no fazer do outro e com o outro. Muitas vezes, esse fazer se deu também *pelo* outro. Isso porque uma formação que durou cinco anos em interações, seminários, exposições, visitas a quase 150 municípios, trocas de governantes municipais, construção de materiais com os diferentes departamentos que compõem o Centro de Educação da UFSM, liderados pelo Grupo de Estudos e Pesquisa sobre Formação Inicial, Continuada e Alfabetização (Gepfica), apresentou situações imprevistas, todas contornadas e solucionadas com o empenho e o compromisso de seus integrantes.

O Gepfica é um grupo de estudos e pesquisas que há anos tem se dedicado a congregar esforços formativos envolvendo todos os níveis da educação superior, da graduação à pós-graduação. É um grupo consolidado na plataforma do Diretório de Grupos de Pesquisas do CNPq pelo amplo e variado leque de projetos e ações no âmbito da formação docente. De acordo com o expresso no Diretório de Grupos de Pesquisas do CNPq, um grupo de pesquisa é:

> [...] definido como um conjunto de indivíduos organizados hierarquicamente em torno de uma ou, eventualmente, duas lideranças: cujo fundamento organizador dessa hierarquia é a experiência, o destaque e a liderança no terreno científico ou tecnológico, no qual existe envolvimento profissional e permanente com a atividade de pesquisa.

No caso do Gepfica, o processo de liderança ocorre de forma muito mais abrangente, tendo em vista a descentralização no processo de gestão da formação. Nesse grupo, professores são gestores do processo educativo e a organização própria dos estudantes que se comprometem com as atividades do grupo demonstra que o conceito de democracia ganha contornos ainda mais relevantes. No que se refere à condução da formação no âmbito do Pnaic, a liderança igualmente esteve com cada um dos professores formadores da equipe e de todos os professores participantes, também formadores da própria docência com densas influências na formação docente de colegas: aqueles que se deslocavam até Santa Maria e aqueles que permaneciam nas cidades de origem.

A equipe que preparava o material de apresentação nos encontros, repassados à equipe de formadores que estavam à frente de cada turma de professores e professoras, era responsável pelo desenvolvimento das propostas de reflexão e de trabalho nos grupos, debruçava-se sobre o material recebido, apropriando-se da essência trazida pelo subsídio elaborado, reestruturando-o e complementando-o com sua experiência em vivências, agregando a eles a participação e a contribuição de todos. Era realmente um trabalho colaborativo participado com fundamento no diálogo e no respeito ao saber do outro.

O pressuposto que reuniu cada um que optou por participar do Pacto Nacional pela Alfabetização na Idade Certa (Pnaic) pode ser entendido como a entrega de um produto formativo que investiu no processo de pensar a própria docência com o objetivo de alfabetizar. Não há transformação sem reflexão sobre as próprias certezas e a coragem de desconstruí-las para reconstituí-las sob um novo olhar, e isso exige conhecimento e maturidade pessoal profissional relativos. A proposta de formação aqui presente possibilita "a mobilização dos saberes desenvolvidos pelos professores durante sua trajetória acadêmica e profissional, como também amplia, aprofunda e ressignifica esses saberes" (Brasil, 2015, p. 25).

O produto de um processo formativo retomado com o objetivo de pensar a si mesmo contradiz o cotidiano de solidão pedagógica que o/a professor/a sente ao ter que diariamente lidar com as incertezas do ensino diante do observado nas diferentes aprendizagens. Nessa direção, a diversidade de ideias e opiniões é rica e necessária para o crescimento de todos/as.

Para pensar uma formação que respeite o outro, diferentes experiências, múltiplas trajetórias profissionais, podemos nos aproximar de Freire (2003, p. 202) quando nos alerta que "ensinar democracia é possível, mas não é tarefa para quem se desencanta da terça para a quarta-feira somente porque as nuvens ficaram mais pesadas e ameaçadoras". Ensinar democracia é comprometer-se com experiências democráticas e tarefa permanente de pessoas coerentes que não se cansam de lutar por ela. Desse modo, as atividades formativas que ultrapassam a mera técnica são uma forma de ensinar democracia e viver democraticamente. É preciso vivenciar experiências de uma formação reflexiva e problematizadora sobre a prática. Nessa perspectiva, o Pnaic apresenta cinco princípios sob os quais constrói o eixo da formação de professores alfabetizadores, as quais estão presentes no Caderno de Apresentação do Programa:

> **A prática da reflexividade**: pautada na ação prática/teoria/ prática, operacionalizada na análise de práticas de salas de aulas, aliadas à reflexão teórica e reelaboração das práticas;
>
> **A constituição da identidade profissional**: efetivada em momentos de reflexão sobre as memórias do professor enquanto sujeito de um processo mais amplo, procurando auxiliá-lo a perceber-se em constante processo de formação;
>
> **A socialização**: operacionalizada na criação e fortalecimento de grupos de estudo durante as formações que, espera-se, transcenda o momento presencial, diminuindo o isolamento profissional, intrínseco à profissão de professor, que, em geral, mantém contato com pais, alunos e diretores, mas não com seus pares;
>
> **O engajamento**: privilegiar o gosto em continuar a aprender é uma das metas primordiais da formação continuada e certamente faz parte da melhora de atuação em qualquer profissão;
>
> **A colaboração**: para além da socialização, trata-se de um elemento fundamental no processo de formação. Através da colaboração, busca-se a formação de uma rede que visa ao aprendizado coletivo, por meio do qual os professores exercitem a participação, o respeito, a solidariedade, a apropriação e o pertencimento (Brasil, 2015, p. 27-28, grifo nosso).

Seguindo essa lógica de uma formação coletiva, colaborativa, no que se refere às reuniões em grupos, Freire (2003, p. 221) alega que estas proporcionam "visões novas de certos problemas e revisões de velhas formas de ver". Visões novas e revisões provocam a percepção da percepção anterior, a que se junta o conhecimento do conhecimento anterior. Com isso, se conhece e se reafirma novas formas de perceber ou conhecer e cada um se vê um pouco na experiência do outro para expressar o pensamento na linguagem oral e escrita. Com essa compreensão, reafirmamos que a participação em um coletivo é, sem dúvida, uma das formas mais significativas de vivenciar a formação continuada.

De acordo com Imbernón (2010, p. 33), "há um certo consenso entre os especialistas de que a melhoria da escola requer um processo sistêmico, o que supõe que as mudanças em uma parte do sistema afetem a outra". Portanto, a formação de professores recebe influência e influencia os resultados que podem ser obtidos. Para tanto, é preciso potencializar uma nova cultura formadora em busca de outras perspectivas como aquela inspirada em Paulo Freire para falar de uma "formação colaborativa e dialógica [...] para desenvolver uma pedagogia da resistência, da esperança, da raiva e da possibilidade" (Imbernón, 2010, p. 42).

A formação assim entendida abrange alunos e professores em diferentes fases de sua vida profissional, mas principalmente pela variedade de ações vivenciadas e compartilhadas, como, por exemplo, produção de livros, participação e organização de eventos científicos, compartilhamento de experiências, publicações em periódicos, momentos de reflexão do fazer docente, participação em variados programas de formação continuada, dentre outros.

De tanto insistir, aprendemos a resistir

Por fim, compreender a força formativa que a proposta de poder transformador que um grupo de pesquisa, como é o caso do Gepfica, pode assumir e desempenhar para além de uma entrega progressiva de formação é fundamental para que outros programas recriem seus próprios vieses educativos. Assim como a criança não aprende se não se sentir acolhida em seus saberes, respeitada e valorizada como um sujeito inteiro, e não somente o que sabe e o que não sabe, também o/a professor/a posiciona-do/a na esteira compreensiva dessa lógica poderá ser capaz de recriar, de transformar e de propor, quem sabe, insistir em um inédito fundamentado na experiência reconhecida teoricamente, resultante da reflexão com seus pares. Assim como se deu o desenvolvimento formativo no Pacto Nacional pela Alfabetização na Idade Certa, continuamos insistindo na entrega formativa para além do esperado, como forma de resistência a todas as formas de negação do papel fundamental das instituições públicas, gratuitas e de qualidade social na formação de professores.

Referências

BRASIL. Pacto Nacional pela Alfabetização na Idade Certa. **Livreto Manual.** 2012. Disponível em: http://www.pacto.proex.ufu.br/sites/pacto.proex.ufu.br/files/files/pacto_livreto_manual.pdf. Acesso em: 15 out. 2023.

BRASIL. Secretaria de Educação Básica. Diretoria de Apoio à Gestão. Pacto Nacional pela Alfabetização na Idade Certa. Interdisciplinaridade no ciclo de alfabetização. **Caderno de Apresentação.** Brasília: MEC, SEB, 2015.

BRASIL. Portaria MEC nº 867, de 4 de julho de 2012. Institui o Pacto Nacional pela Alfabetização na Idade Certa e as ações do Pacto e define suas diretrizes gerais. **Diário Oficial da União de 05/07/2012,** nº 129, Seção 1, p. 22. Disponível em: https://diariofiscal.com.br/ZpNbw3dk20XgIKXVGacL5NS8haIoH5PqbJKZaawfaDwCm/legislacaofederal/portaria/2012/mec867.htm. Acesso em: 15 out. 2023.

CAVALHEIRO, Rejane. **Marcas de Formação:** processos que tecem trajetórias docentes. Porto Alegre: Imprensa Livre, 2011.

CAVALHEIRO, Rejane. **Teares Formativos Docentes no Ensino Superior.** Curitiba: Appris, 2017.

DIRETÓRIO de grupos de pesquisa. Disponível em: https://lattes.cnpq.br/web/dgp. Acesso em: 26 jan. 2024.

FREIRE, Paulo. **Pedagogia da Autonomia:** saberes necessários à prática educativa. 9. ed. São Paulo: Paz e Terra, 1998.

FREIRE, Paulo. **A educação na cidade.** 4. ed. São Paulo: Cortez, 2000.

FREIRE, Paulo. **Cartas a Cristina:** reflexões sobre minha vida e minha práxis. 2. ed. revista. São Paulo: Editora Unesp, 2003.

HERMES, Rosiméri; ANTUNES, Helenise Sangoi; CAVALHEIRO, Rejane (org.). **Dossiê temático:** formação de professores – desafios do ensinar e aprender. E-Book. Pimenta Cultural. São Paulo: Pimenta Cultural, 2019.

IMBERNÓN, Francisco. **Formação continuada de professores.** Porto Alegre: Artmed, 2010.

MOROSINI, Marília Costa (org.). **Enciclopédia de Pedagogia Universitária.** Porto Alegre: FAPERGS/RIES, 2003.

2

FORMAÇÃO DE PROFESSORES: DA IDENTIDADE DO EU À IDENTIDADE DO SI PELA CONSTRUÇÃO DA IDENTIDADE BIOGRÁFICA

Júlio César da Rosa Machado
Maria Helena Menna Barreto Abrahão

Introdução

O texto aborda o tema da Formação de Professores sob os processos antropobiológicos, antropossociais e antropoeducativos, pela identidade do eu à identidade do si pela construção da identidade biográfica apresentando pistas para um programa de educação continuada de professores, atualizados sob a ótica do Paradigma (Auto)Biográfico.

Muito se discutiu, nas décadas de 1980 e 1990 e início dos anos 2000, a Formação Continuada de Professores. Nessas abrangências os estudos e reflexões apontavam para a necessidade de preparar professores, sob uma racionalidade técnica, cuja ênfase era prepará-los com os recursos da didática, das metodologias de ensino, mas pouco como um actante que aplicasse no seu fazer a ação e a reflexão. Aos poucos, e sob forte crise e críticas dos processos tradicionais empregados na prática educativa, foram surgindo movimentos que apontavam para a educação como um compromisso social, como uma promotora da participação social e da necessidade de formar o *Cidadão da Polis.*

Um desses movimentos foi o que apontou para as Histórias de Vida, as Autobiografias, as Narrativas de si, e outras abordagens, tudo como recursos para mobilizar e educar pessoas. Foram surgindo, também, movimentos de auto e heteroformação, como os Ateliês Biográficos e a Pesquisa-Formação.

Consideramos o tempo como uma roda que gira, sempre configurando e reconfigurando a realidade; esse território foi adensando conhecimentos a essas iniciativas, e, sob uma rede de estudiosos, pesquisadores que viam nesse viés perspectivas de conhecimento e, como respostas aos anseios desse tempo que vivemos, chegamos, hoje, a um adensamento tal de conhecimentos que já é vislumbrado um Paradigma (Auto)Biográfico. É no âmbito desse paradigma que queremos refletir e adensar processos que inspirem a educação continuada de professores.

O que segue são construções reflexivas, cujo propósito é apontar alternativas acerca da formação continuada de professores, como uma tarefa emergente, uma vez que a educação, como muitas outras atividades sociais, é impactada pelo giro da roda do tempo, o que nos impele a procurar possibilidades de construir alternativas para fazer diante de tantos desafios.

Trazemos essas ideias para saudar o grupo de pesquisa Gepfica, da Universidade Federal de Santa Maria, no contexto dos 20 anos de trajetórias formativas, em cujo ambiente acadêmico viceja a pesquisa e os conhecimentos originados nela, sustentando e adensando conhecimentos e práticas. Aqui, nos associamos a esses esforços, onde muitos professores já foram formados e muitos outros ainda o serão para atuarem em tempos futuros; tempos desafiantes de radicais mudanças.

Forças antagônicas de decadência e potência

Jung (1966), o edificador da Psicologia Analítica, sustentou na sua obra Desenvolvimento da Personalidade a figura e a presença do *"educador educado"*. Ao cabo da leitura e interpretação dessa concepção, entendemos que esse *"educador"*, que ele refere, precisa ser alguém que integre três vertentes em seu *"ethos"*, isto é, o modo de ser, aquilo que orienta o comportamento dele em relação aos outros homens, relativamente a si mesmo e aos outros na sociedade em que vive.

A primeira vertente é que o homem a ser educado tem componentes físico-biológicos, ou seja, temos em nossa ancestralidade nossa origem, com isso entendemos uma dimensão antropobiológica. As pesquisas de Maturana (2006) confirmam esse componente.

Depois, somos seres gregários, precisamos do grupo e da dimensão social, não nos compreendemos desconectados de um território, dos objetos culturais, portanto entendemos ter uma dimensão antropossocial.

E, ainda, acrescenta um terceiro componente nessa tríade, que nos sustenta, a nossa compreensão como unos e plurais. Nossa experiência humana necessita de articulações entre a sociedade, a cultura, sob os auspícios de processos educacionais.

Entretanto, essas forças e potências são rebaixadas nos meandros dos interesses econômicos, das disputas por territórios geográficos, pelo poder, pela arrogância e insensatez.

Confrontados por um quadro, às vezes, perturbador, somos concitados a enfrentar os desafios que surgem no horizonte. Muitas pesquisas, muitos saberes construídos forjam e apontam alternativas de superação. Diante dessa questão, muito se faz, se fez e se fará, entretanto, é verdade, também, que as particularidades que se apresentam em cada tempo são diferentes e exigem de nós posturas e recursos em cada um desses tempos.

Centrando no campo da educação, entendemos que se por um lado registramos alguma falência nos processos educativos atuais que levam a esses quadros de desalinhamento do verdadeiramente humano, sobretudo quando os processos educativos que reproduzimos são marcados sob uma ética de individualização e desrespeito ao outro, é também verdade que temos muitas potências a nosso favor. A formação de professores capacitados para trabalhar com crianças, jovens e adultos e alcançar e construir forças reativas que potencializam a natureza humana sobre a terra é uma realidade e uma esperança.

Por isso, refletir sobre decadência ou potência no território da formação de professores é também iniciar por uma leitura de mundo e de realidade. Qualquer reflexão, seja ela em caráter de investigação ou de caráter teórico filosófico, não pode deixar de lado a possibilidade de compreender e analisar as correntes de pensamento do nosso tempo e os desafios que ele impõe, para dar a partida.

A humanidade sentiu-se engrandecida quando, no Iluminismo, percebeu sua capacidade pela potência que tem para motivar, sua capacidade inventiva e criativa, a possibilidade do poder que tem para intervir e realizar, ter sonhos e, por esse esforço, alcançar outras posições e superar as contradições em que vive.

A partir desses esforços, e nesse contexto, emerge a escola, como ensino oficializado, a partir de políticas públicas de Estado. Trazemos isso porque precisamos construir e regenerar o Iluminismo no nosso tempo. Nietzsche (2017), em Vontade de Potência, propugna a ideia de um super--homem, isto é, um sujeito do tempo e da cultura, sob uma capacidade de superioridade sobre as dificuldades, agindo com potência inventiva e criativa capaz de elevar a humanidade, com isso podemos compreender quando, no embate das ações boas perante as más, muitas vezes as más são vencedoras, entretanto na fortaleza das potências construídas, e dizemos nós, pela educação, o homem é capaz de construir um novo tempo, sob a lógica do bem e de uma vida boa.

Quando tratamos da Formação de Professores, estamos inserindo-a nesse contexto. As decadências humanas sempre estarão presentes, mas a elas responderemos com a potência da nossa ação em preparar as novas gerações. Apesar dos desafios de hoje, que podem ser tomados como decadência, apomos as nossas potências, para nos impulsionar na criação de projetos e ações no propósito de superar o que nos rebaixa. Entretanto, podemos nos perguntar: o que temos pela frente e precisamos superar? Talvez um dos primeiros já nos é bem conhecido, trata-se da concepção dos saberes fragmentados; dos saberes compartimentados em disciplinas. Muitas tentativas foram e são realizadas para resolver esse problema, entretanto eles remanescem teimosamente.

No entanto, sem ainda superar essa dificuldade, aproxima-se de nós a inteligência artificial. Sem nenhuma dúvida isso pode se tornar uma concreta ameaça para um projeto humanizador nas três dimensões – antropobiológica, antropossocial e antropoeducacional.

As sociedades mais desenvolvidas sob o ponto de vista da tecnologia avançam com uma dinâmica muito rápida para a execução desse tipo de desenvolvimento tecnológico, mas precisamos nos interrogar: onde está o si, onde está a possibilidade de o homem se encontrar como uma individualidade criadora se o conhecimento acumulado na rede, ao que parece, será aquele que vencerá como um conhecimento dominante. Assim, nos perguntamos onde fica a condição do professor como um agente do saber, agora já considerado analógico, uma vez que poderemos ser substituídos por máquinas?

Certamente chegamos neste momento da história com esse impasse batendo na nossa janela. Que papel terá o professor num mundo de inteligência artificial? Por onde devem andar os processos de formação do professor para continuar a ser aquela referência na educação das pessoas? Quais as exigências que emergem desse quadro e dessa realidade que desafiam a formação de professores hoje, pois esses serão os professores de amanhã? Por isso, temos a necessidade, hoje, de preparar os cidadãos e professores para enfrentar complexidades, problemas polidisciplinares, transversais, multidimensionais. Se hoje já entendemos uma certa desconexão entre o que se ensina, da forma como se precisa ensinar e como os professores foram formados para ensinar, imaginemos mais adiante, quando muitas outras realidades se sobrepuserem, numa velocidade extraordinária, aos nossos bancos escolares.

Por outro lado, não se trata aqui de entender que um professor deva ser formado por meio de uma a hiperespecialização, porque sabemos que toda hiperespecialização causa uma cegueira da totalidade. Para Morin (2000, p. 15) "o conhecimento progride não tanto por sofisticação, formalização e abstração, mas, principalmente, pela capacidade de contextualizar e englobar". Nós devemos

> [...] pensar o problema do ensino, considerando, por um lado, os efeitos cada vez mais graves da compartimentação dos saberes e da incapacidade de articulá-los, uns aos outros; por outro lado, considerando que a aptidão para contextualizar e integrar é uma qualidade fundamental da mente humana, que precisa ser desenvolvida, e não atrofiada (Morin, 2000, p. 16).

Outro ingrediente desse quadro, que reflete a nossa realidade, é que perdemos a noção de Humanismo. Ele foi descaracterizado de seus verdadeiros sentidos por uma racionalidade moral, sem a possibilidade de ser uma resposta aos grandes desafios deste nosso tempo. Não se trata de um "humanismo de quase divinização do homem, voltado para a conquista e a dominação da natureza", mas de "reconhecer a complexidade humana, feita de contradições" (Morin, 2020, p. 84).

Propugnamos, por isso, um humanismo identificado com a identidade de um si, que só consegue existir com um outro. Ricoeur (2014) afirma: "não há um si mesmo sem um outro que o convoque à responsabilidade" (p. 205-206), portanto essa é uma potência da Formação de Professores, como tarefa social e construção de um mundo de "vida boa".

Para isso é urgente regenerar o Humanismo, que

> Reconhece a nossa animalidade e o nosso cordão umbilical com a natureza, mas reconhece nossa especificidade intelectual e cultural. Reconhece a nossa fragilidade de nossa instabilidade de nossos delírios, a ignomínia das matanças, das torturas e dos escravagismos, as lucidezes e a cegueira do pensamento, a sublimidade das obras primas de todas as artes, as obras prodigiosas da técnica e as destruições operadas por meio desta mesma técnica. O homem é ao mesmo tempo sapiens e demens, faber e mythologicus, econômicos e ludens, ou seja, homo complexus (Morin, 2020 p. 84-85).

Por isso, tratar da questão do si, como identidade narrativa, é uma providência necessária, no contexto desse Humanismo Regenerado. Adiante tratamos da questão de que modo podemos superar tendências solipsistas nas ações da Formação de Professores, por meio da construção da identidade narrativa.

A construção da identidade narrativa na formação continuada de professores: da identidade do eu à identidade do si

A intencionalidade é, em nosso entender, dimensão indispensável no processo de formação de professores. No limite, sem intenção, não há formação. Formar-se requer um esforço conscientemente desejante pelo professor em educação continuada e pelo professor-formador, este que nesse processo também se educa (Abrahão, 2004).

No processo formativo continuado, ao lado da intencionalidade, acreditamos presentes, igualmente como dimensões constituintes, a reflexão autobiográfica e, como corolário, a construção identitária afetas a esses professores. Nesse processo, muito auxilia a reflexão a respeito do sentido existencial da pessoa, com a inclusiva identidade pessoal/profissional, aporte significativo em Nóvoa (1995), que considera ter a vida de professores se constituído por longo tempo em um "paradigma perdido" da pesquisa em educação, mas *"hoje, sabemos que não é possível separar o 'eu pessoal do eu profissional', sobretudo numa profissão impregnada de valores e de ideais e muito exigente do ponto de vista do empenhamento e da relação humana"*, Nóvoa (1995 p.7, grifos do autor), acreditando, por conseguinte, na "importância crescente que as histórias de vida têm adquirido nos estudos sobre os professores, a profissão docente e as práticas de ensino" (Nóvoa, 1995, p.70).

Isso aponta para a indissociabilidade do eu pessoal do eu profissional e remete à dimensão que se ocupa da construção da identidade nesse processo, isto é, de sentir-se e de ser professor.

Segundo Derouet (1988), a identidade profissional de professores é uma elaboração que perpassa a vida profissional em diferentes e sucessivas fases, desde a opção pela profissão, passando pela formação inicial e, de resto, por toda a trajetória profissional, construindo-se com base nas experiências, nas opções, nas práticas, nas continuidades e descontinuidades, tanto no que diz respeito às representações, como no que se refere ao trabalho concreto. Nessa ótica e com o entendimento da expressão circunstancial em ligação com o pessoal, nas trajetórias de vida, comungamos com Moita (1995) que considera a História de Vida a metodologia com potencialidades de diálogo entre o individual e o sociocultural, pois "só uma História de Vida põe em evidência o modo como cada pessoa mobiliza seus conhecimentos, os seus valores, as suas energias, para ir dando forma à sua identidade, num diálogo com os seus contextos" (Moita, 1995,p. 113). Entendemos, igualmente, o conceito de identidade na acepção de Lessard (1986), como a relação que o professor estabelece com a profissão, com seus colegas e a construção simbólica que essa relação implica, tanto no campo pessoal como no inter-pessoal, com base nas representações que os professores elaboram a respeito dos aspectos da atividade docente.

Por outro lado, essa identidade, seja que configuração se queira adotar, parte da concepção que daremos para a identidade do eu, a qual no percurso do tempo foi evoluindo para uma compreensão para além do si. Ricoeur acrescenta reflexões que agregam uma compreensão de si sob uma dialética de pertencimento do próprio homem, a qual significa uma alternativa para a imediaticidade da consciência por meio da solução de impasses na qual o outro, entra em diálogo para "consensuar", por meio da autonomia e soli-dariedade, a construção de si e do outro. Isso é o que trataremos adiante.

O processo construtor de identidade pessoal – identidade do eu – tem em Giddens (2002) um teórico que enfatiza a reflexão e a construção identitária no seio do que denomina de política-vida, como política de realização do eu que vem de encontro à ameaça de falta de sentido pessoal no contexto global do que o autor denomina de segunda modernidade, alta modernidade ou, ainda, de modernidade tardia. Nesse contexto, a produção de sentido pessoal tem na construção da autoidentidade, segundo o autor "um empreendimento reflexivamente organizado: o projeto reflexivo do eu" (Giddens, 2002, 197-198).

Nessa linha, essa dimensão também é abordada por Delory-Mom-berger (2008), ao tratar de uma hermenêutica da narrativa (auto)biográfica, o que pode se efetivar por meio da constituição de uma "inteligibilidade biográfica, ou seja, sobre a maneira como o homem aprende sua própria vida recontando-a" (Delory-Momberger 2008, p. 57-58), representando-a de modo a construir (Delory-Momberger,2008 p. 57-58). Esta autora atenta para o fato de que esse processo instaura o que denomina de experiência biográfica, que sendo cumulativa, "é igualmente o lugar de experiência e de produção da identidade do eu: o eu que se experimenta como idêntico a ele mesmo na medida em que se reconhece como instância única de reinter-pretação das figuras sucessivas da vida" (Delory-Momberger2008, p. 58)".

Esse processo narrativo, também conceituado por Ricoeur (1995) como síntese do heterogêneo e por Bolívar (2012) como uma trama urdida com sentido pela reflexão, faz pensar em uma unicidade autobiográfica, não linear, no entanto, e sempre pronta a novas significações e recomposições (Abrahão, 2004).

Para além da identidade pessoal-profissional até aqui tratada pela vertente da identidade do eu e por nós considerada relevante, trazemos à consideração do leitor a identidade narrativa (Ricoeur, 1991), que, diferentemente de um projeto reflexivo do eu, de caráter solipsista, visando superar a desumanização de uma sociedade da natureza disfuncional gestada pela alta modernidade ou modernidade tardia, segundo Giddens (2002), busca a construção de uma identidade do si, construída narrativamente na alteridade de um si que lhe é diverso, visando à ética política de construção da vida boa, em sociedades justas (Ricoeur, 1991).

Ricoeur considera a identidade pessoal como mesmidade, fruto da dialética entre identidade-idem e identidade-ipse, referente à permanência no tempo – mas não estáticas – de traços pessoais físicos, de gostos, de gestos, dentre outros, bem como de características de caráter. Para além da identidade do eu, Ricoeur (1991), registra que falar do eu é diferente do que falar do si, sujeito da categoria gramatical reflexiva si (si mesmo). Nos alerta o autor: "Dizer 'si' não é dizer 'eu'. O eu se põe ou é deposto. O si está implicado a título reflexivo nas operações cuja análise precede a volta para ele próprio" (Ricoeur, 1991, p. 30). Mediante essa dialética – a do si constituído em alteridade –, Ricoeur (1991) nos oferece o conceito de identidade narrativa: aquela que se constitui narrativamente na alteridade entre identidade-ipse e o outro que não o si. Trata-se, nesse caso, de o narrador compreender-se ao compreender o outro (quem o escuta, quem o lê) como diferente de si, o que propicia, em nosso entender, a construção de uma identidade narrativa evolutiva própria ao professor aprendente e ao professor-formador (Abrahão, 2016; 2018).

É, portanto, esse si que se reconhece diverso do outro, mediante a alteridade que

> [...] não se acrescenta de fora à ipseidade, como para prevenir daí a deriva solipsista, mas que ela pertence ao conteúdo de sentido e à constituição ontológica da ipseidade, esse traço distingue fortemente essa [...] dialética daquela da ipseidade e da mesmidade, cujo caráter disjuntivo permanecerá dominante (Ricoeur, 1991, p. 371).

Como compromisso ético-político da formação continuada do professor e da formação continuada do professor-formador há uma diferença abissal entre as duas visadas: da visada solipsista da formação mediante um projeto reflexivo do eu, como política-vida de realização do eu, que vem de encontro à ameaça de falta de sentido pessoal no contexto global, segundo Giddens, à visada ricoeuriana da construção de identidades narrativas do si havidas em alteridade, visando à ética-política de construção da vida boa em sociedades justas.

A construção da identidade biográfica, como potência de solução

Tendo vencido a questão do si, numa perspectiva de alteridade, diferente do eu, vamos agora para o tratamento da questão da construção da identidade biográfica no território da Formação de Professores.

Para Ricoeur, a primeira atitude para construir a identidade biográfica é atender a tríade: "descrever, narrar e prescrever" "implicando cada momento da tríade uma relação específica entre Constituição da ação e a Constituição do Si" (2019, p. 113). A identidade biográfica é diferente da identidade narrativa. A identidade narrativa relaciona a vida do autor e da obra que produz, os personagens são inspirados no contexto ficcional do enredo e da história da obra. A identidade biográfica, no entanto, busca uma intersecção com a identidade pessoal, não somente na direção do si, mas em alteridade com o outro. Isso nos leva a uma condição de entender esse si na alteridade como um actante, como aquele que faz a ação. Para Ricoeur (2019, p. 152) "não se fala aí de personagens, mas de actante, a fim de subordinar a representação antropomórfica do agente à sua posição de operador de ações no percurso narrativo".

Essa significação nos processos de formação de professores tem importância, porque o estilo dos processos de formação de professores, para ir ao encontro da regeneração do humanismo, precisa constituir o professor como um actante (ator) num território de resistência ao estabelecido, preparado para desenvolver processos superadores das idiossincrasias do tempo. No caso da ação do professor "o outrem surge [...] como expressão de um possível. Outrem é um mundo possível, tal como existe um rosto que o exprime, e se efetua numa linguagem que lhe dá uma realidade" (Deleuze; Guattari, 1997, p. 29). É sob essa dimensão que o educador deve ter a consciência de que sua prática tem uma dimensão histórica que se expressa no mundo, por meio de sua prática educativa, por isso convém que ela deva ser reflexiva, sem a preocupação de promover um ensino prescritivo, autoritário, refém de um currículo que rebaixa sua prática. Nesse sentido, Ricoeur (2019, p. 204) afirma:

> A consciência não é apenas consciência da percepção e da atividade, mas consciência da vida. Uma vez que a consciência da vida é agradável, pode-se dizer que o sentido profundo da *philautia* é desejo: a própria existência do homem de bem é desejável para ele mesmo; portanto, a existência de seu amigo é igualmente desejável para ele.

Quando entendemos com Morin (2000, p.17) que "a cultura científica, bem diferente por natureza, separa as áreas do conhecimento; acarreta admiráveis descobertas, teorias gerais, mas não uma reflexão sobre o destino humano e sobre o futuro da própria ciência" estamos perdendo a oportunidade de atribuir potência ao processo de Formação de Professores.

Daí nossa compreensão de que as Histórias de Vida, de perfil muito diferente de uma exposição teórica, muitas vezes descontextualizadas da prática dos professores, revelarão realidades e objetos imperceptíveis do cotidiano; a recuperação dos sentidos pelas Histórias de Vida vão contribuindo para a apropriação da consciência do ato de ensinar. Formar professores sob essa dimensão é capacitá-lo e potencializá-lo à um ensino na alteridade do e com o outro, superando, assim, o individualismo, a prepotência e a arrogância. Em razão disso, as Histórias de Vida ressoam numa alternância do coletivo ao individual, do si e do outro numa dinâmica de auto e heteroconhecimento, reverberando em situações em que serão formativas, emergindo conceitos, saberes e conhecimentos dessa relação. Assim, de totalidades fragmentárias vai se formando contornos irregulares correspondendo ao mundo vivido, às necessidades educativas e os meios de intervenção na realidade.

Mas, para que tudo isso tenha significado e realmente traga consistência ao professor, essas práticas precisam ser ordenadas sob uma linha de atividades coordenadas. Entretanto, esse ordenamento não pode seguir estruturas, mas se guiar por princípios norteadores. Assim, os mecanismos de ressonância incidirão sobre as necessidades interventivas e essas proposições de ação contemplarão o heterogêneo e a complexidade das relações educativas.

Daqui para adiante apresentaremos meios formativos que podem contribuir e inspirar práticas de Formação de Professores que rompam com a lógica do mero *"treinamento"*, mas que contribuam para superar a princípio da exclusão e privilegiar a inclusão como uma referência de ação.

A pesquisa-formação, uma potência a nosso favor

Delory-Momberger (2014) assinala o pioneirismo de Gaston Pineau ao introduzir, na Universidade de Montreal, as histórias de vida em formação. Esse fato e esse feito são, também, registrados por Josso (2010) como ocorridos alguns meses antes de o grupo que ela própria integrava, iniciar trabalho com pesquisa-formação, na Europa, no início dos anos 80. Ambas, referem o livro de Pineau e Marie-Michèle (1983), como a obra fundante que associa a pessoa adulta ao sujeito de poder autoinformativo.

A pesquisa-formação desenvolvida na Europa tem foco de estudos e práticas na educação de adultos, visto que seminário dessa natureza tem origem na Universidade de Genebra, com desenvolvimento no curso "Da adolescência à vida adulta", ministrado por Pierre Dominicé, responsável pelo Grapa, grupo de pesquisa dedicado à investigação com adultos e respectivos projetos de aprendizagem (Josso, 2010). Segundo essa autora, esse trabalho desenvolvia-se com Mathias Finger, Pierre Dominicé e ela própria em atividade denominada de Seminário de Histórias de Vida e Formação.

Esse início inspira, desde inícios do ano 2000 no Brasil, uma diversidade de trabalhos de histórias de vida em formação, dentre os quais se incluem seminários com intencionalidade e práticas de pesquisa-formação objetivando o desenvolvimento da profissionalidade de professores, o que, em nosso entender, tem a ver com construção identitária do professor como educador que se educa continuamente em alteridade.

Adiante deixaremos um itinerário que, de modo genérico, expõe os processos formativos que foram inspirados por esses movimentos.

Itinerários formativos: o percurso contributivo para a formação inicial e continuada de professores

Seria uma catástrofe intelectual se, ao cabo desse processo reflexivo acerca da Formação de Professores apresentados entre processos antropobiológicos, antropossociais e antropoeducativos, e aproximando-os do Paradigma (Auto)Biográfico, não deixássemos um percurso que, pelo viés com que tratamos a questão até aqui, possa contribuir no projeto da educação de professores.

Acreditamos, e, durante nossa vida profissional, se confirmou a verdade dos versos de Antonio Machado (1983) como uma sábia realidade e uma verdade perene, quando o poeta afirma: "Caminhante, não há caminho, ele se faz ao caminhar". (estrofe, XXIX). Caso, mais uma vez, isso se confirme, e você que nos leu também concordar, não é o caso aqui de fazer uma proposição como se fosse uma receita a ser seguida. Queremos, no entanto, deixar pistas inspiradoras para ação, sempre com a ressalva, que essa inspiração serve como uma pista e que nada substituirá a aplicação do processo de Formação de Professores a partir do seu contexto, sob a sua capacidade inventiva de gerar e desenvolver um projeto para essa finalidade.

Assim, o que segue, é um itinerário que ajudará a montar as etapas de um projeto, na prática, de Formação de Professores. Dele você pode extrair parte, ou a totalidade, porém o mais importante e significativo é que você o crie e execute. Existem, ainda, modelos prontos, bons e testados, no entanto, temos certeza que aquele criado por você será o melhor e mais adequado. Vamos apresentá-lo em fases.

A primeira fase é caracterizada por uma ação-reflexão exploratória. Essa é uma fase em que são expostos os valores e as motivações. Nela contextualizamos o problema ou os problemas que queremos tratar, investigar e propor maneiras de ação.

A segunda fase trata da conscientização da práxis. Vamos compreender, inicialmente, a diferença entre práxis e prática. A práxis é uma atitude que revela um posicionamento filosófico que, para muito além de expressar uma atividade meramente utilitária, individual e autossuficiente, preocupa-se em compreender os processos e as dinâmicas dos fenômenos, enquanto a prática é interessada em revelar as atividades humanas sob um sentido utilitário. Um recurso muito utilizado nessa fase é a recuperação das Histórias de Vida dos professores que fazem parte do projeto de Formação Continuada, que caso considerado oportuno podem ser registradas por escrito ou utilizando algum outro recurso.

A terceira fase é caracterizada pela ação coletiva e as trocas em plenário do produzido na fase anterior. Dinâmicas criativas podem ser utilizadas nessa fase, o importante, no entanto, é a interação coletiva das narrativas ou daquilo que foi a expressão concreta das práxis.

Vencidos esses processos é importante que o projeto agora aponte para uma fase de ação-reflexão sistemática. Nessa fase motiva-se os processos de pesquisa dos conteúdos que são os disparadores das necessidades apontadas pelo grupo. Além de fontes bibliográficas, nessa fase, é possível provocar o olho observador dos professores, indo até os ambientes onde se encontram os fenômenos que queremos investigar. Essa é uma fase muito importante, em que se percebe no processo educativo que tudo aquilo que era introspectivo, individual, passa a ter uma dimensão mais abrangente, presente em outras realidades.

A quinta fase é quando se estuda e analisa sistematicamente o que se ajuntou ao longo das etapas anteriores. É uma fase de produção sistemática individual e, num passo seguinte, de produção coletiva também.

Por fim, a sexta fase. Essa é uma fase na qual o conhecimento sai do âmbito do grupo que se forma, e ganha os espaços externos. Se o processo educativo ocorre numa instituição, os cartazes, os escritos precisam ser expostos para o público maior e de fora; se possível publicá-los em meios analógicos ou digitais.

Em resumo o participante do projeto:

> Está enquadrado no seu processo de auto-determinação e a pedagogia é um método aberto, posto que propõe uma introspecção humanista. São atividades como a meditação e relaxamento que facilitam em cada qual o desenvolvimento do seu próprio método e do seu programa de estudos personalizados (Bertrand, 2000, p. 53).

Formação de professores: aprendizagens de Si e do Outro, sob a luz do Paradigma (Auto)Biográfico

Queremos, para concluir este ensaio, compartilhar com o leitor o que também aprendemos acerca do que estamos estudando, convencidos da verdade propugnada por Lévinas (2019, p. 185). Para ele

> A luz ao afastar as trevas não para o jogo incessante do há. O vazio que a luz produz permanece espessura indeterminada que não tem sentido por si mesma antes do discurso e não triunfa ainda no que se refere ao regresso dos deuses míticos [...] A consciência regressa a si própria, desaparecendo na visão.

Então, vamos ao que está neste ensaio e convidamos você para percorrer conosco o caminho que fizemos. No início, para nós foi importante nos perguntarmos: que concepção de sujeito (auto)biográfico queremos pensar para ser um actante nos ambientes escolares? Actante, aqui, tem o sentido dado por Ricoeur (2019, p. 152), definindo-o como aquele que age, que atua. Certamente, cremos que é nossa percepção coletiva, estar diante de profissionais já atuantes, que precisam, como já dissemos antes, pensar suas práticas docentes, readequá-las e criar maneiras própria de ação. Portanto, nos deparamos com um sujeito repleto de experiências.

A nós, educadores de educadores, cabe provocá-los, num primeiro momento, a refletir sobre si. Creio que isso está muito bem assentado nos itinerários sugeridos anteriormente. Precisamos desenvolver nos professores em formação continuada que contém, nas suas práticas, as práticas nas suas escolas ou academias, para que possam ter "luz para afastar as trevas", como nos diz Lévinas (2019, p. 185). Entretanto, esse processo não terá êxito se essas experiências não forem trazidas para atividades reflexivas, porque o sujeito (auto)biográfico precisa assumir a responsabilidade e o prosseguimento da sua prática na sua história, na ipseidade do outro, que pode ser ele mesmo ou seus companheiros de ação docente, ou os estudantes, ou toda a comunidade educacional. Esse posicionamento forma no professor o caráter do agente que leva o grupo para além dos "eus", construindo uma comunidade de "si", sob a ética da responsabilidade no cultivo do bem comum e da vida boa.

Uma anotação importante é que o movimento (auto)biográfico em muitas partes do mundo, por sinal muito recente, tem consolidado uma epistemologia que busca nas narrativas de si a ferramenta para a elaboração de projetos de formação que propiciem conhecimentos acerca da educação e das práticas empregadas sem o ranço de serem pré-configuradas e sem um centro de realidade e contexto.

Dessa maneira, o sujeito da formação tem espaço para construir-se com suas particularidades, seus anseios e seus conhecimentos. É necessário o deslocamento do eixo, para facilitar as aprendizagens de si mesmo, do outro, transitando do mesmo para o alter, voltando ao mesmo. Isso permite uma compreensão que potencializa as novas experiências, pois ao refletir sobre si mesmo, todo o mundo paralelo vem junto, e se torna um conhecimento que supera o retalhamento do conhecimento em disciplinas.

Enfim, precisamos enfrentar

> [...] a exterioridade do ser, não como uma forma que o ser revestiria eventual ou provisoriamente na dispersão ou na sua queda, mas como o seu próprio ser existir - exterioridade inesgotável, infinita. Uma tal exterioridade abre-se em outrem (Lévinas, 2019, p. 293).

Enfim, estamos pensando nessa abrangência expressa pela linguagem. Para Ricoeur (1994, p. 134):

> A linguagem é em si mesma da ordem do Mesmo; o mundo é o seu Outro. A atestação dessa alteridade provém da reflexividade da linguagem sobre si mesma, que, assim, se sabe dentro do ser para versar sobre o ser.

Adiante em nosso percurso, entendemos que somos seres históricos e (auto)biográficos que, objetivamente pelas memórias, podemos nos constituir e sermos "si mesmo", por meio da nossa ipseidade, na permanente dinâmica de troca da experiência vivida com o outro pela alteridade. Com essa dinâmica circular, nos constituímos no que somos permeados por nossas memórias, mesmo que elas não nos modifiquem, nem contribuam para a modificação do nosso entorno, estejam aí pessoas, fatos ou imperativos sociopolítico culturais, mas elas sempre serão o que permanece e nos constituem. Na essencialidade do Sujeito (Auto)biográfico, que se narra, enfrentamos, como premissa de partida, a reflexão de que o verdadeiro sentido das coisas não está ausente dos fatos, mas também não está tão claramente explícito quanto gostaríamos que estivessem.

A metafísica que envolve essa reflexão será caracterizada pela investigação de realidades que transcendem às nossas experiências sensíveis, uma vez que o Sujeito (Auto)biográfico que se narra é o único capaz de, na familiaridade consigo mesmo, encontrar o si que faz parte dele mesmo e do outro com quem ele se relaciona e, nessa dinâmica, produzir um mundo de significados e sentidos para se movimentar de um ponto para outro contornando com outras dinâmicas sua prática.

Refletir a essencialidade do Si Mesmo, como um fundamento das ciências como a Psicologia e a Filosofia, dentre outras, examinando a natureza que fundamenta a realidade e, absorvendo, nesse movimento, a relação entre percepção do vivido e da realidade vivida, ou ainda, considerando outras dimensões, entre substância e atributo, ou entre necessidade e possibilidade, tudo isso se constitui numa chave propiciadora de sentidos que nos seduz para iniciar. Esses são os recursos que temos para elaborar um projeto de educação continuada de professores e que estão presentes no itinerário.

A construção desse conhecimento, portanto, poderá ser feita pela análise do habitual sob a égide do desejo, porque o desejo não se vincula nem ao passado, nem ao futuro, ele tem uma intenção presente arbitrada sobremodo pela experiência do vivido, mas ele é invisível, ele só se materializa pela palavra dada que o constitui e revela. Considerando o Si como um ente que precisa transcender a si mesmo para encontrar o Outro, que pode ser ele mesmo e, compreendendo essa ação como sabedoria prática presente no Sujeito (Auto)biográfico que se narra, ações essas consagradas por suas deliberações, decisões e ações sob um círculo hermenêutico, originado no jogo do vaivém da subjetividade e objetividade, é que entendemos a Formação de Professores, considerando processos autobiográficos, antropossociais e antropoeducativos, construída sob a ótica do Paradigma (Auto)Biográfico.

Para concluir,

> [...] o sujeito não é uma essência, não é uma substância, mas, também não é uma ilusão. Acredito que o conhecimento do sujeito exige uma reorganização conceptual que rompa com o princípio determinista clássico [...]. No quadro de uma psicologia behaviorista, é impossível, claro, conceber um sujeito. Portanto, precisamos de uma reconstrução, precisa das noções de autonomia/dependência; da noção de individualidade, da noção de autoprodução, da concepção de um elo recorrente, onde sejam, ao mesmo tempo o produto e o produtor. É preciso também associar noções antagônicas, como princípio da inclusão e exclusão. É preciso conceber o sujeito como aquele que dá unidade e invariância a uma pluralidade de personagens, de caracteres, de potencialidade (Morin, 2000, p. 128).

Referências

ABRAHÃO, Maria Helena Menna Barreto. A Aventura do Diálogo (Auto)biográfico: narrativa de si/narrativa do outro como construção epistemo-empírica. *In:* ABRAHÃO, Maria Helena Menna Barreto; Cunha, Jorge Luiz; VILLAS BÔAS, Lúcia (org.). **Pesquisa (auto)biográfica:** diálogos epistêmico-metodológicos. Curitiba: CRV, 2018, p. 25-49.

ABRAHÃO, Maria Helena Menna Barreto. Intencionalidade, reflexividade, experiência e identidade em pesquisa (auto)biográfica: dimensões epistemo-empíricas em narrativas de formação. *In:* BRAGANÇA, Inês Ferreira de Souza; ABRAHÃO, Maria Helena Menna Barreto; FERREIRA, Márcia Santos (org.). **Perspectivas epistemo-metodológicas da pesquisa (auto)biográfica**. Curitiba: CRV, 2016, v. 1, p. 29-50.

ABRAHÃO, Maria Helena Menna Barreto. Pesquisa (auto)biográfica – tempo, memória e narrativas. *In:* ABRAHÃO, Maria Helena Menna Barreto (org.). **A Aventura (Auto) Biográfica**: Teoria e Empiria. Porto Alegre: EDIPUCRS, 2004, p. 201-224.

BERTRAND, Ives. **Teorias contemporâneas da Educação**. Lisboa: Instituto Piaget, 2000.

BOLÍVAR, Antonio. Metodología de la investigación biográfico-narrativa: recogida y análisis de datos. *In:* PASSEGGI, Maria da Conceição; ABRAHÃO, Maria Helena Menna Barreto (org.). **Dimensões epistemológicas e metodológicas da pesquisa (auto)biográfica.** Tomo II. Natal/Porto Alegre/Salvador: EDUFRN/EDIPUCRS/EDUNEB, 2012, p. 79-109.

DELEUZE, Gilles; GUATTARI, Félix. **O que é Filosofia?** Rio de Janeiro: Ed. 34, 1997.

DELORY-MOMBERGER, Christine. **De la recherche biographique en éducation:** Fondements, méthodes, pratiques. Téraèdre, 2014.

DELORY-MOMBERGER, Christine. **Biografia e educação:** figuras do indivíduo projeto. Paulus: EDUFRN, 2008.

DEROUET, Jean-Louis. La profession d'enseignant comme montage composite. Éducation Permanente, n. 96, p. 61-71, 1988.

GIDDENS, Anthony. **Modernidade e identidade**. Rio de Janeiro: Zahar, 2002.

JUNG, Carl Gustav. **O desenvolvimento da personalidade**. Petrópolis: Vozes, 1966.

JOSSO, Marie-Christine. Prefácio. *In:* ABRAHÃO, Maria Helena Menna Barreto (org.). **(Auto)biografia e Formação Humana**. Porto Alegre: PUCRS, 2010, p. 9-16.

LÉVINAS, Emanuel. **Totalidade e Infinito**. Lisboa: Edições 70, 2019.

LESSARD, Claude. La profession enseignante: multiplicité des identités profissionelles et culture commune. **Repères - Essais en Éducation**, n.8, p. 135-190, 1986.

MACHADO, António. "Proverbios y cantares". Poesías completas. Madrid: Espasa-Calpe, 1983.

MORIN, Edgar. É hora de mudarmos de via – as lições do coronavírus. Rio de Janeiro, Bertrand Brasil, 2020.

MORIN, Edgar. **A cabeça bem-feita**. Rio de Janeiro, Bertrand Brasil, 2000.

MATURANA, Humberto. Biología del fenómeno social. *In:* MATURANA, H. R. **Desde la biología a la psicología**. 4. ed. Santiago: Editorial Universitaria, 2006.

MOITA, Maria. Percursos de Formação e de Trans-Formação. *In:* NÓVOA, Antonio. **Vidas de Professores**. Porto: Porto Editora, 1995.

NIETZSCHE, Friedrich. **Vontade de Potência**. Petrópolis: Vozes: 2017.

NÓVOA, Antonio. **Vidas de Professores**. Porto: Porto Editora, 1995.

PINEAU, Gaston; MICHÈLE-Marie. **Produire sa vie:** autoformation et autobiographie. Paris: Édilig/Montréal: A. Saint Martin, 1983.

RICOEUR, Paul. **Del Texto A La Acción. Ensayos de Hermenéutica II.** México: Fondo de Cultura Económica, 2002.

RICOEUR, Paul. **Tempo e Narrativa.** São Paulo: Martins Fontes, 1994. Tomo I.

RICOEUR, Paul. **O Si-mesmo como um outro**. Campinas: Papirus, 1991.

RICOEUR, Paul. **O si mesmo como outro**. Martins Fontes, 2019.

3

TORNAR-SE PROFESSOR E INVESTIGADOR NA FORMAÇÃO INICIAL: UM PROCESSO DE CONSTRUÇÃO DE IDENTIDADE E VALORIZAÇÃO PROFISSIONAL

Beatriz Calado
Conceição Leal da Costa

Introdução

Neste texto partilhamos como é possível tornarmo-nos professores e investigadores em três vertentes que consideramos essenciais para a compreensão desses processos. Numa primeira parte, explicitamos o enquadramento teórico que nos orienta, assumindo o professor como investigador e como essa investigação pode contribuir para a formação, conhecimento profissional e construção de uma identidade profissional. Em seguida, abordamos os principais fundamentos e vivências do modelo de formação inicial de educadores/professores na Universidade de Évora, perfil de monocedente recente em Portugal. Por fim, mediante o conhecimento produzido no mestrado de educação pré-escolar e ensino do 1º ciclo na Universidade de Évora, em especial no processo de investigação-ação--formação realizada durante a prática de ensino supervisionada (PES), da segunda autora, explicitamos como isso contribuiu para a construção de uma identidade durante a formação inicial, em especial durante o estágio e como pode ser um caminho de valorização da pessoa e profissional.

O que a literatura nos diz sobre o professor-investigador e relações com a identidade profissional

Nessa primeira parte o nosso principal objetivo é expor como compreendemos o papel do professor-investigador, apresentar a metodologia de investigação-ação-formação, reconhecendo as suas influências na construção de conhecimento profissional e científico e, por consequência, na construção de uma identidade.

Os estudos internacionalmente já reconhecidos permitiram-nos compreender que os professores ocupam um lugar privilegiado para fazerem investigação, na medida em que os contextos de trabalho permitem produzir conhecimento que parte da sua própria prática. Socorremo-nos, por exemplo, de Stenhouse (1975, p.141), citado em Alarcão (2001, p. 3), "os professores levantam hipóteses que eles mesmos tentam ao investigarem as situações em que trabalham".

Menezes e Cardoso *et al.* (2017, p. 12) defendem que a partir da investigação os professores se tornam sujeitos "em constante estado de aprender a aprender". Regressando a Alarcão (2001), a autora defende que a perspectiva do professor que investiga sobre a sua prática é bastante pertinente pelo fato de esse profissional não dever ser "um mero executor de currículos previamente definidos, mas um decisor, um gestor em situação real e um intérprete crítico de orientações globais" (2001, p.2). Nesse sentido, o professor deve ser responsável pela qualidade do ensino e das aprendizagens, sabendo que deve partir da sua pesquisa e intervenção para promover inovação pedagógica, contribuindo assim para a construção de conhecimento científico, mas também para o seu próprio desenvolvimento profissional.

Leal da Costa, Biscaia e Parra (2018) apresentam-nos também a reflexão e a investigação como dois pilares na formação inicial de educadores/professores na Universidade de Évora e, portanto, como contributos para a inovação pedagógica e produção de conhecimento profissional e científico.

De acordo com Folque, Leal da Costa e Artur (2016), nessa instituição o conceito de professor investigador é adotado entendendo que os docentes deverão ser capazes de atuar em cenários dinâmicos. Tal significa que, valorizando "a sua agência na mudança, é capaz de uma prática sustentada científica e eticamente, e participando na construção de saberes profissionais próprios, autónomos e tornados visíveis." (Folque; Leal da Costa; Artur, 2016, p. 214).

Simultaneamente, o fato de assumirmos o papel de professor reflexivo e investigador, implica perseguir modelos de formação contextualizados, isto é, centrados na transformação em contexto, contribuindo-se para uma melhoria das práticas pedagógicas, tal como reforça Figueiredo (2021, p. 299):

> A importância da perspetiva de professor/a-investigador/a para a qualidade das práticas e para o desenvolvimento profissional dos vários docentes tem sido afirmada pela

investigação há várias décadas (Cochran-Smith & Lytle, 2009; Stenhouse, 1987), sendo igualmente reconhecida na Educação de Infância (Figueiredo, 2021)

Ao refletirmos sistematicamente sobre as diversas intervenções pedagógicas isso permite-nos compreender os pontos positivos e negativos de cada uma delas, bem como refletir sobre as aprendizagens das crianças, produzindo conhecimento profissional e a pedagogia que emerge (Menezes; Cardoso *et al.*, 2017; Vieira, 2019; Figueiredo, 2022).

Na nossa perspectiva, alinhada com leituras que fizemos, investigar é um mecanismo essencial na formação porque permite compreender aprofundadamente questões e resolver problemas, ter consciência da prática e, simultaneamente, interferir na construção do profissional. Encontramos essa fundamentação em alguns autores, como por exemplo Vieira *et al.* (2013, p. 2.644), quando afirmam que o educador-professor *deve educar investigando e investigar educando*. Com recurso a Folque, Costa e Artur (2016) ou a Ponte (2004), afirmamos que, ao refletir sobre o processo de desenvolvimento, o docente investiga, formando-se. Por sua vez, Leitão e Alarcão (2006) explicaram bem a importância da dimensão investigativa no desenvolvimento do profissional, partindo do processo de formação, afirmando que este "se opera a partir da sua atividade, da reflexão sobre a sua atividade realizada e da resolução de problemas que a mesma suscita num contexto" (Leitão; Alarcão, 2006, p. 68).

Autores como Vieira (2011) defendem que o conhecimento produzido pelo profissional a partir da experiência é motivo de crescimento porque "implica pensar, agir, falar e escrever a partir de si [...] interrogando e reconstruindo o sentido da experiência" (Vieira *et al.*, 2011, p. 23). Leal da Costa e Cavalcante (2017) confluem com essa ideia, quando afirmam que é a partir da reflexão e da escrita de si que os caminhos se tornam significantes e são compreendidos pelos próprios autores.

Retomando a Vieira (2011), podemos dizer que narrar a experiência permite pensar sobre ela e sobre as aprendizagens inerentes. Esse pensamento converte-se em aprendizagem para o profissional e para os outros, depositando grande importância na escrita. Segundo Rolo (2013), porque, para além das demais funções que lhe estão associadas, possibilita partilhar os saberes desses profissionais sendo "acessíveis e úteis a outros professores e atores educacionais, permitindo [...] novas experiências e a construção de novos saberes" (Leal da Costa; Cavalcante, 2017, p. 113).

Assim, um referencial igualmente importante a ter em conta é o reconhecido valor da construção narrativa da experiência pedagógica, feita por professores, admitindo que permite a existência de uma troca de conhecimentos entre os profissionais de educação, produzindo-se também conhecimento relativamente à pedagogia (Suárez; Metzdorf, 2018).

De acordo com Pinazza e Fochi (2018), a documentação das experiências pedagógicas é um instrumento investigativo coerente com a qualidade das experiências pedagógicas e das aprendizagens em ambiente escolar. Suárez e Metzdorf (2018) defendem ainda que a documentação das experiências pedagógicas serve para construir conhecimento pedagógico válido a partir das vivências pessoais de cada indivíduo enquanto agente dos processos educativos. Essa documentação permite embarcar por métodos de investigação que tornam possível fundamentar as opções pedagógicas, questionar e refletir sobre diversos acontecimentos e crescer a nível profissional, por meio de projetos em que a reflexão sobre a ação é um processo mais holístico.

Recorremos a Figueiredo (2022, p. 363) corroborando a ideia de que "o caminho para uma profissão mais forte e ensino de maior qualidade, indicado pelos projetos, realça a importância do dizer e dialogar as práticas, assim como de as narrar e escrever, enquanto processos de análise e de significação". É nesse sentido que Leal da Costa e Cavalcante (2017), definindo os profissionais como narradores e personagens das próprias histórias e das dos outros, reforçam que "contar histórias, escutá-las e ser escutado, permite um caminhar juntos" (Leal da Costa; Cavalcante, 2017, p. 117). Havendo oportunidades de comunicação e interação com os outros e relações com o contexto social, a pessoa tem consciência de si por meio do feedback, tanto em nível pessoal como profissional, com base em momentos significantes para o próprio, assim como do que significa para si a história contada pelos outros.

Leal da Costa *et al.* (2023, p. 6) defendem que a narrativa consiste numa prática que permite desenvolver pesquisas e, ao mesmo tempo, formar educadores e professores, principalmente porque permite contribuir *de maneira significativa, especialmente ao compreendermos a nós mesmos como fonte privilegiada e disruptiva, que expressa a emancipação e autonomia dos participantes, e como pesquisador que atua como sujeito ou aprendiz em processos de formação.* Assim, é importante problematizar, questionar, investigar, porque a partir dessas atividades se produz conhecimento pedagógico

(Folque, Costa; Artur, 2016), dando, ao mesmo tempo, sentido às experiências e (re)construindo uma representação de si, reinventando-se (Passeggi, 2011). Integrando experiência e temporalidade na trajetória profissional e, ao mesmo tempo, dando conta da vertente investigativa que constrói a pedagogia em contexto de trabalho e ambiente escolar, compreende-se que a documentação narrativa das experiências pedagógicas, integrando a reflexão sistemática e o rigor metodológico, pode dar lugar à produção das necessárias evidências sobre a prática, mas também dá-la a conhecer.

Em suma, perseguimos premissas de que, quanto melhor o profissional se vai conhecendo e mais autónomo for, mais facilmente justificará as suas opções e escolhas. Esses processos identitários, permitem e implicam conhecer-se, (ré)estruturar o pensamento e o significado das atuações e acontecimentos que, simultaneamente, ficaram documentados por si, se associaram à sua própria experiência (Suarez; Dávila, 2018). Achamos, pois, que pensar sobre os caminhos trilhados é poder compreender como, com quem e em que contextos uma identidade se foi constituindo, aprendendo, simultaneamente, sobre o que pode ser o exercício da docência e a produção da pedagogia de forma participante, pelos professores. Investigar e tornar-se professor é, pois, um desafio, em especial na prática de ensino supervisionada (PES). As suas especificidades compreendem muitos dos reptos que a contemporaneidade vem lançando à educação escolar, ao ensino superior e às comunidades em geral.

Como pensamos e vivemos o modelo de formação inicial de monodocentes na Universidade de Évora

Na Universidade de Évora (UE), ser professor e investigador tem sido um modelo valorizado e perseguido na formação inicial (Leal da Costa; Nunes, 2016; Leal da Costa, Biscaia; Parra, 2018; Folque, Leal da Costa; Artur, 2016). Passamos a expor como é vivido e pensado pelas autoras, a partir do lugar que ocupamos na academia.

Há mais de uma década que a formação inicial de educadores de infância e professores dos anos iniciais tem sido alvo de investigação por parte de docentes e estudantes nessa universidade, construindo-se um pensamento próprio. Os ciclos de estudos conducentes ao grau de mestre que conferem habilitação profissional para a docência sofreram alterações significativas nas primeiras décadas de dois mil, estabelecendo-se o alargamento dos domínios de habilitação do docente generalista, que passou a incluir a habilitação conjunta para a educação preá-escolar e para o 1º ciclo do ensino básico. Ser educador e professor é, portanto, um novo perfil de docentes que exercem com crianças entre os 3 e os 10 anos, pelo que nos desafiam a pensar profundamente sobre as identidades profissionais que vão construindo em Portugal.

A exigência do grau de mestre como habilitação para a docência trouxe, em nosso entender, amplas responsabilidades para a academia. Significou, ainda, uma formação de cinco anos, cumprindo rigorosos requisitos normativos. Três são de uma licenciatura específica e adequada ao nível de ensino/disciplina, os dois seguintes cumprem-se em cursos de mestrado, com a PES no fim. Esses percursos exigem uma conceção da formação, da supervisão e da investigação, tornando os cursos desiguais, apesar de apresentarem igual denominação em diferentes instituições que oferecem os cursos.

Na UE pautamo-nos por uma construção práxica da profissão docente, construindo objetivos partilhados entre docentes das diversas escolas da universidade e buscando a participação efetiva de todos os docentes no projeto de formação, em conjunto com estudantes e professores cooperantes, assim como com outros atores sociais. Todos se envolvem, de algum modo, em processos de coconstrução de conhecimento, nalgum momento.

A PES é sinônimo de estágio supervisionado e nela cada estudante e o seu processo de aprendizagem são um espaço/tempo mobilizador da co-construção de conhecimento praxiológico, baseado em observação participante, reflexão, investigação, estudo e desenvolvimento de projetos. Durante a PES, sujeitos, contextos e atividades, concorrem para fundamentadas e sustentáveis inovações pedagógicas. Realçamos que esse estágio no fim do curso não denota um percurso sequencial de teoria para a prática, não servindo para aplicação de conhecimentos, mas sim para construir conhecimento prático (de aprender a fazer), praxiológico ou pedagógico (de desenvolver uma conceção sobre a prática), sendo igualmente fonte de desenvolvimento profissional, para quem realiza o estágio e para quem o acompanha. Assim, a PES e o modo como consideramos que seja necessário articular-se com o desenvolvimento do curso no seu todo, o trabalho docente nas escolas, com outras comunidades e a investigação, configuram as especificidades que, por si só, os planos de estudos poderiam esconder.

Socorremo-nos de Leal da Costa e Nunes (2016, p. 123) para suportar o que afirmamos:

> Pensando na investigação que os estudantes realizam durante a PES em 1º CEB, da qual uma foi orientada por nós, consideramos que se tem revelado uma oportunidade para acrescentar conhecimentos ao que se sabe sobre o ensino, sobre os professores, sobre a investigação, sobre as crianças e sobre a formação destes educadores/professores.

A PES, cumprindo imperativos legais, desvela um modelo de formação. Resulta de práticas pedagógicas, assim como de interações cuidadas e intencionais que, continuadamente, mantêm os estudantes em contato com uma diversidade de contextos escolares e comunitários, projetos próprios, nas escolas e na comunidade, assim como emergentes articulações com a investigação que os docentes desenvolvem. Simultaneamente, tal investigação integrada na prática docente é processo que concorre para o supramencionado conhecimento co-construído, substancia-se na investigação desenvolvida no Relatório da PES, na qual se aprofunda uma problemática específica, sendo equivalente a uma dissertação. Esse espaço/tempo da formação inicial tem-se constituído uma componente fundamental e uma realidade diferenciadora quando conhecemos o que se faz e como se faz noutras instituições portuguesas onde se formam educadores/professores.

O reconhecimento da qualidade dos cursos, nacional e internacionalmente, tem trazido muitos dos alunos que nos procuram e que aqui fazem a PES, mas igualmente várias pessoas que, de forma crescente, cooperam conosco na docência e na investigação. Acreditamos que a PES tem sido uma excelente oportunidade para investigarmos cooperadamente e, assim, produzirmos conhecimento científico, aprendendo em comunidade.

Uma investigação e a construção de identidade profissional durante o estágio supervisionado

Neste tópico temos como objetivo relatar o processo de construção de uma identidade profissional, a partir de vivências no Curso de Mestrado em Educação Pré-Escolar e Ensino de 1º Ciclo da Universidade de Évora.

Seguindo as fases preconizadas na instituição, no decorrer da formação inicial de professores e educadores, após o 1º ano curricular segue-se o 2º ano em que o foco é o desenvolvimento de um projeto de investigação que se desenvolve no decorrer das práticas de ensino supervisionado em pré-escolar e 1º ciclo.

O início do desenho do projeto de investigação coincidiu com o início da PES em 1º ciclo. Tendo em conta que existia o interesse relativamente à promoção da participação ativa das crianças na gestão curricular e o interesse por parte das crianças, no contexto de 1º ciclo, sobre as instituições da comunidade, surgiu a questão de partida do estudo desenvolvido: como promover a participação ativa das crianças na gestão do currículo, escutando-as sobre as instituições da sua terra, e construir uma identidade profissional?

Consideramos importante elaborar um projeto de investigação com o objetivo de intervir e refletir sobre a influência que uma escuta ativa pode ter nos processos de gestão curricular e da respetiva contextualização. Concordamos com Smith (2005, p. 7), citado por Fernandes, Leite, Mouraz e Figueiredo (2011, p. 582), quando refere que "o conhecimento válido para muitas crianças é o que está relacionado com a sua realidade". Essa perspetiva sugere a ideia de ser extremamente importante estabelecer estreitas relações entre a escola e a comunidade para que exista a possibilidade de construir saberes contextualizados e com sentido para as crianças. Possibilitando conexões entre o que já sabem e o que vivem fora da escola, pretendemos fomentar a utilidade dos conhecimentos que se adquirem na escola, porque se construídos com sentido, acreditamos que promovemos aprendizagens significativas.

Após a definição da questão central, formulamos objetivos específicos que interligamos com os processos e práticas pedagógicas intencionalmente promovidas e que permitiriam, concomitantemente, responder a eles:

- compreender influências da participação ativa das crianças nas aprendizagens curriculares (observação participante e intervenção cooperada com trabalho por projetos);

- documentar as experiências pedagógicas (registro de notas de campo com organização narrativa, planificações e reflexões);

- identificar curiosidades, necessidades e interesses das crianças relacionadas com as instituições da sua comunidade e com os programas/orientações curriculares (observação participante e intervenção cooperada com trabalho por projetos);

- compreender de que forma a participação ativa das crianças na gestão do currículo permite estabelecer relações autênticas e significativas entre as instituições locais e as experiências das crianças (observação participante e intervenção cooperada com trabalho por projetos);

- analisar e compreender relações entre a experiência pedagógica documentada e a construção de uma identidade profissional (documentação das experiências pedagógicas, incluindo processo de supervisão).

A dimensão investigativa seguiu os princípios da investigação-ação-formação. Foram realizadas reflexões sistematicamente, orais e escritas, sobre as experiências de prática, para melhorar, sucessivamente, a qualidade da intervenção. A escuta das crianças e o trabalho por projetos implicaram termos presente nos quotidianos, as suas ideias e curiosidades, os pontos de partida para uma gestão curricular onde foram protagonistas. Todos fomos importantes no planeamento, nas ações que propusemos e em como desenvolvemos o trabalho curricular.

Assim, no que respeita à metodologia, a dimensão investigativa da prática de ensino supervisionada (PES) foi suportada por instrumentos de produção e recolha de informações, utilizados durante a observação participante, a intervenção cooperada e o processo de supervisão que acompanhou o seu desenvolvimento. Os respetivos instrumentos (planificações, reflexões, produções das crianças/fotografias, notas de campo e outros registros), possibilitaram uma documentação narrativa das experiências pedagógicas desenvolvidas que foi a forma privilegiada da construção de conhecimentos que contribuíram, também, para a construção da identidade profissional, no decorrer do dessa etapa final do curso.

O desenvolvimento dessa investigação incluiu ciclos de planear, refletir, desenvolver atividades, voltar a planear e ter o processo de supervisão a dar, também, os seus contributos para uma documentação narrativa da experiência pedagógica. A observação participante, aconteceu durante todo o tempo da PES, embora a sistematicidade e o contexto dos registros fosse variável. O objetivo desse procedimento foi registar o que ocorreu no contexto, escutar as crianças e relacionar os elementos nele existentes.

A PES aconteceu em dois semestres, um em educação pré-escolar e outro no 1º CEB, e desenvolveu-se em dois momentos, em cada contexto: observação participante e intervenção cooperada. O primeiro momento tinha como objetivo conhecer as práticas pedagógicas adotadas pela EC e PC, conhecer o grupo, apropriar-me das dinâmicas da sala e fazer um planeamento daquela que iria ser a intervenção cooperada. Essas semanas de intervenção cooperada foram as que concorreram de forma mais direta para a elaboração de documentação da experiência pedagógica que sustenta o terceiro capítulo deste trabalho.

A documentação da experiência pedagógica consistiu no planeamento da intervenção pedagógica, na intervenção propriamente dita de onde surgiram as notas de campo que posteriormente foram alvo de reflexões, tudo isso de forma cíclica e sistemática e acompanhado por um processo de supervisão tanto da orientadora da universidade como da professora cooperante. No decorrer desses processos foi possível, semanalmente, ir melhorando a ação pedagógica e que ela fosse realizada com significado, tanto para a professora estagiária como para as crianças e a equipe que acompanhava o processo.

No decorrer da PES, quer em 1º ciclo quer em educação pré-escolar, fomos produzindo esses instrumentos de produção e recolha de dados, e no final de cada PES surgiram relatórios daquilo que foi a ação pedagógica desenvolvida. Os instrumentos de produção e recolha de informações/dados na observação participante foram as notas de campo. Foi necessária, também, a análise documental de projetos curriculares em curso, orientações curriculares e outros documentos escolares considerados úteis para a intervenção pedagógica e, consequentemente, para a investigação.

Na intervenção cooperada, os instrumentos de produção/recolha de informações foram coincidentes com a documentação pedagógica produzida, isto é: planificações (semanais e diárias), reflexões semanais, fotografias, registro de notas de campo e de produções das crianças e *feedbacks*, orais e por escrito, do processo de supervisão.

Convocando apenas o estágio no 1º ciclo de educação básica (CEB) para este texto, o tempo de observação participante permitiu a integração nas dinâmicas do grupo e conhecer as metodologias e os objetivos da professora cooperante nos trabalhos com o grupo/turma. Foram esses conhecimentos que contribuíram para posteriormente realizar a intervenção cooperada, seguindo algumas das metodologias da professora, mas também tendo a autonomia de experimentar novas dinâmicas de organização do espaço e do grupo, bem como de formas de trabalhar concordantes com as observações iniciais e características do grupo, contextualizadas.

O ponto de partida da intervenção cooperada foram os momentos de observação participante em que se conheceram o grupo, o contexto, a professora cooperante e as suas metodologias. Essa intervenção cooperada foi pautada pelo constante diálogo com a professora cooperante, que me apoiou em todos os momentos, dando *feedback* sobre cada uma das minhas intervenções, apontando os aspectos positivos, mas também aqueles a melhorar.

A participação ativa das crianças na gestão curricular foi sempre um processo central, a par de intencional, como se pode observar através da narração das experiências pedagógicas apresentadas no decorrer deste trabalho e que compreendemos como uma influência positiva no desenvolvimento e construção de aprendizagens em conjunto e confirma o sentido do que lemos em Fernandes, Leite, Mouraz e Figueiredo (2011) ou Oliveira-Formosinho e Formosinho (2013), por exemplo.

Processualmente, compreender que a participação ativa das crianças influencia as aprendizagens de forma positiva, apenas foi possível com a documentação narrativa da experiência pedagógica que acompanhou o trabalho de investigação-ação-formação. Nesse sentido, destacamos as notas de campo que demonstram as aprendizagens relatadas pelas crianças e também as posteriores reflexões que permitiam não só compreender esses processos de aprendizagem, mas também melhorar progressivamente a forma como a participação ativa das crianças estava a ser promovida.

Considerações Finais

No decorrer da formação inicial é possível manter contatos com diversos modelos pedagógicos, com diversas teorias relacionadas com a educação e que contribuem para a construção das perspetivas em relação às práticas pedagógicas que gostaria de erguer. No entanto, é no decorrer das PES que percepcionamos os verdadeiros alicerces para a construção da identidade profissional, as bases que guiam os acontecimentos e o desenvolvimento das práticas pedagógicas. Vivencia-se cada etapa com o sentido de responsabilidade e entusiasmo, próprios de quem vê o início de um sonho a ser concretizado. A narração na investigação permite-nos isso também.

Como se constrói uma identidade profissional durante a formação inicial? Essa foi uma questão que surgiu associada a características pessoais, à necessidade de refletir sobre todas as ações. Analisar e compreender relações entre a experiência pedagógica documentada e a construção da identidade profissional foi evidente porque o rigor e a sistematicidade da dimensão investigativa o possibilitaram e a narrativa decorrente evidenciou os processos de escuta e a participação como centrais no papel docente assumido.

A experiência pedagógica documentada permitiu a aprendizagem profissional por ser sistemática e reflexiva, mas também por ser alvo de partilha e discussão durante os momentos de supervisão. Esses processos foram construídos e vividos por meio de *feedbacks* orais e escritos, possibilitando observar a prática de outros ângulos e refletir sobre questões que isoladamente não conseguimos identificar. Somos sujeitos em constante aprendizagem e tal como somos mediadores das aprendizagens das crianças, também colegas e professores orientadores se mostram mediadores das aprendizagens que se fazem num processo de profissionalização. Para além do *feedback* dado relativamente às planificações, notas de campo e reflexões realizadas sistematicamente, existiram também momentos de observação das professoras orientadoras com *feedback* escrito antes da observação, a observação das práticas pedagógicas e em seguida o *feedback* oral. As evidências desses processos surgem sobretudo em algumas notas de campo e reflexões que integrando a investigação permitiram a interpretação e contar como foi.

A investigação-ação-formação permite despertar vontades de aprender, porque deixa emergir dimensões do sensível e inacabado. Assim, afirmamos que a construção da identidade profissional não termina com a realização de um relatório de investigação. Muito pelo contrário. É analisando a prática pedagógica a partir de uma produção de dados nossos, oriundos do nosso quotidiano na escola com as crianças, que compreendemos o que aconteceu, como aconteceu e com quem: recorremos a metodologias ativas e participativas que privilegiam a integração curricular, tais como trabalhar por projetos; percebemos como estabelecemos conexões entre áreas de conteúdo e entre domínios da mesma área; como as conversas, e a voz das crianças são importantes, e valorizámos o que são e o que sabem estruturando a nossa atuação; agimos com base nos seus interesses, necessidades e conhecimentos prévios e criamos significados em conjunto.

O fato de assumirmos o papel do professor-investigador reflexivo faz com que consigamos desenvolver uma investigação que se torna contributo para a evolução do panorama educativo, mas também para o desenvolvimento profissional, como o entende Alarcão (2001). Tal como essa autora defende, bem como Suárez e Metzdorff (2018), assumir um papel de professor-investigador contribui para a construção de conhecimento profissional e reflexão relativamente à docência, mas também permite produzir conhecimento científico que o suporta, mediante a análise e interpretação dos dados recolhidos, a partir de práticas pedagógicas concebidas, partilhadas e discutidas com diferentes intervenientes – das crianças às orientadoras, às reflexões que se fazem e que deixam perceber caminhos a prosseguir e recuos a fazer.

Anotamos, pois, as percepções de que, aprender e investigar, careceram de tempo para ganhar sentido. Tomar as nossas próprias vivências como um objeto de análise e reflexão, numa complexa bolha de atividades e a escrita de sucessivas narrativas em diferentes formatos sobre o que nos acontece, permite atribuir significado aos acontecimentos, deixar que se tornem experiências e, assim, apropriarmo-nos de aprendizagens resultantes (Suárez; Dávila, 2018) que somos capazes de contar.

Acreditamos que nos desenvolvemos na e pela narrativa (Passeggi, 2016), o que, mais do que nos conhecermos, deixa também perceber a forma como nos vamos construindo enquanto professores que, conscientemente, desejamos ser. O processo e a adoção de metodologias de investigação-ação-formação terão interferido no que aqui expomos acerca de quem se torna educadora-professora. Passeggi (2016, p. 80) refere que "todos e tudo passam a fazer sentido, pois a reflexão sobre as experiências ajuda a tirar 'lições' da vida". Então, concluímos que nos tornarmos educadoras/professoras, tomando decisões fundamentadas diante de problemas, em dilemas ou em situações de tensão, porque o imprevisto também existe durante um estágio, é igualmente construir os sentidos das aprendizagens das crianças e das suas, em relação com os outros e com os próprios.

Reconhecemos na literatura existente uma base de sustento para as reflexões e para as sucessivas propostas pedagógicas que se criam e implementam intencional e fundamentadamente, mas nos encanta realizar um aprofundamento dos fundamentos teórico-conceituais e tornar pública a nossa produção.

Referências

ALARCÃO, I. Professor-investigador: Que sentido? Que formação? *In:* CAMPOS, B. P. (org.). **Formação profissional de professores no ensino superior.** Porto: Porto Editora, 2001, p. 21-31.

FERNANDES, P.; LEITE, C.; MOURAZ, A.; FIGUEIREDO, C. Sentidos atribuídos ao conceito de "Contextualização Curricular". **Livro de Actas do XI Congreso Internacional Galego-Portugués de Psicopedagogia.** Coruña: Universidade da Coruña, 2011.

FIGUEIREDO, M. P. A realização de investigação na formação inicial de professores: olhares e interpretações. *In:* MENEZES, L. CARDOSO, A. REGO, B., BALULA J. P., FIGUEIREDO, M.; FELIZARDO, S. (ed.). **Olhares sobre a Educação:** em torno da formação de professores, Viseu: Escola Superior de Educação de Viseu, 2017, p. 11-20.

FIGUEIREDO, M. P. **Exploração da perspetiva de professor/a investigador/a em propostas contemporâneas de educação de infância.** 2. ed. São Paulo: Millenium, 2021.

FIGUEIREDO, M. P. Desenvolvimento do currículo e construção de conhecimento profissional específico: uma exploração da relevância do estudo sobre as práticas docentes no contexto curricular português. *In:* CONSELHO NACIONAL DE EDUCAÇÃO (org.). **Estado da Educação, 2021.** Conselho Nacional de Educação, 2022, p. 356-367.

FOLQUE, M. A.; LEAL DA COSTA, M. C.; ARTUR, A. A formação inicial e desenvolvimento profissional de educadores/professores monodocentes: os desafios do isomorfismo pedagógico. *In:* CORREA, Carlos Humberto Alves; CAVALCANTE, L. I. P.; BOSSOLI, M. de F. (org.). **Formação de Professores em perspectiva.** Universidade Federal do Amazonas. 2016, p. 177-236.

LEAL DA COSTA, C.; NUNES, S. Tornar-se Educadora/Professora – Palavras que contam como foi! **Educação e Contemporaneidade**, v. 25, n. 47, set./dez. 2016, p. 119-136.

LEAL DA COSTA, M. C.; BISCAIA, C.; PARRA, A. Aprender pensando sobre a própria vida – Um ateliê biográfico na formação de educadores/professores. **Revista de Sociología de la Educación** (RASE), n. 11, v. 2, p. 258-279, 2018. DOI: https://doi.org/10.7203/RASE.11.2.12445. Disponível em https://ojs.uv.es/index.php/RASE/article/view/12445. Acesso em: 3 nov. 2023.

LEAL DA COSTA, M. C.; CAVALCANTE, I. F. Alteridades(s), escritas de si e reflexão: olhares cruzados sobre a formação de professores em Portugal e no Brasil. **Revista Brasileira de Educação de Jovens e Adultos**, v. 5, n. 10, 2017, p. 108-126. Disponível em: https://dspace.uevora.pt/rdpc/bitstream/10174/22993/1/CLC%20%282017%29.pdf. Acesso em: 4 nov. 2023.

LEAL DA COSTA, C.; CAVALCANTE, I. F.; MEDIALDEA, A. L.; MARTÍN-BERMÚDEZ, N. Desenvolvimento profissional e comunicação durante a pandemia: Narrativa de professores da educação básica em Portugal. São Paulo: **Revista @mbienteeducação**, v. 16, n. 00, p. e023010, 2023. DOI: https://doi.org/10.26843/ae.v16i00.1187.

MENEZES, L.; CARDOSO, A. P.; REGO, B.; BALULA, J. P.; FIGUEIREDO, M.; FELIZARDO, S. (ed.). **Olhares sobre a Educação:** em torno da formação de professores. Viseu: Escola Superior de Educação de Viseu, 2017.

OLIVEIRA-FORMOSINHO, J.; FORMOSINHO, J. **Pedagogia-em-Participação:** a Perspetiva Educativa da Associação Criança. Porto: Porto Editora, 2013.

PASSEGGI, M. da C. Aproximaciones teóricas a las perspectivas de la investigación (auto)biográfica en educación. **Revista Educación y Pedagogía,** [S. l.], v. 23, n. 61, p. 25-40, 2012. Disponível em: https://revistas.udea.edu.co/index.php/revistaeyp/article/view/14001. Acesso em: 4 nov. 2023.

PASSEGGI, M.C. Narrativas da experiência na pesquisa-formação: do sujeito epistêmico ao sujeito biográfico. **Roteiro,** [S. l.], v. 41, n. 1, p. 67-86, 2016. DOI: 10.18593/r.v41i1.9267. Disponível em: https://periodicos.unoesc.edu.br/roteiro/article/view/9267. Acesso em: 4 nov. 2023.

PINAZZA, Mônica Appezzato; FOCHI, Paulo Sergio. Documentação Pedagógica: observar, registrar e (re)criar significados. **Revista Linhas,** Florianópolis, v. 19, n. 40, 2018, p. 184-199. Disponível em: https://revistas.udesc.br/index.php/linhas/article/view/1984723819402018184. Acesso em: 4 nov. 2023.

SUÁREZ, D. H.; DÁVILA, P. V. Documentar la experiencia biográfica y pedagógica. La investigación narrativa y (auto)biográfica en educación en Argentina. **Revista Brasileira de Pesquisa (Auto)biográfica,** [S. l.], v. 3, n. 8, 2018, p. 350-373. DOI: 10.31892/rbpab2525-426X.2018.v3.n8.p350-373. Disponível em: https://revistas.uneb.br/index.php/rbpab/article/view/5336. Acesso em: 4 nov. 2023.

SUÁREZ, D.; METZDORFF, V. Narrar la experiencia educativa como formación. La documentación narrativa y el desarrollo profesional de los docentes. Espacios em Blanco. **Revista de Educación,** n. 28, p. 49-74, jun. 2018. Universidad Nacional del Centro de la Provincia de Buenos Aires, Buenos Aires, Argentina.

VIEIRA, F. Formando Professores Reflexivos através da investigação no estágio. **Revista Internacional de Formação de Professores** (RIFP), Itapetininga, v. 4, n. 1, p. 47-67, jan./mar. 2019.

VIEIRA, F.; SILVA, J. L.; VILAÇA, T.; PARENTE, C.; VIEIRA, F.; ALMEIDA, M. J.; PEREIRA, I.; SOLÉ, G.; VARELA, P.; GOMES, A.; SILVA, A. O papel da investigação na prática pedagógica dos mestrados em ensino. *In:* SILVA, B.; ALMEIDA, L.; BARCA, A.; PERALBO, M.; FRANCO, A.; MONGINHO, R. (org.). **Atas do XII Congresso Internacional Galego-Português de Psicopadagogia**. Braga: Centro de Investigação em Educação, Instituto de Educação, Universidade do Minho, 2013, p. 2641-2655.

VIEIRA, F. A experiência educativa como espaço de (trans)formação profissional. **Lingvarvm Arena**, 2, p. 9-25, 2011. Disponível em: https://ler.letras.up.pt/uploads/ficheiros/9830.pdf. Acesso em: 4 nov. 2023.

4

A ÉTICA E A ESTÉTICA NA FORMAÇÃO DE PROFESSORES ALFABETIZADORES

Clarice Marlene Rucks Megier
Crystina Di Santo D'Andrea
Helenise Sangoi Antunes

Na porta do Paraíso está uma criança. Não consulta livro, nem pergunta. Só abre um baú enorme, onde estão guardados todos os brinquedos inventados e por inventar, e diz: "Escolha um para brincar comigo!"
Quem souber brincar, entra.
(Rubem Alves)

Introdução

Aprender é uma condição humana que leva à adaptação à realidade e à intervenção no contexto por meio da construção de conhecimentos, da experiência e inovação, da produção cultural e da transformação. É a potencialização do poder da idealização da própria história e da possibilidade de fazer diferença na qualidade da vida em realização ecológica, que é como estar construindo saberes, de forma inclusiva, cooperativa e compartilhada, permanentemente e independentemente de qualquer condição sociopolítica ou cultural, pois todos nascemos para aprender. "Saber aprender é fazer-se oportunidade, não só fazer oportunidade (Demo, 2001, p. 47). Nas memórias das nossas docências percebemos que nos constituímos pelas oportunidades que nos levaram ao feliz encontro em amorosidade e formação vivido nos tempos e espaços educadores que envolvem o Grupo de Estudo e Pesquisa sobre Formação Inicial, Continuada e Alfabetização (Gepfica) da Universidade Federal de Santa Maria.

Sabemos que, ao institucionalizar o aprender, as sociedades definem seus projetos políticos-pedagógicos de forma a garantir o Sistema e criar um projeto de Educação. Não apenas alunos estão sujeitos a essas demandas, conjuntamente aos seus princípios éticos e estéticos, como também estão professores e funcionários, bem como todas as comunidades escolares e respectivas instâncias de ensino. Desde o movimento conhecido por Escola Nova (década de 1920), que propunha uma nova compreensão das necessidades e peculiaridades das infâncias brasileiras, bem como questionava o imobilismo, padronização e passividade que condenavam nossas crianças na/da escola tradicional, novos caminhos sugerem que a Educação seja um instrumento de transformação da sociedade e da qualidade de vida das pessoas. No entanto, o sonho de uma escola pública de qualidade para todos vem sendo adiado e retomado inúmeras vezes, em função de uma suposta crise que assola a Educação, mas que sabemos inexistente. Crises se resolvem. Acreditamos que a Educação é, simplesmente, um projeto que colabora com os contextos sociais, complexidades, diversidades e desigualdades que garantem que permaneçamos estratificados e classificados em um sistema colonialista, capitalista, consumista, machista, excludente e opressor. Diante das considerações, perguntamos: a transformação da Educação é provável? É possível?

Entendemos a educação como direito subjetivo e social, inspirada na humanização e na cidadania, na partilha e no cuidado. Por outro lado, sabemos que o processo ideológico de um sistema, constitui-se pela transformação de ideias particulares de um nicho cultural dominante, em ideias universais abstratas que passam a constituir um sistema sociopolítico de um determinado tempo-espaço geográfico. Poesia e prosa anunciam um paradoxo em Educação, pois embora essa lógica esteja bem embasada e coerente, esconde incoerências decorrentes das análises contraditórias dos seus fundamentos. A educação pública não escapa do poder ideológico impetrado pelo sistema capitalista de desenvolvimento globalizado, o que acaba por definir que as condições materiais de existência são responsáveis pela produção da consciência. É a prosa campeando a poesia de forma tão incisiva, pelo poder do mercado e do consumo, que acabamos por acreditar que somos desiguais pelas condições da biologia (natureza) e pelas determinantes sociais e econômicas, mas acreditamos que todos somos iguais perante a lei e o Estado.

Essa prosa e poesia perfazem discursos hegemônicos mantidos pelo poder instituído e permeiam todas as instâncias socioculturais, inclusive a acadêmica. E aqui estamos nós...

Memórias autobiográficas experienciadas no sensível e complexo mundo da educação

O conhecimento construído pelo Gepfica, a partir de pesquisas autobiográficas, que lindamente investigam nossas travessias e trajetórias, contribui no campo educacional, na reflexividade e na construção de histórias de vida que nos permitem pensar sobre nós e nas relações com o outro. Ao pesquisar, dessa forma instigante, lacunas são preenchidas, respostas são encontradas e emancipando-nos como autores de nossas histórias. Somos cocriadores de nossas vidas. Isso é liberdade. E, no transcorrer do tempo, em diferentes territorialidades, compreendemos a complexidade dos contextos que nos possibilitam buscar outras narrativas e outras histórias relacionadas a memórias de encontros, de prosas e poesias para além do sistema colonialista e mercadológico que nos aprisiona. Nossas histórias são desmistificadas e registradas em estratégias formadoras que nos contemplam, amorosamente, como pessoas que formam pessoas. Nesse processo encontramos a ética em Educação.

Eu, Crystina, concluí o magistério em 1979, no Instituto de Educação General Flores da Cunha, em Porto Alegre, onde participei de várias aulas com homens de preto ao fundo, provavelmente, vigiando algumas das nossas professoras. Outras, nos perguntavam se tínhamos certeza da escolha profissional e, já naquele tempo, onde se vão mais de 45 anos, queixavam-se dos salários e das condições precárias da educação pública. Tive que esperar os 18 anos para começar a trabalhar e, a partir de então, agarrei-me às oportunidades de formação que foram surgindo, o que me possibilitou fazer diferente, para ser uma professora diferente e, realmente, fazer diferença na vida das pessoas. Nessa trajetória também fui me (trans) formando em formadora de professores e, em 2010, com 48 anos, tive a oportunidade de participar de um programa federal chamado Pró-Letramento – Linguagem, em Santa Maria, por meio da Secretaria Municipal de Educação de Porto Alegre.

Seduzida pela minha então formadora, a excelente Cleonice Tomazetti, vesti a oportunidade de retornar à universidade, como aluna, o que não fazia desde 2000, quando concluí o mestrado na UFRGS, com a maravilhosa Jaqueline Moll. Nada como encontrar sentido na sedução educadora pela convivência com professores em transgressões pedagógicas. Foi então que, Cleonice, indicou-me a Helenise. Conheci a Helenise. Carregava a Rafaela em seus seios, no palco de um auditório, em Santa Maria, lotado de professoras, enquanto discursava eloquentemente sobre as possibilidades de transformação na educação pública. Ali, com o seio desnudo, também desnudava a alma em desejos acalorados de que a educação pública de qualidade, por meio das políticas públicas do governo petista, que fomentaram a formação de professores, desse certo no nosso país. Sorri. Acreditei. E ainda, confesso: sou cúmplice.

Fui selecionada para atuar como formadora no Pacto Nacional pela Alfabetização na Idade Certa, reconhecidamente, o maior e mais bem fundamentado programa de formação continuada, em rede, entre pares, oferecido para professores alfabetizadores. E também, por seleção, ingressei no doutorado em Educação, sob a orientação dessa pessoa surpreendente, a Helenise Sangoi Antunes.

São muitos anos de formação, vivências e trabalhos em Educação e nas nossas diferentes origens e temporalidades, sempre escutamos vozes anunciando necessidades de mudanças na Educação, pois vivemos uma crise (mentira: educação pública é projeto que acomoda o sistema). Sempre idealizamos e implementamos transformações didáticas, pedagógicas e estruturais. Participamos de pesquisas e formações. Estudamos muito. Lemos muito. Escrevemos muito. Publicamos. Reunimos. Empreendemos esforços hercúleos para acomodar e adaptar cada projeto governamental que chega a cada quatro anos, desconstituindo a proposta anterior. Minimizam-se os danos. Transgredimos. Transformamos. Trabalhamos muito. Ganhamos pouco. E nesse esforço, sim, fazemos diferença na vida das pessoas. Mas a educação pública, continuam dizendo, vai mal. Perguntamos: o que estamos deixando passar, que nosso ímpeto de fazer o melhor não nos deixa perceber?

Consideramos, mais do que nunca, o exercício da dúvida, do questionamento, do rompimento com os postulados que definem a maquinaria escolar, criar novas estratégias formativas que transgridem o imobilismo atemporal que a proliferação desses discursos deterministas causa.

> Esses discursos mantidos pelo poder instituído acabam reforçando a ideia de que não existe mais nada a ser feito para superar os problemas apontados em relação à Educação. Um imobilismo considerável, uma vez que, quando tais falas são tratadas como unívocas e legítimas, impedem que os professores em exercício e as novas gerações que se preparam para o exercício do Magistério exerçam seu direito de experimentar e inovar. (Antunes, p. 245, 2011)

Também é perceptível que a eficácia do discurso impositivo, colonialista e legitimado pela sociedade repasse para o outro a responsabilidade que cada cidadão tem de promover as transformações necessárias para que a educação pública seja de qualidade, promovendo condições de acesso e permanência em todo processo educador, desde a educação infantil até a Universidade.

Aprender é uma condição inata dos seres humanos. Nascemos para aprender e fazemos isso coletivamente, em sociedade, agindo e modificando as condições naturais do nosso contexto imediato, ao mesmo tempo que também nos modificamos em evolução permanente. Assim a humanidade vem construindo a sua história e deixando o seu legado, percorrendo caminhos inovadores e instaurando novos processos em inovação e tecnologia.

Mas por que, efetivamente, a educação pública brasileira não acompanha a evolução vista, compreendida e mensurada em outros países, considerados desenvolvidos? Já que nos pautamos tanto em comparação? Sabe-se que a obrigatoriedade da educação básica no Brasil é recente, só passou a fazer parte da Agenda Nacional no início do século XX, com o nascimento da República, que trouxe consigo a ideia da construção de um sistema nacional para alavancar o desenvolvimento do país (Bittencourt, 2016). Algumas iniciativas partiram da adesão de estudiosos do manifesto dos pioneiros da Educação Nova, que recomendava um Plano Geral para a Educação e defendia uma escola pública, laica, obrigatória e gratuita.

A busca por uma escola pública de qualidade e para todos tem sido um objetivo almejado por profissionais da educação. Mas falar em qualidade é relativo, porque tratar de ética em educação tornou-se complexo. Até agora, entre nós, só tivemos, de fato, uma educação de qualidade para poucos. Precisamos construir uma "nova qualidade", como dizia Paulo Freire (1921-1997, consagrado educador brasileiro, reconhecido mundialmente e pouco conhecido neste país), que consiga acolher a todos e a todas. Sabemos que qualidade é termos condições dignas de vida em sociedade, melhorando a perspectiva das pessoas sobre o processo antropológico da humanidade. A estética da educação de qualidade está ligada diretamente ao bem-estar, a melhores condições de vida em comunidade, a partir da vida escolar que contribuam com a construção do projeto de humanidade.

Se a escola, a educação, assim como as demais instituições de formação humana consolidarem sua forma estética, estaremos mergulhados na boa qualidade, o professor será bom, o aluno será bom, a comunidade será boa, conviver em sociedade, com a pluralidade, também será bom. Nesse sentido, a educação de qualidade deve estar sintonizada com o compromisso estético ecológico do mundo. Bem sabemos que para falar desse conjunto de elementos para melhorar a educação é preciso se adequar num mundo que sofre com ações agressivas, diariamente, tanto históricas quanto culturais, sociais e econômicas. Bem sabemos que é utopia desejarmos uma educação de qualidade em que homens e mulheres vivem separados, rodeados por bolhas institucionais classistas, colonialistas e excludentes, onde a qualidade, o bom, o melhor, são considerados mérito e não são para todos. Onde estará, então, a ética em educação?

Os percursos estão tomando forma e percebo que não posso falar de minha trajetória profissional sem traçar o caminho da minha formação e das relações estabelecidas. Desse modo, embalada por esse desafio, início a minha narrativa de Clarice Marlene Rucks Megier, em que trago algumas experiências inacabadas, de acompanhar e ser acompanhada, por movimentos que se entrelaçam e entrecruzam diariamente, por meio do sentido de pertencer.

No ano de 2012, foi criado o Programa Nacional pela Alfabetização na Idade Certa/Pnaic vinculado ao Ministério de Educação, com o foco principal na formação profissional e aperfeiçoamento de professores alfabetizadores, no ciclo de alfabetização. O programa beneficiava diferentes ações mantendo um foco: assegurar que todas as crianças consolidassem o processo de alfabetização até o final do 3º ano do ensino fundamental, efetivando o ciclo de alfabetização. Esse foi o momento da minha primeira aproximação com a coordenadora do programa, Prof.ª Dr.ª Helenise Sangoi Antunes, da UFSM, e com a professora formadora, questionadora, pesquisadora, autora e protagonista na arte de ensinar, Crystina Di Santo D'Andrea, do Grupo Gt12, do qual fiz parte.

Nesse momento permite-se o entrelaçamento da minha história de vida com professoras, em que elas evidenciam experiências de vida e de formação duradouras, apontando caminhos para trabalharmos de modo que nossas utopias, sonhos e realidades construíssem aprendizados basilares para nossas vidas. Senti-me, nesse momento, aprendiz, artesã de meu processo identitário. A partir disso, D'Andrea (2016) considera que ações, aprendizagens e planejamento são essenciais para inventar e reinventar o mundo, assim como os achados, os encontros e o estreitamento de relações, são parte de nós, de nossas memórias e de nossa identidade.

Antunes e Leão pontuam:

> São os fios dessa teia de relações com o conhecimento que precisam ser evidenciados para que a formação docente seja mais bem encaminhada e repercute em aprendizagens importantes para os alunos, já que esse é objetivo de todos aqueles que se filiam a uma perspectiva de formação para o desenvolvimento profissional (Antunes, Leão, 2019, p. 142-143).

O papel de cada sujeito, seja professor, professora, aluno, cada um que se envolve no processo de ensinar e aprender, é de protagonista na construção de suas histórias e no processo de formação da sociedade. No período de 2013, com experiência profissional de professora alfabetizadora e Coordenação Pedagógica dos Anos Iniciais, na Secretaria Municipal de Educação da SMEd/Ijuí-RS, tornei-me orientadora de estudos do Pnaic. Por meio dessa atividade, atuei no trabalho de formação de professores direcionado para alfabetizadores das escolas da rede municipal de ensino de Ijuí. Nesse percurso fui mobilizando o interesse de aprofundar estudos com o objetivo de construir e reconstruir conhecimento científico e retornar à universidade buscando outras possibilidades de formação.

Entre as experiências vividas na função de orientadora de estudos no Pnaic, sempre tive dias brilhantes, e um deles, lembro, foi em 18 de agosto de 2018, em um dos momentos formativos do Pnaic, que, para minha felicidade, tanto pessoal como profissional, fortalecem-se laços de experiências, de sonhos, de ideais e de trocas com a professora, pesquisadora, coordenadora do Pnaic, a "grande" Helenise Sangoi Antunes. Nesse dia, senti-me provocada e convidada a participar da seleção de mestrado da UFSM, e junto com o desafio vem o compromisso, o respeito, a necessidade de continuar os estudos e reiniciar o caminho de pesquisadora.

Em 2023, por meio do Gepfica, nasce a oportunidade para um maravilhoso reencontro com D'Andrea, com a riqueza em amorosidade, formação vivida, conhecimento nos tempos e espaços de educadoras envolvidas pelo grupo de estudos. E assim, escrever é preciso, juntamente com as pesquisadoras, narrativa de histórias universais, que discutem concepções, ensino, políticas educacionais e novos caminhos que estão se desenvolvendo a partir de ideias de formação continuada na superação de paradigmas. Também no texto são apresentados valores, que falam de vida resultante de encontros e entrelaçamentos de experiências vividas.

Desse modo, é possível ultrapassar os muros da universidade e tornar público nosso processo de aprendizado, em forma de artigo compartilhado. É momento de escrita marcado por sentimentos, delicadeza de afetos e por uma densidade teórica construída por pesquisadoras do Grupo de Estudos e Pesquisa sobre Formação Inicial, Continuada e Alfabetização (Gepfica), que desenrolam esse nó da ética em educação e nos seduzem a compartilhar espaços de formação permanente e continuada.

Num processo formativo, inicio a minha história de vida pessoal e profissional com o grupo de pesquisa no ano de 2018, ao ingressar no mestrado profissional, desenvolvendo a pesquisa referente ao Pnaic, com o objetivo de identificar as experiências de formação de professores alfabetizadores da rede municipal de ensino de Ijuí-RS. A pesquisa foi orientada pela Prof.ª Dr.ª Débora Ortiz de Leão e a Prof.ª Dr.ª Helenise Sangoi Antunes fez parte da banca de defesa de dissertação. Desse modo inicia-se um processo pessoal e profissional com o mundo, em especial a formação continuada de professores.

O Gepfica, coordenado, atualmente, pela líder, Prof.ª Dr.ª Helenise Sangoi Antunes, e a vice-líder, Prof.ª Dr.ª Débora Ortiz de Leão, iniciou suas atividades no ano de 2002, registrado no diretório de grupo de pesquisa em 2003 (Antunes e Farias 2009, p. 9), e tem por objetivos investigar a formação inicial e continuada de professores; dialogar com a educação do/no campo e escolas multisseriadas; desenvolver pesquisas e inovações a partir do ciclo de vida dos professores, compartilhando memórias ao longo da docência; refletir sobre políticas de direitos do professor alfabetizador, na formação em serviço e dos alunos, quanto ao acesso, permanência e qualidade da / na educação pública, nos anos iniciais; mobilizar a dialogicidade entre a academia e as escolas; e construir e colaborar na formação de professores das escolas públicas, em alfabetização e alfabetismos.

No ano de 2021, participei da seleção e fui aprovada para o doutorado em Educação pelo Programa de Pós-graduação/PPGE. De acordo com Josso (2012), as relações de formação são fundadoras de formadores, no momento em que são vividas cuidadosamente, como únicas e acompanhadas de modo recíproco. Assim, dou início às primeiras aproximações com narrativas autobiográficas para falar e elencar experiências escolares, trazendo para a discussão a importância da escola, do professor alfabetizador, dos alunos, das famílias, de como trabalhar com ética, autonomia e dignidade nos espaços escolares. E, acima de tudo, numa dimensão formativa, para exercemos ofício de educadoras com competência e maestria em nosso compromisso social.

Atualmente, em 2023, sou discente do 4º semestre de doutorado em Educação do PPGE, orientanda da Prof.ª Dr.ª Helenise Sangoi Antunes. Estamos a investigar narrativas da professora alfabetizadora. Com essa pesquisa compreendo a importância dessas narrativas para a nossa aprendizagem, "o trabalho biográfico sobre si mesmo dá início à aprendizagem da implicação permanentemente em jogo, no trabalho individual e no trabalho coletivo" (Josso, 2004, p. 219). Nesses espaços que buscamos a qualidade de vida tanto pessoal como profissional, experiências formativas são inacabadas e complexas despertando movimentos, discussões e mudanças na atuação docente.

Entendemos, ao escrever este capítulo, que o contexto sociopolítico manifestado é como um código de condutas que regulam comportamentos, como Ferreira (1998, p. 51), em uma de suas obras, nos traz uma explicação esclarecedora:

> O fato é que as representações coletivas servem como parâmetros para a socialização dos integrantes da sociedade e, desse modo, exigem desta os processos de socialização para incorporação dos elementos do grupo. Daí a necessidade da educação, em particular da educação formal, que surge como um desses processos.

Observa-se que estudos sinalizam que a formação para cidadania é uma questão urgente na sociedade contemporânea globalizada (Oliveira *et al.*, 2013). A sociedade parece deixar de lado a solidariedade e priorizar o individualismo que, apesar de ter uma dimensão relevante, acaba ampliando fortemente o seu lado mais sombrio, o da competição e da opressão, efetivando o distanciamento moral, ético, estético e político, do compromisso com o outro e com a vida.

Desse modo vive-se uma crise em que ignoramos o que a humanidade viveu, sem direção para uma construção humana. Sabemos que, historicamente, aprendemos uns com os outros, aprendemos com todos, mas o fato é que instituímos o ensino como algo exclusivo de alguns e ignoramos o que a sociedade deveria ter aprendido. Embora quase todos percebam que o mundo ao redor está se transformando de forma bastante acelerada, a educação continua apresentando resultados cada vez mais preocupantes e a distância entre os povos, cada vez aumenta mais, em formas degradantes e desumanas de guerras e agressões à vida, inclusive a do planeta.

Segundo Moraes (2012) no decorrer do nosso dia a dia, versamos que não se muda um paradigma educacional de um momento para outro, não basta apenas trocar de roupa, tentando vestir com nova roupagem as teorias tradicionais são ocultadas, outdoors apelam para chamar a atenção da escola, telas e telões estão em sala de aula, e ainda mais a telinha do aparelho celular nas salas de aula, porém o aluno continua na posição de mero espectador, de simples receptor, presenciador e copiador, e com todos os recursos tecnológicos percebe-se que pouco fazem para ampliar a cognição e a condição humana.

> O importante, neste momento, é compreender que problemas existem e persistem há várias décadas, e que eles são complementares interdependentes uns aos outros. Cada um desses fenômenos não acontece isoladamente e, portanto, suas soluções requerem uma visão sistêmica, uma percepção da complexidade da realidade a ser transformada. em sua grande maioria, os diagnósticos da realidade educacional fragmentam o todo, privilegiam as partes, setorizam os problemas, intervêm numa realidade apenas parcial e desconsideram as relações com a totalidade. A presença de uma política educacional fragmentada desarticulada, descontínua e compartimentada colabora para o prevalecimento das atuais taxas de analfabetismo, evasão, repetência, baixa qualidade do ensino e tantas outras da educação brasileira (Moraes, p. 14. 2012)

Sabemos que elaboramos, simbolicamente, um conjunto de valores que identificam e classificam os cidadãos e em que se colocam no poder as particularidades e tensões de cada período histórico que repetem e repetem as mesmices e mimimis de um projeto político de uma sociedade que transforma pessoas em consumidores e qualifica a vida em capacidade de consumo. Mas não somos vítimas do sistema educacional formador. Somos algozes. Somos os próprios capitães do mato perseguindo iguais em compensação pela nossa condição de mercado. Nos negamos a compactuar com esse estado de barbárie. Fazemos diferente. Fazemos diferença. Propomos uma outra estética, construímos nossa própria ética na formação de professores alfabetizadores.

Estão ocorrendo mudanças de forma acelerada no mundo atual, e isso nos mostra que necessitamos buscar novas formas de trabalho, novas formas de viver e conviver. Precisamos de respostas mais rápidas e formas mais participativas e de partilhas para conviver em sociedade e construir conhecimento de forma criativa e crítica. Urge fortalecer espaços diversificados e humanizados, processos e metodologias educacionais que construam uma escola com solidariedade à sociedade e mantenha a perspectiva da educação integral.

Nesse processo, Morin (2015) caracteriza a vida como prosa e poesia, de modo que

> Podemos denominar prosa às exigências práticas, técnicas e materiais, necessárias à existência. Podemos denominar poesia o que nos coloca em um segundo estado; primeiro a própria poesia, a música, a dança, a alegria e, é claro, o amor". Não podemos separar prosa e poesia, pois, assim como vivemos, é preciso utilizá-las em harmonia. É preciso buscar a arte de viver experienciando a arte de aprender (Morin, 2015, p. 35).

A partir das narrativas descritas, despertamos para as curiosidades, para o assombro e o encantamento com/pela complexidade sobre os territórios, o que nos ajuda a compreender alguns comportamentos da vida coletiva, identidades, papéis e posições sociais que potencializam a transformação necessária aos caminhos de uma humanidade solidária.

Princípios éticos e estéticos: considerações finais

Sentimos a necessidade de trazer os princípios éticos das narrativas, sendo que estas permitiram evidenciar o entrelaçamento de políticas públicas de/em educação e formação de nossas memórias autobiográficas de docentes experienciadas no sensível e complexo mundo da Educação. Há muitos discursos para buscar, ordenar e qualificar a educação e quiçá fazê-la de formação e tempo integral.

Temos um cenário que se desdobra em múltiplas facetas, entre elas, uma nada nova, mas que se apresenta numa dimensão crucial para que se alcance tal objetivo na esfera federal, estadual ou municipal: a formação de professores alfabetizadores. As experiências e pensamentos construídos por nossas histórias comprovam e afirmam que o mundo no qual habitamos e convivemos é um laboratório de inovações, inclusive pedagógicas, que nos mostra os caminhos para a formação de pessoas professores.

Na arte da vida nós somos os artesãos do aprender a viver, entrelaçam-se vidas, encontros, buscas que vão nos constituindo de modo pessoal e profissional, que entretecem os caminhos da ética e da estética na educação pública, bordadas na condição de formação de pessoas professores. São os processos desses encontros que nos instigam a refletirmos sobre nossas escolhas, percursos e caminhos trilhados para formação pessoal e profissional, por vezes tão complexos, e que, talvez por isso, tragam felicidade para todos os envolvidos nos espaços e tempos compartilhados. Para nós, não é uma opção registrá-los e divulgá-los, embora essa não seja uma tarefa fácil. É imprescindível abrirmos outros caminhos em trajetórias que também conduzam à melhor qualidade de vida, tão almejada por todos que se envolvem no processo da arte de viver e educar.

É assim que Clarice, Crystina e Helenise tornaram-se protagonistas nas histórias narradas, vidas tecidas na ética e estética de professoras alfabetizadoras. Memórias de vida revelaram-se nas palavras, nas frases, nos parágrafos, nas vírgulas, nos pontos, no texto e na vida, na face a face se desnudaram e se entrelaçaram em um poderoso rizoma. Nossos espaços de mulheres, mães, professoras, pesquisadoras, alfabetizadoras, esposas, filhas, irmãs, formadoras, leitoras, colegas, autoras, encontram-se e se constituem. Reconhecem-se, compartilham, compondo-se e instituindo-se, empoderando-se socialmente numa trama de relações que acreditam que SIM, é provável e é possível que a Educação se transforme e transgrida seus limites, porque nós o fizemos na partilha de nós mesmos. Há potência na construção de uma estética de integralidade humana em sua natureza e uma ética de solidariedade e partilha. SIM.

Referências

ANTUNES, Helenise Sangoi. **Ser aluna e ser professora:** um olhar para todos os ciclos de vida pessoal e profissional. Santa Maria-RS: Ed. UFSM, 2011.

ANTUNES, Helenise Sangoi; LEÃO, Débora Ortiz. A composição do Ciclo de alfabetização: Reflexões a partir do Pnaic. *In:* ANTUNES, Helenise Sangoi. FARIAS, Graziela Franceschet. LEÃO, Débora Ortiz; LOPES, Anemari Roesler Luersen Vieira Lopes. ; ROOS, Liane Teresinha Wendling (org.)**Formação de Professores alfabetizadores no contexto do Pacto Nacional pela Alfabetização na Idade Certa**. Santa Maria-RS: Curso Caxias, 2018, cap. 2, p. 39-48.

DEMO, Pedro. **Saber Pensar**. Guia da Escola Cidadã, Inst. Paulo Freire, v. 6. São Paulo: Cortez, 2001.

ENGELS, Friedrich, MARX, Karl. **A Ideologia Alemã**. São Paulo: Martins Fontes, 1989, p. 10-52.

FARIAS, Antunes. A constituição de grupos de pesquisa e a figura feminina: a trajetória do grupo de estudos e pesquisa sobre formação inicial, continuada e alfabetização (Gepfica) no cenário social. **Travessias**, v. 3, n. 3, 2009.

FERREIRA, Liliana Soares. A pesquisa educacional no Brasil: tendências e perspectivas. **Contrapontos**, Itajaí, v. 9, n. 1, p. 43-54, jan./abr. 2009. Disponível em: http://educa.fcc.org.br/pdf/ctp/v09n01/v09n01a05.pdf. Acesso em: 12 jun. 2022.

FREIRE, Paulo. **Pedagogia do Oprimido**. 12. ed. Rio de Janeiro: Paz e Terra, 1987.

JOSSO, Marie Christine. **Experiências de vida e formação**. Tradução de José Claudino e Júlia Ferreira. São Paulo: Cortez, 2004.

JOSSO, Marie Christine. Fecundação mútua de metodologias e de saberes em pesquisa-formação experiencial. Observações fenomenológicas de figuras do acompanhamento e novas conceituações. *In:* ABRAHÃO, Maria Helena Menna Barreto; PASSEGGI, Maria da Conceição (org.). Dimensões epistemológicas e metodológicas da pesquisa (auto)biográfica. TII. Porto Alegre: EDIPUCRS; Natal: EDUFRN. 2012, p. 113-146.

MORAES, Maria Cândida. **O Paradigma educacional Emergente**. 16. ed. Campinas-SP: Papirus, 2012.

OLIVEIRA, Terezinha; VIANA, Ana Paula dos Santos; BOVETO, Laís; SARACHE, Mariana Vieira. Conhecimento e formação de pessoas: considerações históricas. **Políticas educativas**, v. 6, n. 2, p. 145-160, 2013. Disponível em: https://seer.ufrgs.br/Poled/article/viewFile/45662/28843. Acesso em: 4 out. 2023.

MOSAICO DE MEMÓRIAS: OS SABERES E FAZERES DOCENTES

Elcí da Silva Tonetto
Helenise Sangoi Antunes
Loiva Isabel Marques Chansis
Priscila Michelon Giovelli

Introdução

Este capítulo trata dos aspectos referentes à formação e ao impacto na prática pedagógica de professores(as) que atuam na Educação do Campo, em especial com as Classes Multisseriadas. É um estudo fruto da tese de doutorado em Educação de Loiva Isabel Marques Chansis, sob a orientação da professora doutora Helenise Sangoi Antunes. Para buscar conhecer os saberes e fazeres docentes, foi desenvolvido pela autora o mosaico de memórias, que permeou por desafiar as professoras a percorrer suas memórias formativas, profissionais e as experiências pedagógicas. Tal estudo tratou sobre as biografias de docentes de escolas do campo e classes multisseriadas, a partir de um olhar para as trajetórias de vida pessoal e profissional das professoras dos municípios de Santa Maria-RS e São Gabriel-RS.

Essas experiências formativas, de vida, foram narradas por meio das histórias de vida, a partir da metodologia de entrevistas, em que os mosaicos criados pelas professoras serviram de instrumento para as revelações narradas e desenvolvidas neste capítulo.

Sendo assim, nesta escrita, realizamos um movimento de compartilhar as contribuições da tese de doutorado que deu origem a este capítulo, explorando e apresentando os mosaicos de memórias com as narrativas das participantes e coautoras da pesquisa, conforme seus saberes e fazeres docentes nesses contextos de Educação do Campo e classes multisseriadas. Além disso, ressalta-se que este texto foi construído e é vinculado ao Grupo de Estudos e Pesquisas sobre Formação Inicial, Continuada e Alfabetização (Gepfica/UFSM), que desempenha papel significativo na construção de pesquisas que valorizam a formação continuada docente e suas múltiplas dimensões.

Assim, ao longo destas linhas, destacamos os mosaicos de memórias com as narrativas das participantes e coautoras da pesquisa, articulados com referenciais teóricos importantes no âmbito das discussões educacionais nos contextos de formação de professores, histórias de vida, classes multisseriadas e Educação do Campo. É válido mencionar que o jogo narrativo-mosaicos de memórias, presentes neste estudo, envolvem três dimensões: (i) Dimensão da Existência: o Ser; (ii) Dimensão da Formação e (iii) Dimensão da Prática: Saberes e Fazeres. No item a seguir trataremos dessas dimensões articuladas com o referencial teórico.

A fundamentação teórica deste artigo está ancorada em Bergson (1999), Souza (2006; 2012), Leão (2009), Josso (2010), Chansis (2021), Gelocha e Antunes (2021), dentre outros.

Saberes e Fazeres docentes

A formação de professores é estratégica para um trabalho com qualidade e que vise atender as realidades do campo, das famílias, em especial, do trabalho docente. A partir do instrumento de entrevista, buscou-se conhecer as trajetórias de vida pessoal e profissional das professoras dos municípios de Santa Maria-RS e São Gabriel-RS. As entrevistas foram contadas por meio de um jogo narrativo – mosaico das memórias, e revelaram o quanto é essencial a formação inicial e continuada para a prática pedagógica docente, cuja metodologia foi criada por Chansis (2021).

Chansis (2021) ressalta a importância das histórias de vida e das entrevistas narrativas, que revelaram as interfaces das trajetórias da formação e como cada indivíduo constrói seu percurso formativo. Souza (2006) reforça que, ao elaborar uma compreensão de si e de seus itinerários biográficos, mediante a significação da experiência, os narradores produzem um "conhecimento de si" (2006, p. 300), entrecruzando dimensões e experiências nas interfaces entre as esferas pública e privada, individual e coletiva, da vida. Foram e são as interfaces das experiências que são ressignificadas de forma individual, mediada pelos processos formativos que ao longo da vida adquirimos. Essa interface é o que Souza (2012) traduz nos tempos vividos e que uma entrevista narrativa nos convida a pensar e refletir.

Essa abordagem de pesquisa, segundo Chansis (2021), oportunizou a aproximação da pesquisadora com as suas próprias experiências e com as trajetórias narradas das professoras coautoras, tendo a (auto)formação como princípio de processos formativos permanentes. A investigação proposta utilizou procedimentos metodológicos como a criação de jogos narrativos – mosaico das memórias, para reconstruir e ressignificar as vivências das professoras mediante as interpretações que cada pessoa vive, sente, pensa e age na sociedade e nas suas relações com o mundo. No contexto metodológico, o mosaico de memórias foi ancorado em Bergson (1999) e em Souza (2012), na perspectiva das análises das entrevistas narrativas, dialogando com a concepção de "pesquisa-formação", de Josso (2010).

Os movimentos de formação continuada exigem uma escuta sensível e ocorrem de forma permanente, em todos os momentos de nossas trajetórias de vida pessoal e profissional, numa relação dialética de (auto) significado. Nessa relação de trocas de experiências e reflexões, surgem novas aprendizagens, saberes e fazeres, como se exemplifica nas discussões a partir dos mosaicos das memórias das professoras coautoras desta pesquisa, as quais estão em permanente formação. Nesse viés, o jogo foi estruturado em três dimensões, retratadas a seguir, na figura 1. Os mosaicos de memórias foram construídos levando em conta estas dimensões e foram redesenhados a partir das experiências de vida pessoal, da formação profissional, os caminhos que levaram a escolha profissional à prática, os desafios e as superações cotidianas. A construção dos mosaicos foi definida por cada professora participante da pesquisa.

Figura 1 – Dimensões do jogo narrativo – mosaico de memórias

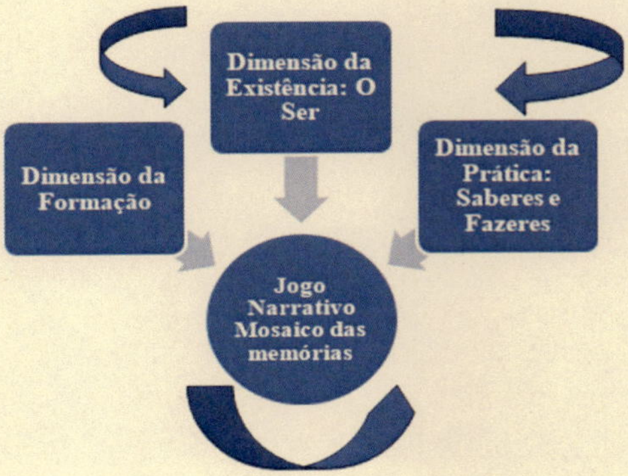

Fonte: Chansis (2021)

Os mosaicos de memórias: da construção às narrativas

Os saberes e fazeres narrados pelas professoras coautoras são parte da relação de (auto)formação na caminhada de suas vivências. Elas nos presenteiam com importantes anunciações de suas vidas pessoais e profissionais nos seus mosaicos de memórias. Assim, a partir das suas histórias de vida pessoal e profissional, anunciaram seus conhecimentos, experiências e preocupações acerca de seu trabalho na Educação do Campo e com as classes multisseriadas. Logo, cada uma buscou se reencontrar com suas vivências a partir da construção dos mosaicos e que posteriormente revelaram os percursos formativos da vida pessoal, da formação e de suas práticas, evidenciando também a pesquisa auto(biográfica) como um instrumento importante de processos investigativos. Compartilhamos a seguir (figuras 2 e 3) os mosaicos de memórias que a tese de doutorado de Chansis (2021) revelou como parte metodológica importante em termos de pesquisas (auto)biográficas e que teve as histórias de vida como suporte investigativo. Vale registrar que utiliza-se termos fictícios para nomear as autoras dos mosaicos, como forma de preservar suas identidades.

Figura 2 – Mosaicos das professoras Girassol, Maravilha e Yali

Fonte: Chansis (2021)

Figura 3 – Mosaicos das professoras Realista e Marcia

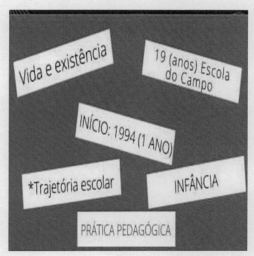

Fonte: Chansis (2021)

Não iremos detalhar o resultado da pesquisa, tendo em vista que o foco deste capítulo é valorizar a importância da pesquisa (auto)biográfica e do mosaico de memórias como ferramentas para as entrevistas utilizadas por Chansis (2021), que revelaram as experiências e vivências das participantes, como pressupostos teóricos e de investigação científica.

Por uma Formação Docente Contextualizada na realidade da Educação do Campo e das Classes Multisseriadas

A partir das contribuições da pesquisa (auto)biográfica e dos mosaicos de memórias, destacadas no item anterior desta escrita, refletimos, enquanto autoras, sobre a potencialidade de formações docentes contextualizadas, pensando na Educação do Campo e nas classes multisseriadas. Nesse viés, Gelocha e Antunes (2021) mencionam que as escolas do campo precisam ser pensadas como uma rede, em um sistema que articula propostas e demandas, como forma de valorizar essas realidades. Por isso, as autoras também apontam a necessidade de pensar em propostas de formação de professores que levem em consideração as singularidades da Educação do Campo, oportunizando espaços de reflexão das ações pedagógicas presentes nesses contextos. Além disso, é necessário que o(a) docente conheça as políticas e os aspectos legais que o(a) amparam nessa modalidade.

Logo, compreende-se que a escola do campo trabalha a partir dos interesses do grupo onde está inserida, da política, da cultura e da economia, além das diferentes formas de trabalho e produção existentes no grupo. Diante disso, o pensamento de Chansis (2021) mostra que

> Pensar um processo de educação para o campo requer de todos os sujeitos envolvidos, educadores(as) e gestão educacional, entender que existem culturas, modos de produção e economia própria, sustentável, bem como percepção de modo de vida no campo diferente do espaço urbano, indicando que sejam revistos os planejamentos, as políticas de ensino para o campo, num olhar também diferenciado sob o ponto de vista de conteúdos, projetos e visão de espaço/tempo/organização locais de crianças, jovens e adultos que vivem no campo, nas comunidades ribeirinhas ou territórios rurais (Chansis, 2021, p. 94).

Chansis (2021) vai ao encontro dos dizeres de Santos e Almeida (2012), que registram que o currículo escolar que oferecemos às crianças e às comunidades do campo refletem na sociedade que teremos no futuro, no campo, nas suas práticas sociais, políticas e de produção. Por isso, é essencial um olhar sensível e atento para as especificidades da Educação do Campo, bem como, para os saberes docentes envolvidos no trabalho com esses contextos tão singulares e potentes, que merecem ser reconhecidos e valorizados como tal.

Pensando nisso, é que se destaca a importância de ter esse viés da Educação do Campo e das classes multisseriadas em suas práticas cotidianas, trabalhando interdisciplinarmente e valorizando os saberes e fazeres das crianças do campo que fazem parte e são integrantes/participantes da escola. Dessa forma, registra-se que práticas pedagógicas contextualizadas a partir da realidade do campo e que valorizem essas infâncias também perpassam formações docentes que contemplem tais especificidades. Assim, Bezerra e Almeida (2018) evidenciam que

> [...] a efetivação de políticas de formação de professores para Educação do/no Campo torna-se necessária para garantir que esses profissionais desenvolvam ações pedagógicas a partir de perspectivas teóricas-metodológicas correspondentes às necessidades do campo (p. 29).

Ao encontro das palavras de Bezerra e Almeida (2018), as reflexões de Leão (2009) apontam que, quando se trata de formação de professores, torna-se necessário considerar as questões profissionais e também pessoais desses docentes em formação permanente e contínua, visto que

> Para educar e/ou contribuir com a formação de outras pessoas é preciso, antes de qualquer coisa, um investimento permanente na própria formação pessoal e profissional [...] O tipo de conhecimento produzido sobre a profissão docente, sobre os saberes dos (as) professores (as) e o modo como estes são abordados nos cursos de formação, devem considerar que o professor é antes de tudo uma pessoa com características próprias (Leão, 2009, p.12).

Assim, sinaliza-se a importância de formações docentes, em nível inicial e continuado, que reconheçam as especificidades dos tempos, espaços e características de quem trabalha cotidianamente, por exemplo, com o contexto da Educação do Campo e das classes multisseriadas, a partir da oportunidade de os próprios professores compartilharem e darem visibilidade às práticas significativas construídas juntamente às crianças nesses espaços durante sua trajetória profissional, como aparece nas pesquisas (auto)biográficas e nos mosaicos de memórias contemplados neste capítulo.

Considerações finais

Este trabalho foi elaborado a partir da tese de doutorado em Educação de Loiva Isabel Marques Chansis (2021), na qual foi desenvolvido um estudo no contexto da Educação do Campo e classes multisseriadas, em coautoria com professoras municipais de São Gabriel-RS e Santa Maria-RS. A metodologia narrativa criada pela autora, os mosaicos de memórias, foi utilizada para oportunizar às professoras coautoras uma viagem pelas memórias e recordações nas esferas do vivido, ou seja, abrangendo todo o processo formativo e pessoal.

A construção do mosaico levou a reconstrução das memórias e a ressignificação das vivências e experiências narradas pelas professoras, perpassadas pelos sentimentos e emoções que definem a maneira de sentir individual, pessoal e intransferível. O jogo narrativo- mosaico de memórias foi estruturado em três dimensões, a dimensão da formação, a dimensão da existência (do ser) e a dimensão da prática, que contempla os saberes e fazeres docentes. Por meio da organização dos mosaicos de memórias que cada professora construiu, no momento dos relatos orais, elas também tiveram a oportunidade de revelar o que cada imagem, foto e textos apresentavam de sentido(s) a partir das marcas nas trajetórias de vida pessoal e profissional. Assim, também permitiram a compreensão de como foram constituídas as vivências de cada professora e de que forma entrecruzaram desde a formação até os desafios da prática cotidiana.

HELENISE SANGOI ANTUNES | REJANE CAVALHEIRO

A perspectiva da metodologia de mosaico de memórias permitiu às professoras um pré-encontro de seu passado-presente e auxiliou no momento das narrativas, de seus relatos orais. Algumas professoras relataram que se sentiram à vontade e encorajadas ao falar, visto que conseguiram registrar de uma forma diferente as suas memórias e percepções de formação e profissão. Os mosaicos ajudaram a vencer a inibição e aflorar as suas experiências. Os mosaicos de memórias, que aparentemente parecem ser imagens ou palavras desconexas, se constituem na própria ideia da memória, que não são fragmentos soltos e isolados, mas partes que se completam e constituem um conjunto de possibilidades e experiências vividas que atribuem sentidos ao presente. É o que Chizzotti (1996) afirma ao mencionar que

> [...] a história de vida ou relatos podem ter forma obrigatória onde o autor relata suas percepções pessoais, os sentimentos íntimos que marcaram a sua experiência, ou os acontecimentos vividos no contexto da sua trajetória de vida. Pode ser um discurso livre de percepções subjetivas ou recorrer às fontes documentais, as afirmações e relatos pessoais (Chizzotti, 1996, p. 47).

Nessa perspectiva, a memória foi valorizada, em uma trajetória de reencontro com as experiências vividas de uma vida-formação das professoras, que contribuem para novas práticas acadêmicas e da própria valorização da pesquisa (auto)biográfica. A prática pedagógica encontra-se envolvida pelos diversos processos formativos, sejam eles iniciais ou continuados. As histórias de vida dos professores, construídas por meio das entrevistas narrativas, carregam os saberes diversos adquiridos a partir dos vários conhecimentos teóricos e práticos construídos ao longo da vida. A proposta utilizada como metodologia aproximou a autora das próprias experiências, o que despertou em si mesma e nas professoras coautoras, um processo de (auto) formação.

Por fim, registra-se que a pesquisa (auto)biográfica tem encontrado terreno fértil nos processos investigativos utilizando histórias de vida de professores. O Grupo de Estudos e Pesquisas sobre Formação Inicial, Continuada e Alfabetização (Gepfica/UFSM) incentiva esse tipo de pesquisa que tem sido utilizada como suporte para a escrita de artigos, dissertações e teses, destacando-se como um dispositivo importante no domínio científico da educação.

Referências

BERGSON, Henri. **Matéria e memória:** ensaio sobre a relação do corpo com o espírito. Tradução de Paulo Neves. São Paulo: Martins Fontes, 1999.

BEZERRA, Emerson Rodrigues; ALMEIDA, Ricardo Santos de. A importância da formação acadêmica e da formação continuada de professores para a efetividade da Educação do/no Campo. *In:* ALMEIDA, Ricardo Santos de; MELO, Maria Aparecida Vieira de (org.). **Educação do/no campo:** demandas da contemporaneidade e reflexões sobre a práxis docente. Florianópolis: Bookess Editora, 2018, 145 p.

CHANSIS, Loiva Isabel Marques. **Biografias de professores(as) de Escolas do Campo e Classes Multisseriadas**. Tese (Doutorado em Educação) – Universidade Federal de Santa Maria, Centro de Educação, Programa de Pós-graduação em Educação, RS, 2021.

CHIZZOTTI, Antônio. **Pesquisa em Ciências Humanas e Sociais.** São Paulo: Cortez, 1996.

GELOCHA, Elizandra Aparecida Nascimento; ANTUNES, Helenise Sangoi. **Trajetória da Educação Rural para a concepção social e política da Educação do Campo no Brasil.** Research, Society And Development, Itajubá, v. 10, n. 8, 2021.

JOSSO, Marie-Christine. **Experiências de vida e formação.** 2. ed. Natal: EDUFRN, 2010.

LEÃO, Débora Ortiz de. **Vivências culturais:** formação, saberes e práticas docentes no cenário da alfabetização. 2009. 106 f. Tese (Doutorado em Educação) – Curso de Doutorado em Educação, Fac. de Educação, PUCRS, Porto Alegre, 2009.

SANTOS, Ademar Vieira dos; ALMEIDA, Luis Sergio Castro de. **Perspectivas curriculares para a Educação no campo:** algumas aproximações para a construção do currículo da escola dos que vivem no e do campo. *In:* GHEDIN, Evandro (org.). Educação do Campo: Epistemologia e práticas. São Paulo: Cortez, 2012.

SOUZA, Elizeu Clementino de. **Pesquisa narrativa e escrita (auto)biográfica**: interfaces metodológicas e formativas. Porto Alegre: Editora universitária da PUCRS, 2012.

SOUZA, Elizeu Clementino de. **Tempos, narrativas e ficções**: a invenção de si. Porto Alegre: Editora universitária da PUCRS, 2006.

6

PERCURSOS FORMATIVOS: O GEPFICA RESSIGNIFICANDO O APRENDER E O ENSINAR

Beatriz Santos Pontes
Eliane Nikele
Liliane Goreti Portinho Ortiz

Introdução

O presente texto faz inferências às trajetórias pedagógicas de três professoras: Beatriz Santos Pontes, Eliane Nikele e Liliane Goreti Portinho Ortiz. Trajetórias essas que confluem enquanto integrantes do Grupo de Ensino e Pesquisa sobre Formação Inicial, Continuada e Alfabetização (Gepfica), norteando as práticas pedagógicas. Ensinar a aprender envolve amorosidade, empatia e escuta de si e do outro. Para nós a arte de sermos professoras envolve comprometimento e o desafio de trazer para o âmbito escolar a escola da vida, a partir das subjetividades dos educandos envolvidos no processo ensino aprendizagem. É promover o desenvolvimento de identidades onde aluno e professor protagonizam o maravilhoso caminho de ser aprendente e ensinante; a protagonizar o verbo esperançar por meio de vivências e experiências educativas.

Escrever vivências...

> Sou professor a favor da boniteza de minha própria prática, boniteza que dela some se não cuido do saber que devo ensinar, se não brigo por este saber, se não luto pelas condições materiais necessárias sem as quais meu corpo, descuidado, corre o risco de se amofinar de já não ser o testemunho que deve ser de lutador pertinaz, que cansa, mas não desiste (Freire, 1996, p. 103).

O percurso pedagógico envolve caminhos em que muitas vezes o ato de narrar vivências e experiências torna-se uma tarefa de rever nossos próprios itinerários de vida e de formação. Nossos percursos formativos, seja no âmbito pessoal, seja no profissional, sinalizam que a prática docente é um eterno ressignificar e que a formação contínua faz parte de nossas trajetórias, sendo caminhos que se entrecruzam. Educar supõe permitir que cada indivíduo tenha consciência da condição humana, mesmo dentro de um cenário de instabilidade e nebulosidade. Dessa forma, conhecer a importância da escola na vida dos professores e alunos é perceber suas perspectivas de socialização, de consolidação da autoestima, de capacidade de negociar, ouvir, perseverar e de desenvolver responsabilidade. Os tempos e os espaços construídos na escola e os diálogos construtivos, potencializam os sentidos do aprender e do ensinar, por meio da interlocução de todos os agentes que dela fazem parte (Antunes, 2011).

Tomamos nossas reflexões a partir dos escritos de Nóvoa (1992), que afirma não ser possível apartar o pessoal do profissional, ambos confluem e assumem aspectos identitários da figura de ser professor. Podemos dizer que as práticas pedagógicas estão interligadas a experiências de vida e aos percursos pessoais aos quais todos os seres humanos estão inseridos; assim os tempos, os espaços são constitutivos dos processos identitários do ser professor. Encontra seu respaldo nos quatro pilares educativos: aprender a conhecer, aprender a fazer aprender a ser e aprender a conviver com os outros Delors (1996).

Ser professor é estabelecer relações, não ser vendedor de sonhos, mas potencializador de realidades subjetivas, para desenvolver estratégias de aprendizagem que proporcionem refletir sobre a escola da vida com suas complexidades e desafios. É exercitar sua hegemonia profissional política e social de forma reflexiva para si e para seus educandos; é desafiar cotidianamente a fim de construir sujeitos autônomos e criativos, é abordar os *sonhos e sentidos na perpetuação da boniteza do ensinar e aprender.*

Nossas trajetórias profissionais

O fazer pedagógico e a valorização das relações étnico-raciais

Eu, Beatriz, professora da rede municipal de ensino de Santa Maria há mais de 20 anos, formada em Educação Especial e mestre em Educação pela Universidade Federal de Santa Maria-RS, hoje cursando o doutorado em Ciências Sociais, procuro constantemente refletir sob a minha prática pedagógica, tanto na educação infantil quanto no ensino fundamental, sempre sob o prisma da diversidade, onde o processo ensino aprendizagem deve alicerçar-se as peculiaridades dos meus alunos, voltando sempre para o desenvolvimento das identidades, onde o trabalho a partir e com as relações étnico-raciais é de suma importância no respeito à diversidade e na construção de saberes que visam transpor as estereotipias em suas diversas vertentes e que são fomentadoras de preconceitos. Pensa-se em uma perspectiva de educação humanizadora em que cada sujeito torna-se protagonista do seu conhecimento, corrompendo com as vicissitudes estigmatizadas e estratificadoras.

O desafio do sistema escolar é alcançar uma educação que contemple a diversidade da condição humana; para melhorar a qualidade de ensino e trabalhar com relevância as diferenças nas salas de aula, é preciso enfrentar as provocações da inclusão escolar e os pilares que servem de alicerce para as práticas educativas. É importante abordar as diversas perspectivas conceituais sobre as relações étnico-raciais e os dispositivos legais que dão respaldo para a construção de um currículo escolar em que educando e educador tenham uma relação empática e dialógica na construção de saberes (o **Eu**, o **Outro** e o **Nós**).

O fazer pedagógico está alicerçado nas condutas do educador diante de suas práticas, em que a empatia e o afeto são primordiais na efetivação do processo de ensino e aprendizagem de forma que o aluno tenha autonomia de construir seus conhecimentos de forma reflexiva. Para Freire (1996, p. 26), "É fundamental diminuir a distância entre o que se diz e o que se faz, de tal maneira que num dado momento a tua fala seja a tua prática", em que o pensar e o fazer são instâncias indissociáveis. Promover discussões sobre a natureza do ambiente escolar (reprodução e transformação) e refletir sobre a construção do conhecimento sob ótica da diversidade cultural é trazer para a arena educacional toda uma realidade que tenta excluir pessoas e grupos dentro de um viés de supremacia racial. Um currículo afrorreferenciado, trazendo as lutas e as resistências, com suas memórias e histórias pautado no combate a todas as formas de preconceito (Gomes, 2017).

Desenvolver práticas pedagógicas contemplando as relações étnico-raciais, mais do que o que consta na Lei 10639/2003, é atuar na promoção de identidades por meio de uma educação antirracista. O "eu" e o "nós", se confluem como forma de pertencimento étnico-racial a partir de processos identitários que definem o ser e o estar nessa sociedade muitas vezes caracterizada pela sujeição de corpos e mentes.

Trabalhar relações étnico-raciais no currículo escolar é pensar em um projeto de vida e de sociedade; proporcionar práticas voltadas para a diversidade é perspectivar um esperançar em que a igualdade de oportunidades realmente se efetive e essa se dá a partir de um plano educacional que corrobora na formação de seres pensantes e criativos, capazes de modificar as estruturas sociais que massificam e estratificam pessoas e grupos.

Um constante olhar das vivências e experiências das práticas pedagógicas

Eu, Liliane, sou licenciada em Pedagogia e em Educação Especial pela Universidade Federal de Santa Maria (UFSM) e integrante do Grupo de Estudos e Pesquisa sobre Formação Inicial, Continuada e Alfabetização (Gepfica/UFSM) a minha história com o grupo de pesquisa iniciou a partir do convite da professora Helenise Sangoi Antunes em 2013. Naquele momento eu desejava continuar indo em busca de mais conhecimento a fim de continuar a minha formação estava somente no início, pois tinha acabado de me formar em Pedagogia e também desejava estar em contato com outras pessoas, que como eu e a professora Helenise, acredita que "a educação é o caminho para um futuro e uma vida melhor".

Dessa forma, comecei a frequentar as reuniões do grupo de pesquisa e também cursei uma disciplina que a professora Helenise estava ministrando como aluno especial de pós-graduação que trabalhava as histórias de vida, mesmo trabalhando numa escola particular de Educação Infantil. Como já tinha tido a experiência de ver como é a dinâmica de outros grupos de pesquisa. Considero o nosso grupo de pesquisa diferenciado, em que todos realmente estão comprometidos com a educação e com os alunos que passam por suas vidas. Infelizmente, tive de deixar o grupo de pesquisa por um longo tempo.

Somente em 2018 voltei a ter contato com a professora Helenise, na disciplina de EJA (Educação de Jovens e Adultos). Então, criei o desejo de retornar ao grupo de pesquisa, pois sei o quanto é importante o estudante estar inserido num grupo como membro/participante para continuar aprendendo por meio das trocas de conhecimentos, de saberes e fazeres, de ensino e aprendizagem e da pesquisa. Em 2019, voltei a participar do grupo de pesquisa, mesmo trabalhando e cursando Educação Especial.

Atualmente estou continuando o meu processo de formação como acadêmica do Curso de Pós-graduação em Gestão Educacional/EaD/Agudo (UFSM). Então, foi um longo caminho que percorri para chegar até aqui, que vem me auxiliando profissionalmente e pessoalmente, bem como sempre buscando um desenvolvimento de autoformação continuada.

Para Nóvoa (1998, p. 28),

> A forma como cada um de nós constrói sua identidade profissional define modos distintos de ser professor, marcados pela definição de ideais educativos próprios, pela adoção de métodos e práticas que colam melhor com a nossa maneira de ser, pela escolha de estilos pessoais de reflexão sobre a ação.

O meu tempo de atuação como professora me possibilitou, por meio da prática, perceber que precisava ir em busca de mais conhecimento a fim de auxiliar o desenvolvimento das habilidades cognitivas de ensino e aprendizagem dos meus alunos. Dessa forma, elaborar práticas de aprendizagem com o nome do aluno e com jogos pedagógicos entre outras de diferentes formas amplia a possibilidade dos alunos construírem seu processo de alfabetização de forma significativa.

> Escutar e olhar as crianças nos provoca instigantes investigações e aprendizagens e nos remete constantemente à criança interior que conservamos em nós. Lembremo-nos, desta forma, da pedagogia da escuta – "escuta do pensamento a qual exemplifica um encontro edificado sobre receptividade e a hospitalidade ao Outro" (Rinaldi, 2020, p. 43).

Nesse sentido, ao longo do tempo foi conseguindo a partir das práticas, experiências e vivências me proporcionaram ampliar e desenvolver um olhar e escuta mais sensível para possibilitar aos alunos desenvolver um ensino e aprendizagem significativos. Os desafios foram constantes durante o meu percurso de formação em que tinha que tirar forças de onde achava que não tínhamos para seguir em frente, mas o campo da pesquisa me mostrou que pode ser realizado de forma coletiva, pois é capaz de gerar a união e também a reflexão sobre nossa própria prática.

Portanto, ao longo do tempo esses momentos no meu percurso de formação pessoal e profissional me mobilizaram a crescer pessoalmente e profissionalmente e, como também compreender que o ensino e aprendizagem para ter sentido e significado têm que ir além do conteúdo, bem como o amor que temos pela educação deve ser demonstrado e transmitido sempre para os nossos alunos que passam pela nossa vida.

Os Desafios de uma Prática

Iniciando minha apresentação, meu nome é Eliane Nikele e sou professora da rede municipal de ensino de Santa Maria-RS. Há 4 anos, sou formada em Pedagogia pela Universidade Franciscana (UFN), com uma segunda graduação em Serviço Social (Unopar) e duas pós-graduações, em Psicopedagogia (UFN) e Tecnologia Informação Comunicação Social (UFSM). Atualmente trabalho em uma escola de educação infantil (Emei), nível pré-A, e em outra escola de ensino fundamental (Emef), com anos iniciais 3º ano. Delineando brevemente minha trajetória pessoal e profissional, o interesse pela Educação sempre foi evidente em mim, desde muito cedo. Porém, apenas no ano de 2002 pude, enfim, iniciar minha trajetória nessa área, quando ingressei na Instituição Olavo Bilac para a realização do curso de magistério.

Essa vivência reforçou minha afinidade com a área e desejo de ser professora da educação infantil, sendo esse um sonho realizado com muita persistência. As interações com as práticas pedagógicas, os estágios curriculares e as inserções em projetos educacionais me estimularam a investir e aprimorar minha escolha profissional. Em 2006, realizei vestibular para o curso de pedagogia no Centro Universitário Franciscano (Unifra – UFN). No decorrer do curso sempre procurei estar inserida com a prática da docência e interação em projetos acadêmicos, como oficinas pedagógicas com os filhos de recicladores, muitas delas em situação de vulnerabilidade social. Concluí minha graduação no ano de 2011, e no ano de 2013 iniciei duas especializações de pós-graduação, sendo elas Psicopedagogia, e Tecnologias da Educação pela Universidade Federal de Santa Maria (UFSM), pelo Polo de Restinga Seca.

Em 2010, optei por participar do processo de seleção para o Conselho Tutelar de Santa Maria, fui selecionada para a atividade, tomando posse em maio do mesmo ano. Essa experiência me motivou a buscar mais conhecimento e aprimoramento profissional, iniciando assim minha segunda graduação em Serviço Social pela Faculdade Integrada Norte do Paraná (Unopar), no ano de 2016. No final do mesmo ano, participei do concurso público para o magistério da Prefeitura Municipal de Santa Maria, para o cargo de professor de educação infantil, pois a vontade de atuar diretamente com as crianças no ambiente escolar representava para mim um desejo profissional e pessoal muito intenso em minha vida, que passou a ser realizado com a nomeação em janeiro de 2020.

Representa a busca pessoal por meio do aprimoramento proporcionado pelo meio acadêmico para a inerente necessidade de aperfeiçoamento profissional, podendo, assim, contribuir significativamente mediante a ampliação de leituras e da pesquisa para minha atuação docente, bem como para com o contexto escolar em que atuo, como o meio acadêmico e com outros profissionais da área. Atuando como professora da educação infantil, tenho vivenciado experiências bem relevantes e diversificadas com a turma do pré-A no turno da tarde, pois ampliar meus conhecimentos envolve outros seres humanos, em fase de intensa sede por descobrir, significar e apreender o que o mundo traz, considerando, inclusive, não ser a escolarização o único veículo para esse fim, percebo o quanto é importante para esses pequenos a interação e as vivências no espaço escolar, de como esse microssistema evoluem de forma diferente de viver, porém, cada um com dimensões diversas e esferas diferentes.

É nessa relação e reflexão que me conduzo a intencionar os meus relatos de experiências, tanto na educação infantil como nos anos iniciais, prática essa que ainda não havia vivenciado em minha trajetória como docente, ser professora vai muito além das leituras e das pesquisas que embasam nosso cotidiano escolar, ser professor é saber olhar nossas crianças e suas individualidades que vão muito além do conhecimento adquirido nos livros, e assim, emerge minha construção e contribuição como educadora da rede municipal de ensino de Santa Maria. Segundo Novaes (1975, p. 65), quando as crianças chegam à escola, são totalmente frágeis ao novo ambiente, se deparam longe do contexto familiar, e nesse momento que precisam ser acolhidas e envolvidas no ambiente, espaço em que permanecerão algumas horas do seu cotidiano, e que será agradável e tranquilo para elas.

Tornar esta escrita significativa pessoalmente e profissionalmente, visando contribuir expressivamente com o grupo de pesquisa Gepfica, e compartilhando com minha caminhada e trajetória na educação, e assim, também contribuir com outros profissionais e acadêmicos da área, o quanto ressignificativo é o ato de educar.

Práticas Pedagógicas: um pensar necessário

Nossos percursos formativos junto ao Grupo de Estudos e Pesquisa sobre Formação Inicial, Continuada e Alfabetização (Gepfica/UFSM), coordenado pelas professoras Helenise Sangoi Antunes e Débora Ortiz de Leão, tem possibilitado ressignificar nossas formas de aprender e ensinar. De acordo com Rosinski (2004, p. 22), a formação continuada é uma escolha pessoal e essencial para ressignificar os saberes e a prática docente, que se aperfeiçoam durante o desenvolvimento do processo de formação profissional. As discussões sobre os vários textos que são trabalhados no grupo de pesquisa e durante as colocações que cada participante traz sobre a leitura nos faz pensar e ampliar o olhar sobre o que podemos melhorar como seres humanos e como professores, para que o nosso país se desenvolva para melhor, de forma que a educação possa possibilitar um futuro melhor para os alunos.

Nos encontros formativos do Gepfica somos sempre instigados a refletir, por meio de memórias o ser professor a partir de nossas trajetórias, sendo estas repletas de significações e singularidades período nos levou a recordar a partir da memória e também como uma forma de ressignificar por meio das lembranças como foi importante esse período de percepção de sentido e significado para continuarmos o nosso percurso de formação como participantes do grupo de pesquisa.

De acordo com Antunes (2001, p. 141),

> O que se consegue através da escrita das autobiografias é uma aproximação das lembranças que ainda resistiam com o passar do tempo e consegue ser revividas e ressignificadas. A autoconfiança metodológica na escrita de uma autobiografia baseia-se no fato de ser uma maneira na qual o sujeito pode lembrar-se do seu passado e também se autoconhecer.

As autobiografias nos revelam as recordações que foram realmente marcantes nas nossas histórias de vida, porque ao recordar lembramos o que foi realmente primordial durante o nosso percurso de vida, as experiências, os significados e os sentidos que damos às nossas memórias com o passar do tempo. A partir do resgate das nossas memórias e das nossas práticas somos convidadas a traçar mapas instrucionais que potencializam nossas práticas sempre remetidas a novas significações.

À luz dessa nova perspectiva,

> [...] não se busca uma 'verdade' preexistente no ato de biografar, mas sim como os indivíduos significam suas experiências e (re)significam suas consciências históricas de si e de suas aprendizagens, mediante o processo de biografização (Souza, 2006, p. 371).

Dessa forma, a biografização coloca em protagonismo ações e experiências no presente caso, de professores em contexto de ensino aprendizagem). Oferece meios de análise de práticas e vivências, vindo a contribuir para entendermos e refletirmos sobre as práticas pedagógicas à luz das diferentes teorias não só educacionais, mas as que envolvem diferentes campos de conhecimento.

O Plano Nacional de Alfabetização da Idade Certa (Pnaic) representou para nós educadoras uma forma de estabelecer trocas dialógicas com os colegas de diferentes áreas de conhecimento e níveis de ensino, trazendo como pauta que o ato de alfabetizar é ato contínuo e se faz por meio das experiências vividas por todos os sujeitos que fazem parte dessa construção de aprendizagem. Uma educação voltada para letramento focado nos aspectos sócio-históricos.

É importante pensar o processo de alfabetização como ferramenta potencializadora de

> [...] condições não só de prosseguirem com sucesso na escolarização, mas, sobretudo, de se apropriarem de competências indispensáveis para a plena inserção na vida social e profissional: competências de leitura e produção textual. (Lagoa Santa, 2015, p. 1).

O agir pedagógico apresenta tensionamentos dialéticos no processo de mudança. De acordo com Nóvoa (2003, p. 26),

> Ninguém é professor sozinho, isolado. A profissão exige partilha. [...]. O conhecimento do professor depende de uma reflexão prática e deliberativa, [...] uma reelaboração da experiência a partir de uma análise sistemática das práticas [...] e de um esforço de deliberação, de escolha e de decisão.

Assim, a nossa profissão exige de nós compartilhamento e coletividade com outras pessoas que são diferentes, mas também um processo profundo de reflexão sobre nossa própria prática e rotina profissional, assim, a partir da busca incessante por conhecimento e reelaboração das nossas experiências mediante uma análise sistemática das nossas práticas vamos nos tornando professores melhores e pesquisadores. Estar em constante processo de formação e fazer parte de um grupo de pesquisa nos leva a superações, a ressignificações, a reconstruções e a refletir sobre o que estava acontecendo externamente e internamente. O grupo de pesquisa nos mobiliza a crescer mais como seres humanos e a ter esperança de um futuro melhor para nós e também para os nossos alunos.

Em 2023 o nosso grupo de pesquisa comemora 20 anos de um percurso formativo em que, ao longo do tempo, o aprender e o ensinar foram ressignificados, mas também foi construído o caminho possível para seguirmos como professoras e pesquisadoras.

> Acredita-se que o desenvolvimento de uma postura reflexiva por parte dos professores passa também pela necessidade de produção de saberes e de valores comprometidos com os princípios da ética, com base no fortalecimento da autonomia nas várias dimensões que fazem parte da existência humana. (Antunes, 2007, p. 91-92).

Portanto, essa trajetória formativa junto ao grupo Gepfica, é de suma importância na contribuição e formação dos professores e nas aprendizagens significativas. Ter uma postura reflexiva é uma necessidade de produção de saberes e valores comprometidos com ética e com o fortalecimento da autonomia das dimensões humanas. Nesse sentido, as nossas histórias de vida nos auxiliam a refletir sobre o nosso processo de formação que escolhemos seguir.

Colcha de Retalhos: tecendo nossas histórias de vida

As teorias discutidas na formação inicial são importantes aportes de construção do conhecimento, mas é preciso estarmos atentos para o fato de que a formação continuada não é apenas prática. Mesmo quando se propõe a realizar a análise de atividades, planejamento de aulas, socialização de experiências, o que se quer é que possamos refletir sobre o que vivenciamos; o que se quer é teorizar a prática cotidiana e repensar a prática a partir dessa teorização.

O grupo de estudos Gepfica, coordenado pelas professoras Helenise Sangoi Antunes e Débora Ortiz de Leão, teve que se reestruturar a partir de um longo período pandêmico; mesmo assim, não deixou de fazer uma formação continuada por meio de encontros on-line. Dentre as muitas atividades realizadas em caráter on-line, a colaboração do grupo na elaboração da Coleção Pacto Nacional de Alfabetização na Idade Certa (Pnaic) foi uma das atividades que envolveram a colaboração de diferentes instituições de ensino na sua estruturação e publicação. Essa coleção foi desenvolvida em conjunto por 130 pesquisadores assim representados: 26 universidades brasileiras – 23 públicas e 3 privadas – e 17 redes de educação básica, incluindo as esferas municipais e estaduais. Alguns participantes do grupo de pesquisa se envolveram na pesquisa a fim de compreender a trajetória de formação de alfabetizadores. O Brasil é um país com muitas desigualdades sociais, sendo esse contexto na maioria da população de vulnerabilidade social, com necessidades econômicas, educativas e com características singulares.

O projeto de pesquisa foi organizado em seis subprojetos com diferentes focos de análise. Assim, esta coleção foi o resultado das investigações que formam os artigos que alguns integrantes do grupo escreveram com outros pesquisadores do subprojeto 5, publicações oriundas das ações no âmbito do "Pnaic Volume 3: Rede nacional de formação e alfabetização: estudos e pesquisas sobre o Pnaic em livros, dissertações e teses", que teve como objetivo analisar os diferentes paradigmas de formação continuada para professores e alfabetização escolar assumidos pelos grupos que implementam o Pnaic em cada estado brasileiro.

Considerações Finais

Refletir sobre a formação continuada, partindo da realidade do nosso educando, é de suma importância para que realmente a aprendizagem aconteça. O empoderamento do atuar e interagir com as práticas pedagógicas. Há de se considerar que a identidade do ser professor está permeada por nuances epistemológicas profissionais e pessoais, tecendo, por meio de nossos itinerários formativos e de nossas vivências e experiências, sempre repletas de sinuosidades e desafios, o que torna o trabalho educativo uma arte, que contribui para o ensinar e o aprender, sempre permeados por ressignificações constantes. Nossas histórias de vida sinalizam o quanto o processo ensino aprendizagem constrói pelos processos sociopolíticos e ideológicos, nos quais a educação pauta-se em trazer para as discussões continuadas de como se constituem os sujeitos que dela fazem parte e como emergem as inter-relações na produção de saberes.

Nossa defesa é a de que a formação continuada, inerente a todo profissional, não importando a área de atuação, é parte do processo de formação ao longo da carreira, na medida em que acompanhar pesquisas, produções teóricas, realizar novos cursos, inovar práticas pedagógicas, a partir do contexto em que atuam os professores, constituem procedimentos que complementam a formação inicial. Estar presentes em cursos formais e não formais, suprindo distanciamentos teóricos/práticos/metodológicos, advindos da produção de novos conhecimentos nas mais diversas áreas, em resposta às demandas econômica, social, tecnológica e cultural da humanidade.

Referências

ANTUNES, H. S. **Ser professora e ser aluna:** um olhar para os ciclos de vida pessoal e profissional. SM/RS: Ed. EFSM, 2011.

ANTUNES, H. S. Relatos autobiográficos: uma possibilidade para refletir sobre as lembranças escolares das alfabetizadoras. **Revista Educação.** Santa Maria, v. 32, n. 01, p. 81-96, 2007. Disponível em: http://www.ufsm.br/ce/revi. Acesso em: 28 out. 2023.

ANTUNES, H. S. **Ser aluna, Ser professora**: uma Aproximação das Significações Sociais Instituídas e Instituintes Construídas ao Longo dos Ciclos de Vida Pessoal e Profissional. Universidade Federal do Rio Grande do Sul, 2001.

CONSTANTE, E. P. de S; LEAL, T. F.; MARTINIK, V. L. **Rede de Formação e alfabetização**: estudos e pesquisas sobre Pnaic em livros, dissertações e teses. 1. ed. Rio de Janeiro/RJ: 2022. Pacto Nacional pela Alfabetização na Idade Certa (Pnaic): avaliação de uma política educacional; vol. 3).

DELORS, J. **Educação**: um tesouro a descobrir. 2. ed. São Paulo: Cortez "Os 4 pilares da Educação" de Jacques Delors. Brasília, DF: MEC/UNESCO, 2003.

FREIRE, P. **Pedagogia da Autonomi**a: saberes necessários à prática educativa. São Paulo: Paz e Terra, 1996.

GOMES, N. L. O Movimento Negro Educador: saberes construídos nas lutas por emancipação. Petrópolis: Vozes, 2017.

GUIMARÃES, C. M. *et al.* **Formação e Profissão Docente**. Araraquara, SP: Junqueira; Marin, 2011.

LEI 10639/2003. Ministério da Educação (MEC). **Gov.br.** Disponível em: https://legislacao.presidencia.gov.br/atos/?tipo=LEI&numero=10639&ano=2003&ato=431MTTq10dRpWTbf4. Acesso em: 28 out. 2023.

NOVAES, M. H. **Adaptação Escolar**: diagnóstico e orientação. Petrópolis, Vozes, 1975.

NÓVOA, A. Os professores estão na mira de todos os discursos são um alvo mais fácil a abater. **Revista Pátio.** Entrevista, Ano VII - Nº 27 - Dilemas Práticos dos Professores - Agosto à Outubro 2003 27 - **Dilemas Práticos dos Professores -** Agosto à Outubro 2003.

NÓVOA, A. **Relação Escola – Sociedade:** Novas Respostas para um Velho Problema. *In:* SERBINO, R. V. *et al.* (org.) Formação de Professores. São Paulo: Fundação Editora UNESP, 1998.

NÓVOA, A. **Formação de professores e profissão docente. Texto Publicado em NÓVOA, António, coord. - "Os professores e a sua formação".** Lisboa : Dom Quixote, 1992. ISBN 972-20-1008-5. pp. 13-33 .

ORTIZ, L. G. P. **Experiências e aprendizagens de formação pessoal e profissional na pandemia**. Trabalho de Conclusão do Curso de Educação Especial (Graduação) – Universidade Federal de Santa Maria, 2022.

RINALDI, C. **Diálogos com Reggio Emilia – escutar, investigar e aprender.** São Paulo: paz e Terra, 2020.

ROSINSKI, M. C. R. **Saberes e práticas docentes:** repensando a formação continuada em nível de pós-graduação. 2004. Dissertação (Mestrado em Educação) – Universidade Federal de Santa Maria, Santa Maria, 2004.

SOUZA, E. C. (org). **Autobiografias, histórias de vida e formação**: pesquisa e ensino. POS: EDPUCRS; Salvador: Eduneb, 2006.

7

FORMAÇÃO CONTINUADA DE PROFESSORAS ALFABETIZADORAS POR MEIO DE GRUPOS DE ESTUDOS: UM OLHAR SOBRE O GEPFICA

Cristian Fátima Stakonski
Zoraia Aguiar Bittencourt

Introdução

Este capítulo apresenta um recorte dos dados obtidos mediante uma pesquisa de campo, a qual investigou os benefícios proporcionados pelas universidades federais do Rio Grande do Sul por meio de grupos de estudos relacionados à alfabetização para contribuir na formação continuada de professoras alfabetizadoras. A coleta dos dados se deu a partir de entrevistas on-line com as coordenadoras de todos os grupos de estudos que abordam o tema alfabetização em universidades federais do Rio Grande do Sul, sendo elas Universidade Federal do Rio Grande do Sul (UFRGS), Universidade Federal da Fronteira Sul (UFFS), Universidade Federal de Pelotas (UFPel), Universidade Federal do Rio Grande (FURG) e Universidade Federal de Santa Maria (UFSM). A partir de entrevista com as coordenadoras, buscou-se conhecer a história e a dinâmica de cada grupo, bem como compreender as concepções de formação continuada e as contribuições que acreditam ter a participação de professoras em grupos de estudos.

Além das entrevistas, foi construído um questionário on-line e enviado para professoras indicadas pelas coordenadoras entrevistadas, todas alfabetizadoras e frequentadoras dos grupos de estudos em alfabetização. Por meio desse questionário, buscou-se identificar os motivos que levaram essas profissionais a procurar uma formação em grupo e as contribuições da sua participação nesses espaços. Partindo da riqueza de informações coletadas, apresentamos neste texto as contribuições citadas pelas participantes do estudo.

Conhecendo os grupos de estudos

A presente pesquisa de campo iniciou-se com uma busca no site de cada uma das universidades federais do Rio Grande do Sul. Os resultados apontaram que cinco delas oferecem grupos de estudos que contribuem com a formação continuada de professores alfabetizadores. Com os grupos identificados, buscou-se um contato mais direto com cada universidade para então obter um termo de concordância de participação, o qual foi encaminhado para o Conselho de Ética da Universidade Federal da Fronteira Sul (UFFS), campus Erechim/RS, instituição de origem deste estudo, para que assim se pudesse dar início a um processo de conhecimento dos grupos de estudos. A saber, os grupos identificados foram Lápis, Gepfica, Geali, Geame e Geale, tal como apresentados no quadro abaixo:

Quadro 1 – Lista dos grupos de estudos em alfabetização por universidade

Universidades participantes do estudo	Grupo de Estudo
Universidade Federal de Pelotas - UFPel	Grupo de Estudos sobre Aquisição da Linguagem Escrita - GEALE
Universidade Federal de Santa Maria - UFSM	Grupo de Estudos e Pesquisas sobre Formação Inicial, Continuada e Alfabetização - GEPFICA
Universidade Federal do Rio Grande - FURG	Grupo de Estudo e Pesquisa em Alfabetização e Letramento - GEALI
Universidade Federal do Rio Grande do Sul - UFRGS	Laboratório de Alfabetização – LÁPIS
Universidade Federal da Fronteira Sul - UFFS	Grupo de Estudos em Alfabetização do Município de Erechim – GEAME

Fonte: Adaptado de Stakonski (2022, p. 76-77)

Após o processo de aprovação da pesquisa, procurou-se o contato com a líder de cada grupo para a realização da entrevista semiestruturada. Sobre as entrevistas, depois de conhecer as concepções de formação e de alfabetização de cada líder, buscou-se saber um pouco da história, da dinâmica e das contribuições de cada grupo de estudos para a formação de professores e para a alfabetização das crianças.

O presente capítulo apresenta um recorte da pesquisa acima, uma vez que este livro reúne textos referentes especificamente ao Grupo de Estudos e Pesquisas sobre Formação Inicial, Continuada e Alfabetização (Gepfica) da Universidade Federal de Santa Maria (UFSM). Assim sendo, os dados selecionados da pesquisa referem-se apenas às respostas aos questionários e às transcrições das entrevistas realizadas com a coordenadora e com professoras alfabetizadoras pertencentes ao Gepfica.

Nessa coleta de dados, conhecemos a história da fundação do grupo, coordenado pela Prof.ª Dr.ª Helenise Sangoi Antunes. A coordenadora informou em entrevista que, ao criar o grupo, no ano de 2003, buscava colegas pesquisadoras do campo de formação de professores e do campo das práticas de docência nos anos iniciais para realizarem estudos de interesse comum. No entanto, hoje, quem participa são orientandos de pós-graduação, estudantes de graduação, bolsistas de iniciação científica e professores do município de Santa Maria e de cidades próximas, que vão buscar formação na Universidade Federal de Santa Maria (UFSM). Neste, como em outros grupos, também são organizadas ações caracterizadas como extensão, as quais acabam abrangendo pessoas externas à UFSM, sempre permeando a ideia de complementação, de continuidade e de atualização dos seus estudos.

Para a coordenadora, o grupo, originalmente, também foi pensado para aprofundar questões da alfabetização vinculadas, principalmente, à didática da alfabetização de professoras que foram egressas da graduação e sentiam que seus aprendizados iniciais poderiam ser aprofundados e aperfeiçoados na formação continuada de professores, bem como pensar nas práticas para turmas muito heterogêneas na alfabetização, incluindo turmas multisseriadas, e isso veio para ajudar, mais pontualmente, tais professoras alfabetizadoras. Ainda dentro da dinâmica do grupo, ela destaca o envolvimento em projetos de pesquisa, em eventos, discussão de trabalhos de orientandos, assessorias e palestras.

Segundo a coordenadora do Gepfica, o interesse em fazer mestrado e doutorado é outra porta de entrada para pessoas buscarem no Gepfica leituras e produções que servirão para contribuir com sua entrada na pós-graduação. Não há processo seletivo para fazer parte do Gepfica: os interessados podem entrar e ficar pelo tempo que desejarem, mas é preciso haver um certo engajamento social para a participação nesse grupo de estudos, pois Helenise acredita que estar em uma universidade pública e gratuita pressupõe algum tipo de engajamento em projetos sociais, e estes estão sempre presentes nas ações do grupo.

A coordenadora tem orgulho em dizer, ao completar 20 anos de Gepfica, que a participação no grupo de estudos "formou vários pesquisadores" e também contribuiu para a formação continuada de incontáveis professores alfabetizadores. Na percepção da professora, "a gente precisa [...] ter um conhecimento técnico muito grande, porque alfabetizar em língua portuguesa exige muito, e nem sempre as pessoas estão preparadas". No entanto, a professora chama a atenção para que, junto à preparação metodológica, se pense em uma forma de agir que contemple o acolhimento, o cuidado, o amor, porque, segundo ela, "a gente ensina quando consegue tocar o outro, então, a alfabetização não é um ato mecânico, ela é criação, ela é paixão, ela é intensidade, ela é amor".

A coordenadora do grupo entende que o grupo cresce na presença de relatos de experiências de professoras que trabalham na educação básica somados aos referenciais teóricos que ajudam a contribuir com o aprendizado das pessoas que vão buscar formação pedagógica nas instituições universitárias, o que reflete na qualidade da formação profissional. Esse diálogo entre a escola e a universidade consegue articular a teoria e a prática (Flores, 2010) e, ainda, proporcionar uma aproximação entre professores e futuros professores, o que Bittencourt (2017) acredita ir ao encontro de uma formação de qualidade.

Para Duarte (2022, p. 184), "a formação continuada em contexto de interlocução entre a Universidade e a Escola Básica valoriza as singularidades do coletivo no processo formativo e sustenta as professoras em seus processos de auto, hetero e interformação", os quais as desenvolvem profissionalmente, colaborando para uma transformação da prática docente em sala de aula. Essa interlocução ocorre de forma significativa em um grupo de estudos, sendo este, então, um entre tantos importantes espaços de formação continuada de professores.

Grupo de Estudos como espaço para formação continuada

Formação continuada envolve construção, aperfeiçoamento, evolução, reflexão, aprendizagem, compartilhamento, busca, entre outras ações que aprimoram e melhoram atuações profissionais, aqui especificamente em classes de alfabetização. Nesse sentido, quando falamos de uma formação que envolve discussão, troca, diálogo, processos, compartilhamentos, socialização, entre outros, podemos pensar em um conceito de formação continuada em grupo como sendo uma interação, não de quem sabe mais para quem sabe menos, mas um compartilhamento de conhecimento entre sujeitos que possuem diferentes saberes sobre o mesmo assunto.

Os relatos das professoras participantes do Gepfica abarcam uma definição bastante ampla para formação continuada. Uma professora alfabetizadora assim a define: "ela é permanente, estamos sempre aprendendo com o outro e a partir do outro, nas trocas de experiências, na busca, no encontro, é um caminho que vai muito além da universidade e sala de aula".

Nessa perspectiva, esse processo torna-se muito mais rico quando se pode compartilhar com outras pessoas que também estejam passando por alguns desafios, pelos mesmos momentos, por situações semelhantes em sala de aula, e os grupos de estudos são espaços que possibilitam essa troca. A partir disso, Grossi (2008) denota que é possível observar nos espaços dos grupos de estudos mais do que a transferência de conhecimento e informação, mas uma troca de experiências e compreensões teórico-metodológicas que visam a um saber-fazer. Essa troca pode acontecer em muitas variedades de redes de (auto)formação, sendo os grupos de estudos uma dessas possibilidades.

Nesse sentido, Nóvoa (1997), ao contemplar a importância da criação dessas redes de (auto)formação, afirma que elas assumem um papel formativo fundamental que valoriza o processo de formação do professor. Essas redes podem então ser concretizadas também por grupos de estudos, que, na colaboração entre docentes e futuros docentes, organizam assuntos necessários, geralmente mais próximos ao trabalho em sala de aula, os quais, muitas vezes, não são contemplados em formações escolares ou universitárias.

Esses grupos vêm fortalecer e profissionalizar os professores para que reorganizem sua didática de trabalho como forma de contribuir com o seu processo de formação e o seu ambiente de atuação. No geral, as dinâmicas dos grupos de estudos promovem situações que desconstroem concepções, podendo, dessa forma, considerar que essa troca de experiências se torna um meio de contribuir com o processo de formação continuada e de atuação de professores alfabetizadores em sala de aula.

Destacamos que os grupos de estudos, nesta pesquisa, são vistos como o espaço onde ocorre o ensino e a aprendizagem coletivamente, um aprendendo com o outro na troca de vivências e no compartilhamento de saberes docentes. O relato da coordenadora do Gepfica revela o caráter inspirador do grupo de estudos para ela como pesquisadora, pois ele propicia a aproximação com as escolas e a valorização dos saberes das professoras que dele participam.

Lembramos que essa dinâmica deve estar sempre baseada no conhecimento da teoria que se articula com a prática, em "um processo continuum e em construção permanente e partilhada, no qual o professor está em uma constante busca, em constante reflexão - formando e formando-se" (Antich; Forster, 2012, p. 5). Nessa perspectiva, alinhamos nosso pensamento com Antich e Forster (2012), quando propõem a possibilidade da reflexão como base para a criação de programas de educação continuada.

É importante deixar transparecer neste texto uma proposta de formação continuada que contempla não somente a teoria alinhada à prática, mas sim no sentido de falar sobre o que aprende e aprender o que ainda não se teve oportunidade de conhecer e vivenciar: uma proposta na qual se possa expor o que já se praticou e conhecer diferentes formas de lidar com situações e promover aprendizagens.

Destaca-se aqui o quanto é significativa a busca por uma formação que aborde assuntos de interesse, na qual outros profissionais partilham das mesmas angústias e conquistas e buscam conhecer mais sobre o que é ser professor. Sendo assim,

> [...] é imprescindível levar em consideração os pontos de vista dos práticos, pois são eles realmente o polo ativo do seu próprio trabalho e é a partir e através de suas próprias experiências tanto pessoais quanto profissionais que constroem seus saberes, assimilam novos conhecimentos e competências e desenvolvem novas práticas e estratégias de ação (Tardif, 2011, p. 234).

Enfim, fica evidente que, na dinâmica de grupo, as participantes aprendem juntas, se organizam, se adaptam, se constroem. Portanto, as universidades acabam proporcionando, por meio dos grupos de estudos oferecidos por elas, o fortalecimento das práticas das professoras que se dispõem a novas metodologias no campo da alfabetização ou mesmo a lançar um reolhar sobre suas próprias práticas pedagógicas. Na definição trazida por uma das alfabetizadoras participantes do Gepfica, a formação continuada é uma "oportunidade necessária de reanálise sobre as concepções construídas sobre o que é ensinar e aprender. O que é dinâmico e imprevisível precisa estar sendo revisto, retomado, compartilhado com pares".

Podemos perceber que, além da importância para a aprendizagem das crianças e das profissionais que mediam essa aprendizagem, os Grupos de Estudos trazem benefícios para todos que se envolvem neles. Salientamos que essa aproximação das estudantes da universidade com as escolas por intermédio dos saberes das professoras também contribui significativamente para o seu desenvolvimento acadêmico e profissional, pois esses diferentes atores contribuem, cada um a partir do seu olhar, do seu engajamento, na construção de práticas significativas e mais efetivas para a educação.

Essa construção sugerida, além de construir, faz refletir sobre a prática de atuação em sala de aula. Podemos perceber, nas falas das professoras alfabetizadoras, as contribuições que esse formato de formação traz para o universo da alfabetização. Dentre as principais contribuições, podemos citar: acesso a novas leituras, maior conhecimento dos níveis de escrita das crianças, diferentes métodos já utilizados e atualmente usados para alfabetizar, construção da própria metodologia de trabalho, conhecimento de conflitos reais de sala de aula e momentos de reflexão sobre o fazer pedagógico e as abordagens realizadas na escola. O fato de as professoras participarem e se permitirem uma reflexão sobre sua ação já demonstra o quanto a formação fortalece suas práticas.

Sobre o compartilhamento de práticas, as professoras alfabetizadoras relataram aprender muito quando colegas que atuam em sala de aula socializam seu dia a dia e sentem que as trocas, os diálogos e as formações deles decorrentes contribuem para o desenvolvimento profissional. Nesse sentido, Duarte (2022, p. 161) defende

> [...] a valorização do trabalho e do exercício coletivo formativo da profissão como fundamental para a reconfiguração dos processos de formação docente e para a legitimação dos saberes da profissão, tanto no âmbito individual como no coletivo.

Com base nas respostas das participantes da pesquisa, elencamos aqui alguns motivos que levaram as professoras alfabetizadoras a procurar essa formação voluntária por meio dos grupos de estudos das Universidades Federais do Rio Grande do Sul, aqui especificamente as que participam do Gepfica, já que é esse o recorte escolhido para o presente livro, em homenagem aos 20 anos de existência desse grupo. Dentre os motivos trazidos por elas, podemos citar: investir no aperfeiçoamento profissional que provoca debates e reflexões, resgatar o compromisso com as crianças, tornar-se protagonistas de suas próprias aprendizagens, desenvolver maior compreensão e aprofundamento nos estudos, usufruir da oportunidade de trocar experiências e, consequentemente, qualificar o próprio trabalho.

Citamos, ainda, duas respostas dadas pelas participantes do estudo em relação às contribuições do Gepfica para sua formação continuada.

Uma das professoras alfabetizadoras diz: "A participação em um grupo de estudos é uma oportunidade de formação continuada e, por essa razão, considero-o fundamental no meu processo formativo". Já a outra professora aprofunda, ainda mais, a reflexão sobre as contribuições do grupo: "O grupo foi um alicerce para minha formação pessoal e profissional. Diria que [...] se faz muito presente na minha vida profissional, no meu ser e constituir-se professora".

Os professores, que trazem experiências vivenciadas no dia a dia das salas de aula, acabam compartilhando seus êxitos e suas angústias com os demais integrantes de um grupo de estudos, os quais, por vezes, ainda não tiveram contato com turmas de crianças em início de alfabetização, no caso de estudantes de graduação que possam fazer parte desses coletivos. Antich e Forster (2012, p. 5) expõem que "a troca de experiências e a partilha de saberes consolidam espaço de formação mútua, no qual, ao mesmo tempo em que o professor forma, também se forma".

Nesse sentido, levando em consideração as contribuições das participantes do estudo, pensamos que, ao buscarmos a profissão docente, assumimos um percurso formativo no qual vivenciamos e nos formamos uns com os outros em uma dinâmica de troca diária entre colegas de profissão, na relação professor-aluno, com saberes adquiridos mediante experiências de sala de aula e leituras teóricas, entrelaçando, assim, escola e universidade. Para Martins (2018, p. 186), "a formação favorece a apropriação sobre os processos de trabalho, possibilitando que os professores se autorizem a buscar novas práticas, rompendo com o instituído".

Evidenciamos aqui a importância de haver um grupo de estudos específico sobre Alfabetização, pois, como relatam as professoras, a participação nos grupos de estudos fortalece o entendimento sobre o processo de alfabetização, e isso só ocorre pela busca dessas profissionais pela formação específica de sua necessidade, pois, sobre as formações, "o que se tem assistido nos sistemas de ensino é a oferta de propostas que se apresentam de forma fragmentada visando resolver problemas comuns a todos os docentes" (Antich; Forster, 2012, p. 7).

Assim, a Alfabetização, por ser assunto de um grupo específico e de menor quantidade, acaba ficando, muitas vezes, de fora dos cursos de formação oferecidos pelas escolas. Esse cenário faz com que seja necessária uma disposição por parte de professores, principalmente alfabetizadores, a irem em busca de uma formação continuada fora do seu contexto escolar. Nesse cenário, tal como afirma uma das participantes do estudo, acabam encontrando nas universidades, por meio desses espaços de formação continuada, um tema que não vem sendo tão frequentemente discutido em muitas escolas. Para ela, "o grupo só veio a fortalecer e enriquecer meu entendimento sobre alfabetização e letramento".

Precisamos entender que, assim como "a alfabetização não é um estado ao qual se chega, mas um processo cujo início é na maioria dos casos anterior à escola e que não termina ao finalizar a escola primária" (Ferreiro, 1999, p. 47), a formação profissional também é um processo. Nesse sentido, vemos nos grupos de estudos a possibilidade de uma formação continuada para profissionais que já atuam nas escolas de educação básica e também para aqueles que trabalham com a formação de futuros professores nas universidades.

Diante dessas constatações, percebemos o quanto é importante o preenchimento desse espaço entre a teoria e a prática, entre escola e universidade, um espaço a ser preenchido com relatos, reflexões, opiniões, argumentos e avaliações que vêm a colaborar com uma formação continuada recheada de conteúdo e de vivência e que acaba por fortalecer aquele profissional que busca formas de combater os baixos índices da educação, começando pelo que está próximo a ele, a sua turma de alfabetização. Para tal, esse professor tem que assumir esse papel ativo no seu próprio processo de (auto)formação. Tardif (2011, p. 238) já orienta que se pare de "ver os professores de profissão como objetos de pesquisa e que eles passem a ser considerados como sujeitos do conhecimento".

Nessa perspectiva, Tardif (2011, p. 235) promove uma reflexão sobre o professor como ator de sua própria prática, "sujeito do conhecimento, um ator que desenvolve e possui sempre teorias, conhecimentos e saberes de sua própria ação". Assim, o professor

> [...] assume sua prática a partir dos significados que ele mesmo lhe dá, um sujeito que possui conhecimentos e um saber fazer provenientes de sua própria atividade e a partir dos quais ele a estrutura e a orienta (Tardif, 2011, p. 230).

No entanto, precisamos entender que para mudanças acontecerem é preciso um tempo, pois estamos falando de mudanças profundas. É um processo de desaprender para poder aprender novamente, de aprender, de testar, de refletir e de repetir com propriedade. Defendemos isso, pois,

> [...] se quisermos que os professores sejam sujeitos do conhecimento, precisaremos dar-lhes tempo e espaço para que possam agir como atores autônomos de suas próprias práticas e como sujeitos competentes de sua própria profissão (Tardif, 2011, p. 243).

Diante disso, a alfabetização profissional, que permanece em processo de construção, edifica, segundo Tardif (2011, p. 229), "atores competentes, sujeitos do conhecimento" e que buscam um saber fazer melhor. Para ele, "se quero saber como realizar um trabalho qualquer, o procedimento mais normal consiste em apreendê-lo com aqueles que efetuam esse trabalho" (Tardif, 2011, p. 241). É preciso, assim, que o professor se permita "alfabetizar e ser alfabetizado", por meio de uma constante busca por formação.

Queremos evidenciar que este texto busca contribuir com a formação continuada dos atores, sujeitos do conhecimento (Tardif, 2011), encurtando os laços destes com o "local socialmente legitimado" (Bittencourt, 2017, p. 164) para essa formação, que aqui se apresentam como Universidades Federais do Rio Grande do Sul.

Considerações finais

Após a leitura e análise dos dados trazidos pelas alfabetizadoras e as percepções apresentadas pela coordenadora do Gepfica, foi possível perceber o quanto a universidade pode, além da formação inicial, contribuir para a formação continuada de professores, aqui especificamente de professores alfabetizadores. Esse fato se dá pela dinâmica de estudos e de leituras que esses profissionais encontram na universidade, além de permanecerem em um estreito contato com quem pesquisa e com colegas com os quais dividem experiências, possibilitando sempre aquela troca de conhecimento fundamental para a formação do professor, uma vez que em grupo encontramos condições formativas que colaboram no processo de construção do ser professor. Em suma, a relação entre universidade e a escola básica no processo formativo tem grande importância, pois é nessa inter-relação que os aprendizados se efetivam com eficácia, é onde os saberes de um, somados às práticas do outro, geram o conhecimento, numa interlocução contínua que constrói o profissional docente, peça fundamental para uma educação de qualidade.

Os resultados do estudo revelam ainda que a leitura e a discussão de textos teóricos proporcionam trocas de experiências que acabam exemplificando, identificando situações e soluções que podem fazer diante dos desafios que surgem no dia a dia. A partir do relato das professoras, é importante dizer que, na maioria das vezes, os profissionais que se dedicam à sala de aula da educação básica não dispõem de tempo para buscar aquela leitura direcionada às suas necessidades, principalmente os professores alfabetizadores, que acabam tendo desafios muito maiores em seu dia a dia. Essa necessidade entra em acordo com as necessidades de contato com a realidade escolar, bagagem teórica e interesse do professor coordenador dos grupos de estudos, que, ao partilhar seu saber acadêmico com quem experiencia a prática, ele também se forma e constrói uma rica possibilidade de práxis docente, mais ainda na formação de futuros professores. O processo formativo que inclui a prática em sala de aula necessita do viés teórico para que esse inclua na atuação uma permanente reflexão da própria ação, vinculando a prática à teoria e buscando a superação das fragilidades e dos desafios encontrados, que também ocorrem nas salas de aula da graduação.

As professoras participantes da pesquisa acreditam que o aprender em grupo, além de fortalecer concepções, é um excelente suporte para prática, em que professores formam e se formam, o que acaba sendo a oportunidade de os alunos terem professores conectados às mudanças impostas pela modernidade e preocupados com uma construção de conhecimento com significado. Sendo assim, essa análise revela a importância do estar em grupo para a formação continuada do professor, pois esse apoio traz confiança no ato pedagógico e segurança para novas tentativas em busca da superação das dificuldades encontradas nas escolas, principalmente em turmas de alfabetização.

Nesse sentido, a dinâmica de ação-reflexão-ação que a formação em grupo nos traz de maneira acolhedora e apoiadora torna-se efetiva, pois percebemos que todas as dificuldades que se encontram num processo contínuo de formação vêm ao encontro da efetivação de aprendizagem, pois, na percepção das participantes deste estudo, o impacto das formações é sempre positivo. No entanto, alertam para a importância de o professor participar desses grupos de estudos como protagonistas, tanto do seu processo formativo quanto do processo formativo de seus pares, não como meros ouvintes.

Podemos dizer que a metodologia de formação proposta por um grupo de estudos acolhe todas as angústias, propondo soluções que possibilitam a tomada de decisão diante dos desafios. O olhar sobre cada dificuldade compartilhada no grupo faz com que se crie e recrie estratégias para sua superação, tendo, de uma forma ou outra, o apoio dos colegas de formação para uma nova reelaboração.

Concluímos, assim, que a participação nos grupos de estudos como caminho para formação continuada favorece a teorização da prática, ao mesmo tempo que leva para sala de aula teorias distintas daquelas já conhecidas, dinâmica que dá sentido ao ato de formar-se e traz qualidade à educação, bem como o estar em formação favorece o sucesso nos processos de ensino e de aprendizagem das crianças, também aqui no campo da alfabetização.

Referências

ANTICH, Andréia Veridiana; FORSTER, Mari Margarete dos Santos. **Formação Continuada na modalidade de Grupo de Estudos:** repercussões na prática docente. 2012. Disponível em: http://www.ucs.br/etc/conferencias/index.php/anpedsul/9anpedsul/paper/viewFile/2711/577. Acesso em: 9 out. 2021.

BITTENCOURT, Zoraia Aguiar. **Política curricular para a educação integral:** Formação de professores no Brasil e em Portugal. 2017. 284p. Tese (Doutorado em Educação) – Escola de Humanidades, Pontifícia Universidade Católica do Rio Grande do Sul, Porto Alegre, 2017. Disponível em: https://tede2.pucrs.br/tede2/handle/tede/7214. Acesso em: 23 set. 2022.

DUARTE, Arita Mendes. **O esplendor das rosas na universidade e na escola básica:** as (trans)formações prático-teóricas e suas repercussões no desenvolvimento profissional de docentes alfabetizadoras. Pelotas, RS: UFPel, 2022.

FERREIRO, Emilia. **Com Todas as Letras.** São Paulo: Cortez, 1999.

FLORES, Maria Assunção. Algumas reflexões em torno da formação inicial de professores. **Educação**, Porto Alegre, v. 33, n. 03, p. 182-188, set./out./nov./dez. 2010. Disponível em: https://www.redalyc.org/articulo.oa?id=84816931003. Acesso em: 21 set. 2022.

GROSSI, Esther Pillar. O método pós-construtivista. **IHU On-Line**, edição 281, nov. 2008. Disponível em: http://www.ihuonline.unisinos.br/artigo/2304-esther--grossi. Acesso em: 26 maio 2020.

MARTINS, Ana Maria B. Pacto Nacional pela Alfabetização na Idade Certa: uma política pública favorecendo a formação continuada para ressignificar o processo de alfabetização. *In:* ANTUNES, Helenise S. (org.) **Formação de professores alfabetizadores no contexto do Pacto Nacional pela Alfabetização na Idade Certa**. Santa Maria: Editora e Gráfica Curso Caxias, 2018, p. 185-195.

NÓVOA, Antônio. **Os professores e sua formação.** Lisboa, Portugal: Dom Quixote, 1997.

TARDIF, Maurice. **Saberes docentes e formação profissional.** Petrópolis, RJ: Vozes, 2011.

8

QUATRO VIDAS QUE SE ENCONTRAM: REFLEXÕES DE UM GRUPO DE PROFESSORAS SOBRE OS CAMINHOS DA ALFABETIZAÇÃO

Caroline Leonhardt Romanowski
Fernanda Ferreira Vogel
Gabriela Dos Santos Oliveira
Thaieni Mazetto Costa

Introdução

Esse texto surgiu do recorte de uma dissertação de mestrado, além dos estudos e vivências no campo da alfabetização, bem como dos atravessamentos da educação, psicologia, linguística e sociolinguística de quatro pesquisadoras da área da alfabetização com crianças. O objetivo é refletir sobre o ensino da leitura e da escrita sob o olhar das diferentes áreas mencionadas anteriormente, de forma a observá-lo como possibilitador do progresso individual e social das crianças.

A partir de análises, reflexões e questionamentos nos deparamos com uma situação frequente: o ensino da leitura e escrita nada mais é do que um fazer mecânico, a criança aprende a copiar em seu caderno sem entender o que de fato está fazendo. Salas superpopulosas, imposição do silêncio, crianças sentadas em fileiras, ainda tem sido o modelo das salas de aula, onde parece não haver espaço para o poético, lúdico e para a imaginação. Por meio desses apontamentos vêm as indagações sobre a (re)produção de nossas práticas pedagógicas, a organização dos espaços escolares e de que forma o diálogo e o protagonismo dos estudantes permeiam esse ambiente alfabetizador tão potente. Portanto, ao refletir sobre a concepção de ensino da leitura e escrita na escola podemos promover mudanças em direção a esse espaço e aos estudantes que almejamos, para que tornem-se não apenas leitores codificadores da escrita, mas cidadãos letrados, capazes de solucionar problemas e criar estratégias potentes para os desafios sociais que aparecem nos contextos onde vivem e se relacionam. Esse é o nosso desejo, que agora, tem se tornado nosso objetivo. Esperamos que também se torne o objetivo de todos os profissionais que atuam na alfabetização.

O início de um encontro

> *[...] e o espírito que se forma sempre que duas almas ou mais se reúnem com apreço mútuo, sempre que duas mulheres ou mais falam de "assuntos que importam de verdade".*
> Clarissa Pinkola Estés, A ciranda das mulheres sábias

Este capítulo surgiu a partir de um recorte de uma dissertação de mestrado, além dos estudos e vivências no campo da alfabetização, bem como, dos atravessamentos da educação, psicologia, linguística e sociolinguística de uma professora da educação infantil e mestranda em Educação, uma bolsista de iniciação científica (Pibic/CNPq), uma bolsista de extensão e uma professora alfabetizadora que atualmente integra a equipe de coordenação dos anos iniciais no setor pedagógico da Secretaria de Município da Educação de Santa Maria-RS (SMEdSM). A união dessas quatro vidas aconteceu ao se conectarem à temática da alfabetização no Grupo de Estudos e Pesquisa sobre Formação Inicial, Continuada e Alfabetização (Gepfica) da Universidade Federal de Santa Maria. Assim, neste capítulo, as autoras buscaram refletir sobre o ensino da leitura e da escrita sob o olhar das diferentes áreas mencionadas anteriormente, de forma a observá-lo como possibilitador do progresso individual e social das crianças.

Desse modo, a fim de contextualizar você, nosso leitor, salientamos que essa escrita só se tornou possível pois em um mesmo recorte de tempo, lugar e espaço as autoras se encontraram, os seus caminhos e objetivos se cruzaram e, ao participarem do mesmo grupo de pesquisa, decidiram se aventurar pelas trilhas da alfabetização. Desse modo, cada uma delas, ao seu jeito, apresenta suas perspectivas, entrelaçadas a outros teóricos, analisando, defendendo e fundamentando a possibilidade de avanço individual e social que a alfabetização proporciona para cada pessoa e, especificamente aqui, para as crianças.

Vale ressaltar que essa escrita, além de um ensaio teórico, transita pelo mundo da alfabetização de crianças, de modo a envolver-se com o imaginário, fantasioso e curioso, o universo da criança e seus processos de aprendizagem e, nesse caso, da alfabetização. As autoras, enquanto mulheres, professoras, professoras em formação e pesquisadoras, acreditam na grandeza dessa área e nos esforços que cotidianamente são feitos por professoras alfabetizadoras de todos os lugares. Grandeza que cada mulher carrega dentro de si, como caracteriza Clarissa Estés (2007, p. 12), quando menciona que

> Os atributos do que é grande são principalmente ser sábia e ao mesmo tempo estar sempre à procura de novos conhecimentos; ser cheia de espontaneidade e confiável; ser loucamente criativa e obstinada; ser ousada e precavida; abrigar o tradicional e ser verdadeiramente original.

Grandeza que cada professora disposta a oferecer o seu máximo, a viver de verdade, com a convicção de que é possível transformar e construir uma sociedade cada vez melhor, tem guardada dentro de si, apenas esperando o momento de ser descoberta e trazida para fora.

Desse modo, nas linhas que seguem abaixo e nos tópicos e parágrafos dispostos, encontram-se as análises, os questionamentos e fundamentações que as autoras utilizaram ao longo desta escrita. Sinta-se à vontade para questionar e problematizar com elas. Você é nosso convidado-leitor de honra.

Encontros que nos são fundamentais

O ensino da leitura e escrita é um marco fundamental da inserção da criança na escola e base de todo ensino escolar. A alfabetização, dessa forma, tem sido uma questão bastante discutida por aqueles que se preocupam com a educação. Ferreiro, em colaboração com Teberosky (1985), discute em seus estudos que:

> [...] atualmente sabemos que a criança que chega à escola tem um notável conhecimento de sua Língua Materna, um saber linguístico que utiliza "sem saber" (inconscientemente) em seus atos de comunicação cotidianos (Ferreiro; Teberosky, 1985, p. 24).

Esse processo tem seu início antes mesmo do ingresso na escola, a criança que agora está iniciando sua escolarização já se encontrava em um meio social que lhe permitiu conhecimentos prévios sobre a linguagem. Cagliari (1991, p. 17) argumenta que:

> Qualquer criança que ingressa na escola aprendeu a falar e a escrever a linguagem sem necessitar de treinamentos específicos ou de prontidão para isso. Ninguém precisou arranjar a linguagem em ordem de dificuldades cres-

centes para facilitar o aprendizado da criança. Ninguém disse que ela devia fazer exercícios de discriminização auditiva para aprender a reconhecer a fala ou para falar. Ela simplesmente se encontrou no meio de pessoas que falava e aprendeu.

Portanto, basta que a criança esteja inserida em um ambiente em que haja estímulo para que ela se comunique. A escrita está presente no nosso cotidiano, as letras e palavras estão presentes em todos os lugares à nossa volta, nas placas de trânsito, embalagens de produtos, nas fachadas de lojas, nos letreiros de ônibus e muito mais, de acordo com Vygotsky, ela já está presente na vida da criança antes mesmo do início da vida escolar.

A escola, dessa forma, recebe crianças que já sabem as regras necessárias para falar, a evidência disso, segundo Possenti (2011), é que falam, pois, como apresenta o autor, a escola não ensina a língua materna a nenhum aluno, ela recebe estudantes que já falam. Logo, cabe a nós professores questionarmos: qual seria então o papel da escola, visto que esse conhecimento da língua se restringe ao seu uso oral?

Smolka (1999,p.17) afirma que o processo de alfabetização segue modelos tradicionais e pouco, ou quase nada, relacionado com o que vivem as crianças. O livro didático, segundo a autora, é apresentado como "uma fonte de conhecimento do mundo", ao invés de ser um dos objetos de conhecimento do mundo.

A partir dessas discussões e reflexões, percebe-se que, sem haver contextualização com a realidade, o processo de ensino da leitura e escrita ocorre de forma artificial e solta. Freire (2017) destaca que muitas vezes o que se ensina nas salas de aula e as leituras que se fazem, não se relacionam com o que acontece no país, na cidade ou no bairro onde vivem os estudantes, como se a leitura nada devesse ter com a realidade de seu mundo. Adentrando as salas de aula observamos com facilidade a forma característica que Antunes (2013, p. 379-380) refere-se aos estudantes:

> Corpos sendo disciplinados pela cópia repetida de palavras sem sentido, desenhos pintados conforme as cores ensinadas, palavras escritas conforme o desejo do outro. Mas, onde fica a autonomia? Não se pode ensinar extinguindo a chama criadora de quem ensina e de quem aprende, pois alunos e professores são sujeitos históricos.

Percebe-se que o ensino da leitura e escrita nada mais é do que um fazer mecânico, a criança aprende a copiar em seu caderno sem entender o que de fato está fazendo. Salas superpopulosas, imposição do silêncio, crianças sentadas em fileiras, ainda tem sido o modelo das salas de aula, onde parece não haver espaço para o poético, lúdico e para a imaginação.

De acordo com Freire (2017, p. 67), o que acontece quando se segue esse modelo de ensino é que: "[...] o aprendiz funciona muito mais como paciente da transferência do objeto ou do conteúdo do que como sujeito crítico, epistemologicamente curioso, que constrói o conhecimento do objeto ou participa da sua construção". Nessa situação, o que ocorre é que a professora atua como detentora do conhecimento, ensaiando sua fala e transferindo-a para seus estudantes que atuam como receptores, copiando e repetindo sua fala.

Nos apontamentos anteriores evidenciou-se que todos os estudantes chegam à escola com conhecimento linguístico, não porque a escola ensinou, mas porque aprenderam por meio das interações. Porém, mesmo já tendo esse conhecimento, ao iniciar a trajetória escolar, Antunes (2003, p. 20) revela que "manifesta-se na súbita descoberta", por parte do aluno, de que ele não sabe português, de que o "português é uma língua muito difícil". Ainda, de acordo com o autor:

> Com enormes dificuldades da leitura, o aluno se vê frustrado no seu esforço de estudar outras disciplinas e, quase sempre, "deixa" a escola com a quase inabalável certeza de que é incapaz, de que é linguisticamente deficiente, inferior, não podendo, portanto, tomar a palavra ou ter voz para fazer valer seus direitos, para participar ativa e criticamente daquilo que acontece à sua volta. (ANTUNES, 2003, p. 29)

A partir de tais apontamentos, questionamos: O que estamos propondo para que nossos estudantes aprendam? Que espaços as crianças ocupam dentro da escola e qual a sua participação na construção do conhecimento? A forma como ensinamos faz sentido nos seus cotidianos e permite que se comuniquem e participem como sujeitos históricos e produtores de conhecimento?

Esses questionamentos não se evidenciam como uma crítica em relação ao ensino e à aprendizagem da leitura e escrita convencionais, mas sim à análise do quão prejudicial é uma prática alfabetizadora que tem como objetivo uma escrita ortograficamente correta, colocando a produção de significados e a interpretação de mundo em segundo plano. Devemos refletir sobre as circunstâncias da manifestação das inseguranças dos estudantes e suas falas em relação ao ensino, pois, segundo Antunes (2003. p. 27): "para muita gente, não saber escrever ainda equivale a escrever com erros ortográficos."

Na pauta bastante presente nos estudos de muitos autores, como Braggio (1992), evidencia-se a relação entre o contexto em que a criança convive e o preconceito linguístico, de modo que: "ao entrarem na instituição escolar as crianças das classes socioeconômicas menos favorecidas são desrespeitadas no seu saber linguístico" (p. 31). E ainda segundo Antunes I (2007, p. 46):

> A impressão que se dá, muitas vezes, é que se ensina uma língua que parece não ter nada a ver conosco, com o que a gente faz no dia a dia, com o que a gente diz, escreve, pensa, canta etc. Uma língua que não nos pertence. Está fora de nós. Da qual apenas se ouve falar.

Com frequência, percebemos que o ensino, como descrito anteriormente, muitas vezes se desvincula dos contextos nos quais as crianças estão imersas. Antunes I (2003, p. 26), ao observar isso, destaca: "parece incrível, mas é na escola que as pessoas 'exercitam' a linguagem ao contrário, a linguagem que não diz nada". Nesse mesmo sentido, Cagliari (1991, p. 23-24) nos incita ao provocar sobre como

> O aluno passa anos e anos, diariamente, em salas de aula de português, e o que aprende? Sempre as mesmas coisas: o que significa a palavra... telúrico? Como se escrevem as palavras.. exceção, extenso e estender? Qual o plural de... cidadão? A que categorias gramaticais pertencem as palavras .. mal e mau? O que é um substantivo... concreto e abstrato? qual o coletivo de..lobo? Qual sujeito das orações[...] "Caiu no jardim a bola" [...] e finalmente: "faça uma redação sobre o retrato de um cego".

Ou seja, os estudantes passam muitos anos frequentando aulas de Português, mas aprendem repetidamente as mesmas coisas. Esses são exemplos de descrições comuns de ensino, como o significado de palavras, ortografia, pluralização, categorias gramaticais, substantivos concretos e abstratos, coletivos e identificação de sujeitos em orações. A ênfase é dada à falta de diversificação no currículo e à falta de abordagem de tópicos relevantes para o desenvolvimento completo das habilidades linguísticas e do pensamento crítico dos estudantes.

Observe-se que o ensino da língua é percebido pelos estudantes como algo distante do que eles já dominam, assemelhando-se ao aprendizado de uma língua estrangeira. Isso levanta a indagação: se os estudantes já possuem conhecimento da língua e os professores devem ensinar o que ainda não é conhecido, são os estudantes que fracassam ou persistimos em um modelo/método que se mostrou ineficaz?

Tal questionamento é apontado de forma a refletir sobre o papel da escola como instituição social que oportuniza o acesso ao conhecimento. Seria então a resposta a essas questões um ensino em que protagonize a língua tal como é utilizada no cotidiano dos estudantes? E ainda, que efeitos futuros estariam ligados a essa possível proposta?

Segundo Possenti (2011, p. 17), esse não seria o caso, pois:

> A tese de que não se deve ensinar ou exigir o domínio do dialeto padrão dos alunos que conhecem e usam dialetos não padrões baseia-se no preconceito segundo o qual seria difícil aprender o padrão. Isso é falso, tanto do ponto de vista da capacidade dos falantes quanto do grau de complexidade de um dialeto padrão.

Outra questão a ser discutida sobre o ensino do dialeto padrão é a sua correlação com o acesso ao poder, os valores sociais dominantes exigem tal conhecimento para obter um status na sociedade que exige o uso da forma padrão. A língua, dessa forma, fornece meios de constituição da identidade social, em outras palavras, a língua é claramente associada à classe social. De tal forma, concordamos com Possenti (2011) quando discute que através do ensino do português padrão é possível a superação das desigualdades sociais, visto que, segundo Ferreiro (1993, p. 23):

> Há crianças que chegam à escola sabendo que a escrita serve para escrever coisas inteligentes, divertidas ou importantes. Essas são as que terminam de alfabetizar-se na escola, mas começaram a alfabetizar muito antes, através da possibilidade de entrar em contato, de interagir com a língua escrita. Há outras crianças que necessitam da escola para apropriar-se da escrita.

Assim, as discussões até aqui nos mostraram que a linguagem pode bloquear o acesso ao poder, mas também pode romper o bloqueio. A democratização do ensino da língua, dessa forma, proporcionar-se-ia principalmente para o benefício daqueles das classes populares, alvos da crítica quanto a sua linguagem.

Segundo Magda Soares (2016), verifica-se que aqueles estudantes que não possuem contato e conhecimento sobre a leitura e escrita anteriores à alfabetização estão em desvantagem em relação aos que já convivem em uma cultura letrada. Os fatores extraescolares, portanto, devem ser levados em consideração quando pensamos em "para quem ensinamos". A falta de recursos para comprar materiais, pais analfabetos, crianças com pouco contato com a leitura e escrita, baixa autoestima decorrente da pobreza e repetência, são uma série de desvantagens que acumulam muitas crianças.

Isso nos traz de volta às questões iniciais que levantamos: o que ensinar? O objetivo das aulas de língua portuguesa seria, portanto, oportunizar o domínio do dialeto padrão, mas de que forma fazê-lo? Como ajudar as crianças que acumulam várias desvantagens culturais? De acordo com Freire (2017, p. 62):

> Não é possível respeito aos educandos, à sua dignidade, ao seu ser formando-se, à sua identidade fazendo-se, se não se levam em consideração as condições em que eles vêm existindo, se não se reconhece a importância dos "conhecimentos de experiência feitos" com que chegam à escola. O respeito devido a dignidade do educando não me permite subestimar, pior ainda, zombar do saber que ele traz consigo para a escola.

Percebe-se, até aqui, duas ambiguidades – ensinar a língua portuguésa padrão para democratização do ensino e, por outro lado, valorizar o saber linguístico das classes populares, de forma que não ocorra uma violência simbólica. Dessa forma, Antunes (2013, p. 379) explica que:

> Nivelar as culturas por uma predominante, a do poder instituído, é uma violência simbólica que por anos a escola vem produzindo através do silenciamento de todos aqueles que pensam e agem de forma diferente do que é permitido e considerado legítimo.

Nessa perspectiva, portanto, o que deveria ser feito e de que modo poderia ser realizada uma proposta que democratize o ensino sem silenciar o saber linguístico que os estudantes trazem consigo ao ingressarem na escola? E como garantir um ensino significativo? Sobre as mudanças necessárias e sobre a prática docente Antunes (2013, p. 379) cita que:

> Questionar o que significa uma prática docente tradicional parece oportuno no momento atual, principalmente quando nos deparamos com tamanho desejo de mudanças na área da educação. Desejamos práticas educacionais inovadoras,

> críticas, reflexivas e em conformidade com as demandas da realidade na qual estamos imersos. Mas, o que são mudanças na educação? O que significa uma prática docente criativa na sala de aula dentro de uma comunidade? Qual o desejo das crianças e dos jovens que estudam nessas escolas em relação às práticas de leitura e escrita? Pensar sobre ler e escrever faz sentido para as crianças e jovens brasileiros de hoje?

Nas aulas de português, em que se privilegia o uso da língua padrão, observou-se a ausência de um contexto significativo para os estudantes. Em relação à prática de exercícios de escrita, por exemplo, Antunes (2003, p. 26) apresenta que ocorrem de forma artificial e solta, podendo-se constatar:

> A prática de uma escrita artificial e inexpressiva, realizada em "exercícios" de criar listas de palavras soltas, ou, ainda, formar frases. Tais palavras e frases isoladas, desvinculadas de qualquer contexto comunicativo são vazias do sentido e das intenções com que as pessoas dizem as coisas que têm a dizer.

Percebe-se assim, que apesar de o ensino do Português padrão ser dominante, ainda carece de contextos e intenção, ao menos a intenção que almejamos, passando uma falsa sensação de que a criança está alfabetizada, quando na verdade aprenderam a memorizar, repetir e copiar, um ensino tradicional que desejamos romper.

Por hora, despedida de um encontro

A partir dos questionamentos levantados por nós e dos pressupostos teóricos refletidos nesta escrita compreendemos que a escola ainda tem se baseado em questões que não fazem sentido, até mesmo para aqueles que já possuem uma base familiar e cultural de acesso à escrita. Infelizmente, o que tem se repetido são aulas em que os estudantes criam frases soltas, sem criar situações para que essa escrita seja direcionada para situações do seu uso real em situações de interações.

Entendendo isso, torna-se óbvio que a forma como se encontra fragmentado o conhecimento prévio do estudante ao que a escola ensina tem contribuído para as dificuldades de decodificação, aprendizado, compreensão e desenvolvimento de estratégias no ensino da Língua Portuguesa para as crianças.

Dessa forma, cabe questionarmos como construir essa escola que tanto almejamos e a resposta está, certamente, na fala dos estudantes e em todos os apontamentos que foram surgindo ao longo deste texto. A escola precisa de mudanças. Em sua obra sobre essas eventuais mudanças, Possenti (2011, p. 88-90) discute que a escola deveria trazer para a sala de aula situações do cotidiano das crianças, como a utilização de textos que circulam entre elas, deixando de objetivar a mera decodificação do que está escrito para construir criticidade e leitura de mundo, de forma que o conhecimento prévio sobre o assunto auxilie-as a estabelecer, reformular ou ampliar seu conhecimento mediante a leitura do texto. Proporcionando à criança a possibilidade de construir seu conhecimento com autonomia e protagonismo, sem que a passividade monótona circule e domine toda a prática escolar.

Para Magda Soares (2016), essas seriam habilidades que se encontram por meio de atividades em que as crianças se sentem envolvidas e motivadas, atividades cheias de significados, contextualizadas com a realidade dos estudantes, proporcionando a testagem de hipóteses de escrita de forma que se sintam seguras e confiantes. Além da forma como se ensina, deve-se também proporcionar um ambiente em que isso seja possível, deixando a sala de aula um local atrativo, em que juntos, professores e crianças, constroem o conhecimento.

Assim, poderíamos também apresentar aos estudantes o propósito da leitura em diferentes gêneros textuais que estão relacionados às diferentes funções comunicativas. Por exemplo, ao invés de trazer-lhes textos da literatura antiga como um padrão ou passar-lhes exercícios para criarem frases soltas que não trazem uma situação social que possa servir de parâmetro, apresentaríamos as funções comunicativas de uma bula de remédio, de uma poesia ou de uma música, exemplos de como contribuir e promover leitura de textos que abordam temas do cotidiano em diferentes formas de como fazer sua leitura, percebendo suas intenções e efeitos.

Ao refletir sobre a concepção de ensino da leitura e escrita na escola estaríamos promovendo mudanças em direção a esse espaço e aos estudantes que almejamos. Enquanto professoras que acreditam nessa mudança, buscamos, por meio dos ensaios teóricos aqui apresentados, despertar em você, leitor, mas também em nós mesmas, cotidianamente, em nossos ambientes escolares, a transformação que é necessária para que as crianças tornem-se não apenas leitores codificadores da escrita, mas cidadãos letrados, capazes de solucionar problemas e criar estratégias potentes para os desafios sociais que aparecem nos contextos onde vivem e se relacionam. Esse é o nosso desejo, que agora, tem se tornado nosso objetivo. Esperamos que também se torne o objetivo de todos os profissionais que atuam na alfabetização.

Dessa forma, temos como propósito para o nosso próximo encontro (e almejamos que seja breve), tecer discussões e reflexões sobre a formação inicial e continuada de professoras alfabetizadoras, destacando a importância de suas histórias, perspectivas e concepções em relação a alfabetização. Ademais, concluímos nossa escrita com a imensa felicidade de compartilhar aquilo que acreditamos e que lutamos para se tornar presente nas escolas, com a visão de Freire (2017, p. 139), quando este destaca que "a alegria não chega apenas no encontro do achado, mas faz parte do processo de busca. E ensinar e aprender não pode dar-se fora da procura, fora da boniteza e da alegria". É por meio dos encontros, das práticas, das descobertas, das trocas de experiências e das formações continuadas que construímos uma educação comprometida com a qualidade e equidade da aprendizagem de nossos estudantes e com a construção de uma sociedade mais justa.

Referências

ANTUNES, Helenise Sangoi. **Ser aluna, ser professora:** uma aproximação das significações sociais instituídas e instituintes construídas ao longo dos ciclos de vida pessoal e profissional. Tese (Doutorado em Educação). Universidade Federal do Rio Grande do Sul. Programa de Pós-graduação em Educação. Porto Alegre, 2001.

ANTUNES, Helenise Sangoi. Alfabetização e formação de professores: Algumas reflexões sobre a leitura e escrita. **Educação (Santa Maria. Online)**, v. 38, p. 375-388, 2013.

ANTUNES, Irandé. **Aula de Português**: Encontro & interação. São Paulo: Parábola editorial, 2003.

ANTUNES, Irandé. **Muito além da gramática:** por um ensino de línguas sem pedras no caminho. São Paulo: Parábola editorial, 2007.

BRAGGIO, Silvia Lucia Bigonjal. **Leitura e alfabetização:** da concepção mecanicista à sociopsicolinguística. Porto Alegre: Artes médicas, 1992.

CAGLIARI, Luís Carlos. **Alfabetização e linguística**. São Paulo: Scipione, 1991.

ESTÉS, C. P. **A ciranda das mulheres sábias:** ser jovem enquanto velha, velha enquanto jovem. Tradução de Waldéa Barcellos. Rio de Janeiro: Rocco, 2007.

FERREIRA, Liliana Soares. **Trabalho pedagógico na escola:** sujeitos, tempos e conhecimentos. Curitiba: CRV, 2019.

FERREIRO, Emilia. **Com todas as letras**. São Paulo: Cortez,1993.

FREIRE, Paulo. **Pedagogia da Autonomia:** saberes necessários à prática educativa, São Paulo: Paz e Terra, 2017

NÓVOA, António. **O regresso dos professores.** Pinhais: Melo, 2011.

NÓVOA, António. Para uma análise das instituições escolares. *In:* NÓVOA, António (org.). **As organizações escolares em análise.** Publicações Dom Quixote. Lisboa: 1995, p. 13-42.

POSSENTI, Sírio. Sobre o ensino de português na escola. *In:* GERALDI, João Wanderley (org.). **O texto na sala de aula.** Cascavel: Assoeste Editora Educativa, 2011.

SMOLKA, Ana Luiza Bustamante. **A criança na fase inicial da escrita:** a alfabetização como processo discursivo. São Paulo: Cortez, 1999.

9

GRUPO DE ESTUDOS E PESQUISA SOBRE FORMAÇÃO INICIAL, CONTINUADA E ALFABETIZAÇÃO: 20 ANOS DE EXPERIÊNCIAS FORMATIVAS

Clarice Marlene Rucks Megier
Elcí da Silva Tonetto
Felipe Costa da Silva
Helenise Sangoi Antunes

Introdução

Este capítulo tem como objetivo registrar, brevemente, como se deu a constituição do Grupo de Estudo e Pesquisa sobre Formação Inicial, Continuada e Alfabetização (Gepfica). Traz, também, um singelo relato sobre ações realizadas pelo grupo, que inserem seus integrantes tanto na pesquisa como na extensão. As formações oferecidas para as escolas do município de Santa Maria e fora dele são os momentos em que a equipe extrapola os limites da academia e se junta à comunidade na procura de aprimoramento do conhecimento, na discussão e busca de soluções para questões pertinentes ao campo educativo.

A figura da mulher presente na liderança e vice-liderança do grupo, bem como na maioria da sua constituição, destaca, além das lutas e desafios que estas enfrentam, também os diferentes papéis que as constituem como professoras. Evidenciamos, entre tantas atuações do grupo, o Pacto Nacional pela Alfabetização na Idade Certa (Pnaic), programa que potencializou e fortaleceu a formação continuada de professores do ciclo de alfabetização. Devido à relevância do trabalho realizado até aqui, queremos assinalar os 20 anos de experiências formativas do Gepfica, que ao longo de sua trajetória construiu e consolidou espaço dentro do Centro de Educação, junto ao Programa de Pós-graduação em Educação da Universidade Federal de Santa Maria, conquistando reconhecimento ao longo do tempo.

Registrar é preciso, pois fazer parte desse espaço de estudos e discussões entre gestores, pesquisadores, professores, acadêmicos universitários e todos aqueles que se preocupam com o contexto educacional é uma satisfação. Esse grupo de pesquisa é vinculado ao Programa de Pós-graduação em Educação da Universidade Federal de Santa Maria/UFSM e se insere em estudos e experiências formativas em vários municípios do estado do Rio Grande do Sul. Os integrantes desse grupo têm desenvolvido grande parte das suas pesquisas e estudos tendo por base a pesquisa (auto)biográfica.

No artigo buscamos apresentar um breve histórico dos 20 anos de experiências formativas do grupo de estudos Gepfica, que atua no Centro de Educação/UFSM, destacando algumas das inúmeras atividades desenvolvidas nesse tempo de atividades. Também neste texto, para além das indicações das trajetórias do grupo de pesquisa, propomos discutir e realizar uma breve reflexão, mesmo que introdutória, sobre formação continuada e alfabetização. O grupo possui uma extensa gama de estudos no campo da pesquisa sobre a formação do profissional em educação.

Enquanto equipe de pesquisas, o Gepfica desenvolve estudos pertinentes à formação continuada de professores e alfabetização, pois entendemos que inspirações teóricas vinculadas às experiências de campo prático incitam subsídios nas formas de pensar e agir pedagogicamente. Percebemos que caminhos pedagógicos são construídos por pessoas que pensam de forma minuciosa a especificidade da alfabetização e da formação inicial e continuada de professores, bem como os desafios que as colocam na contemporaneidade.

Pesquisa, Formação e Alfabetização: processos que se articulam

Compreender os caminhos percorridos nas pesquisas e produções intelectuais do Gepfica nos permite construir um diálogo reflexivo sob aspectos articulados entre si, contemplando campos basilares da trajetória desse grupo, que se expressam num percurso que pode ser versado em três momentos.

a. Constituição do grupo de pesquisa Gepfica

Ao longo dos 20 anos do grupo, por que não dizer para alcançar a maturidade do Gepfica, fez-se necessário um longo e disciplinado processo de busca de experiências e de pessoas engajadas com a educação. Assim, é importante reconstruir essa trajetória. A produção escrita por Graziela Franceschet Farias e Helenise Sangoi Antunes (2009) referencia o predomínio significativo de mulheres condutoras de grupos de pesquisa.

Segundo Antunes e Farias (2009), por muitos anos a inserção feminina no mercado de trabalho ocorreu no magistério. Isso representa o quão difícil foi a conquista de espaços públicos pelas mulheres e permite pensar sobre elementos pouco convencionais do ponto de vista acadêmico.

> Acreditamos que é neste cenário não isento de conquistas, lutas sociais, tensões e reivindicações que a presença das mulheres na constituição dos grupos de pesquisa se insere. Por isso, precisamos exercitar a capacidade reflexiva de relacionamento com o outro e fazer com que o "desconforto" de discutir sobre questões de gênero, raça, cor, religião, ética torne-se um exercício pertinente em todos os momentos e lugares (Antunes; Farias, 2009, p. 4).

As autoras destacam sua trajetória, enquanto mulheres, e a magnitude da conquista de espaços de visibilidade. Salientam os desafios enfrentados para se estabelecerem como pesquisadoras, a importância de exercerem posições de liderança e a relevância do exercício desses papéis na constituição do ser professora. Na vida acadêmica das mulheres é possível identificar um caminho permeado por lutas, tensões, reivindicações e discussões sobre temas que envolvem questões sociais e éticas que as tornam figuras de destaque na história do pensamento educacional brasileiro.

Desse modo,

> A partir do desejo internalizado de uma professora, mãe e mulher, que propôs a mediação de saberes de um grupo de alunos (as), formado inicialmente por uma mestranda, quatro orientandas e um orientando de iniciação científica, surge a evidência desta possibilidade. Neste exemplo, a questão do gênero manifesta-se em números: cinco mulheres e um homem, que pelo desejo mútuo de compartilhar, decidem fundar o Grupo de Estudos e Pesquisas em Formação Inicial, Continuada e Alfabetização, o Gepfica/CNPq/UFSM (Antunes; Farias, 2009, p. 7).

Desse processo culminou a criação do Gepfica, um grupo de estudos sob coordenação de uma professora intelectual e recém-doutora, Helenise Sangoi Antunes, uma mulher além de seu tempo, com perfil de liderança e que tem sua vida e obra vinculadas a investigações sobre formação inicial e continuada de professores, desenvolvimento profissional, da constituição do sujeito professor, das trajetórias de formação, da profissionalização docente, dos saberes produzidos em diferentes níveis e espaços educativos, tais como, alfabetização e letramento (Antunes; Farias, 2009, p.10).

Para Josso (2010), a experiência de vida e formação é produzida por vivências que permeiam escolhas e que realizam-se a partir de fontes de aprendizagens particulares ou formação de vida. Tais escolhas estimulam a reflexão a partir do que foi vivenciado e do que foi aprendido.

Castoriadis (1982) destaca que o tempo histórico vem com significações produzidas umas a partir das outras, e que suas ideias em determinadas situações e condições levam a um processo. Prossegue o autor,

> [...] Um grande autor, por definição, pensa mais além de seus meios. Ele é grande, na medida em que pensado que já tinha o que ainda não tinha sido pensado, e seus meios são o resultado do que já tinha sido pensado, que nunca cessou de interferir no que ele pensa , quando mais não fosse, porque não pode anular tudo o que recebeu e colocar-se diante de uma tábua rasa , mesmo quando tem a ilusão de fazê-lo. Prova disso são as contradições sempre presentes num grande autor [...] (Castoriadis, 1982, p. 209).

Desse modo, o autor nos instrui e empodera para nos tornarmos autores, sujeitos de experiências, produzindo significações e construindo novas formas de ser e estar. Sabemos que tais fenômenos demandam esforços para tornar possível o conhecimento. Tais processos, significações e contradições nos constituem a partir de nossos imaginários, de forma plena e rica. A respeito disso, Fensterseifer (2020) acredita que os seres humanos, por meio do conhecimento, estabelecem relações com o mundo num processo de significações e compartilhamento de sentidos.

Com esse direcionamento, provocações são lançadas ao contexto educacional na busca da pesquisa, estudos e ações que transcendem os poderes instituídos. Antunes e Farias (2009) destacam que paradigmas do século XXI potencializaram desafios na busca de mobilização e engajamento de ações voltadas à alfabetização e também à formação docente inicial e continuada, nas quais professores e pesquisadores discutem as reais necessidades da sala de aula.

Nesses 20 anos de experiências formativas, o Gepfica atua com pesquisas voltadas para formação inicial e continuada de professores e alfabetização. A abordagem utilizada pelo grupo é qualitativa, construída de forma participativa e dialógica. O grupo está inserido na linha de pesquisa em docência, saberes e desenvolvimento profissional que faz parte do Programa de Pós-graduação em Educação da UFSM.

O grupo é constituído por professoras da UFSM, das redes municipal e estadual de ensino, acadêmicos(as) dos cursos de Pedagogia, Educação Especial e outras licenciaturas, mestres, mestrandos(as) doutorandos(as) e bolsistas que dão suporte organizacional, funcional e dinâmico. Os encontros ocorrem semanalmente, de forma presencial ou on-line. A dinâmica de trabalho volta-se para socializações, leituras e discussões de livros, textos e também ações relacionadas à pesquisa e extensão, o que possibilita a construção do processo identitário dos pesquisadores integrantes do grupo.

De acordo com Candau (2002), são os desafios que nos instigam a falar sobre os valores que se instituem no decorrer do tempo em nosso processo de construção de identidade. Segundo a autora, dispor sobre questões que envolvem valores de autonomia, solidariedade, igualdade, direito e diferença nos provoca a refletir sobre princípios que são empregados em nossos discursos e práticas.

Nas palavras de Castoriadis (1982, p. 176):

> A história é impossível e inconcebível fora da imaginação produtiva ou criadora, do que nós chamamos o imaginário radical tal como se manifesta ao mesmo tempo e indissoluvelmente no fazer histórico, e na constituição, antes de qualquer racionalidade explícita, de um universo de significações.

Castoriadis (1982), em suas considerações, aponta para a dimensão simbólica com implicações para o imaginário radical, pois articula, por meio do imaginário, o pensar e agir, condições indispensáveis na criação humana. O Gepfica constitui-se a partir desse paradigma. O organograma do grupo de pesquisa será apresentado na tabela a seguir:

Tabela 1 – Organograma do grupo de pesquisa

Gepfica 2023	
Liderança	• Helenise Sangoi Antunes • Débora Ortiz de Leão
Objetivos	• Investigar a formação inicial e continuada de professores • Discutir a questão das escolas do campo e no campo e escolas multisseriadas • Dialogar com o ciclo de vida dos professores ao longo da carreira docente • Refletir sobre políticas de direito do professor alfabetizador e formação em serviço

Gepfica 2023	
Integrantes	Professores doutores e mestres, estudantes de graduação, mestrandos, doutorandos, bolsistas de iniciação científica e pessoas da comunidade
Periodicidade dos encontros	Os encontros são semanais, às sextas-feiras de manhã, no horário das 9h às 12h.

Fonte: as organizadoras

Compreende-se que tais dimensões buscam entender o papel do coletivo, da sociedade e do outro nas escolhas dos indivíduos. Portanto, é importante deter-se no estudo, na reflexão e na explicitação desse momento em que o grupo Gepfica completa 20 anos e vive o ápice da sua trajetória.

b. Trajetórias e experiências formativas

Para desenvolver este tópico identificamos possíveis etapas do percurso de estudos do grupo Gepfica que oferecem expressivas referências para diferentes análises dos processos que levam a formação continuada dos professores. Destacamos a seguir um breve recorte de Marques (1992) que expressa a importância dos processos formativos para o campo da educação e aspectos que considera fundamentais para a revitalização da ação docente.

> Reconstruir a educação que responda às exigências dos tempos atuais não significa o abandono do passado, o esquecimento da tradição, mas uma releitura dela à luz do presente que temos e do futuro que queremos, uma hermenêutica que parta do pressuposto de que nenhuma tradição se esgota em si mesma, bem como nenhuma é dona original de seu próprio sentido. Requer a dialética da história que se superem os caminhos andados, mas refazendo-os. Reconstruir não significa ignorar o passado que, na cultura e em cada homem, continua presente e ativo, vivo e operante, mas impõe que nele penetrem e atuem novas formas que o transformem e o introduzem na novidade de outro momento histórico e outros lugares sociais (Marques, 1992, p. 549).

O autor provoca reflexões dos empreendimentos teóricos indispensáveis para a produção de pesquisas no campo educacional. O processo formativo é um dos debates que evoca reflexões nas condições de formação inicial, continuada e nos contextos de atuação do professor, especialmente no espaço escolar.

É importante ressaltar que no decorrer de vinte anos sob liderança feminina, o grupo de pesquisa desenvolveu particularidades e conquistou espaços nos processos formativos. Desse modo, potencializaram-se ações no contexto da alfabetização e da formação de professores.

Inquietações mobilizam discussões, desencadeando investimentos direcionados para a qualificação e valorização profissional, para assim poder atender exigências de contextos escolares. Desse modo, acredita-se que é possível realizar um trabalho que venha ao encontro do aprimoramento na formação docente e dos avanços do processo de ensino aprendizagem.

A formação continuada, nessa perspectiva, é discutida desde a implementação da Lei de Diretrizes e Bases da Educação Nacional (LDBEN), em 1996, que estabelece o poder público como setor responsável pela valorização dos profissionais em educação e por promover o aperfeiçoamento profissional (Brasil, 1996). Conforme Alarcão (2001), esse aprimoramento realizado em serviço é associado ao processo de formação educacional, onde a escola se constitui como espaço de aprendizagem e desenvolvimento.

Percebe-se nos registros de Antunes e Farias (2009) ações que envolveram a contribuição de pesquisadores, diferentes profissionais da educação e comunidade em geral em projetos que buscaram mudanças no campo educacional por meio da formação de professores. O grupo de pesquisa atuou de forma coletiva e significativa na produção de conhecimento para qualificar os processos educativos.

Entre as ações do Gepfica estão projetos de extensão como o Pacto Nacional pela Alfabetização na Idade Certa (Pnaic), assumidos, respectivamente, em nível federal, estadual e municipal entre o final de 2010 e 2018. Esse trabalho aproximou estados e municípios das universidades, aproximação esta proporcionada por intermédio do Programa de promoção de formação continuada em alfabetização, linguagem e matemática. Esse programa potencializou e fortaleceu a formação continuada de professores do ciclo de alfabetização. Assim:

> No Rio Grande do Sul, 314 municípios participaram do Pnaic, sendo estes da rede estadual e municipal de ensino e que tiveram a Universidade Federal de Santa Maria (UFSM) como instituição parceira responsável pelas ações de formação. Formação que teve a participação e comprometimento das secretarias de educação e das escolas da rede. Por sua vez, essa formação oferecida pela UFSM ocorreu em três polos: Santa Maria, Caxias do Sul e Três de Maio. Esses pólos foram

criados visando à operacionalização das ações do Pacto, já que o Rio Grande do Sul possui quantidade de municípios, além de serem distantes do polo central (Antunes, Fioreze, Ross, 2018, p. 23).

As possibilidades educativas fornecem aos participantes espaços formativos, identificados de forma clara nos estudos realizados por Antunes, Dolwitsch e Gelocha (2019), ressaltando as atividades desenvolvidas na Formação Continuada de Professores, por meio do Curso "A Escola que Protege", nos anos de 2009, 2010 e 2011, em que o Gepfica atuou no Programa Pró-Letramento. E ainda segundo as autoras, a Universidade Federal de Santa Maria (UFSM) aderiu ao Pacto Nacional pela Alfabetização na Idade Certa (Pnaic) devido ao trabalho desenvolvido pelo Gepfica por meio dos programas de Formação de Professores Alfabetizadores.

> O Pnaic veio como uma continuidade e fortalecimento das políticas, e apresentou encaminhamentos metodológicos que possibilitaram o desenvolvimento dos direitos de aprendizagem no ciclo de alfabetização. estes programas foram financiados pelo MEC, por meio da Secretaria de Educação Básica e representados institucionalmente pela professora Doutora Helenise Sangoi Antunes, a qual assumiu a Coordenação geral. Para dar conta das formações dos programas escola que protege e Pró-Letramento foi necessário envolver parte do Centro de Educação (CE/UFSM) e o Grupo de Estudos e Pesquisa sobre Formação Inicial, Continuada e Alfabetização/Gepfica (Antunes; Dolwitsch; Gelocha, 2019, p. 31).

Nesse sentido, os processos de formação contínua correspondem à criação e organização de um conjunto de elementos que vêm ao encontro das necessidades do período histórico e da realidade dos envolvidos. Dessa forma, o Gepfica, por meio da pesquisa e formação, insere-se em ações singulares relativamente persistentes que instituem-se cotidianamente na escola.

c. Alfabetização, mobilização e engajamento do Gepfica

O terceiro enfoque do Gepfica que trazemos para as discussões é a alfabetização, mobilizando e realizando chamamentos de forma radical devido aos baixos índices de crianças brasileiras alfabetizadas. A reflexão que se propõe é olhar para percursos históricos, em aspectos que envolvem: concepções teóricas de ensino, políticas públicas, políticas curriculares, materiais didáticos, metodologias de ensino, recursos tecnológicos e os envolvidos no processo – criança e professor.

Desse modo, buscou-se os conceitos de alfabetização e suas relações históricas. Cagliari (1998) afirma que a alfabetização é um processo tão antigo quanto aos sistemas de escritas, para o autor alfabetizar é uma das atividades escolares mais antiga da humanidade.

Segundo o autor, o sistema da escrita foi desenvolvido por povos antigos. Em seus achados e estudos os povos semitas escolheram palavras em que os sons não eram iguais. Assim, o alfabeto foi criado por consoantes e as palavras correspondiam a hieróglifos. No decorrer dos anos, os romanos entenderam que os próprios sons das letras poderiam ser o nome da letra. Desse modo, no decorrer dos anos o processo foi adaptando-se e recebendo modificações conforme a necessidade e os interesses dos povos pela escrita, realizando inovações e descobertas, tornando-se assim, fundamental na vida da humanidade. (Cagliari,1998).

Conclui-se, então, que desde o surgimento da escrita surge também a alfabetização, de extrema importância, trazendo mudanças na vida das pessoas. Segundo Cagliari (1998), no período da Revolução Francesa a alfabetização é introduzida nas matérias escolares, mais precisamente na educação das crianças, e nesse contexto a responsabilidade pelo ensino passa a ser da escola.

Percebe-se a complexidade dos longos percursos da história para se chegar à alfabetização. E nos dias atuais é uma temática que ainda movimenta tensões governamentais, estudiosos, pesquisadores, professores e alunos, por ser um tema essencial à vida humana. Surgiu como um ponto extremamente importante para o desenvolvimento da criança e das sociedades articulando-se entre os espaços, sujeitos e saberes envolvidos.

Assim, por ser a escrita um processo histórico e a atividade escolar um direito da criança, passam a existir problematizações, inquietações e produção de tensões no campo educacional que exigem reflexões a respeito de como as ações ocorrem e elaboração de soluções para as questões que envolvem a alfabetização. Soares (2020) refere-se à história da invenção da língua escrita como um processo sequencial que se dá em três dimensões: a primeira refere-se a demandas sociais e culturais, em um segundo momento, surge a necessidade do domínio da tecnologia escrita; por último, as competências de ler e escrever respondem às demandas sociais de uso dessa tecnologia (Soares, 2020, p. 26).

Nesse sentido, depreende-se que alfabetizar é possibilitar a construção de novas significações para a vida, ação esta que autoriza a criança ou sujeito a apropriar-se de diferentes saberes mediante a leitura e a escrita, competência adquirida que é indispensável ao crescimento intelectual, cultural, social e ao desenvolvimento afetivo do ser humano.

Ao tratar do tema alfabetização, Soares (2020) acrescenta o termo letramento no sentido de que são processos distintos e ao mesmo tempo interligados. Segundo a autora, é possível alfabetizar letrando, isto é, podemos ensinar crianças e adultos a ler e conhecer os sons que as letras representam ao mesmo tempo e com a mesma ênfase (Soares, 2020).Desse modo, no que se refere à alfabetização, o Gepfica desenvolve ações a partir dos objetivos do seu plano de trabalho, dedicando-se a pesquisas e estudos direcionados aos sujeitos envolvidos, experiências a partir de práticas que tenham significados construídos pelos percursos formativos.

As atividades de inserção do Gepfica nas escolas do município de Santa Maria e fora dele são construídas pelo grupo a partir de projetos sobre trajetórias formativas e práticas docentes que sejam capazes de produzir conhecimento e aprendizagens para a educação pública. Assim, são criados espaços, além dos limites físicos da academia, que oportunizam a participação e o diálogo dos profissionais da educação, outorgando aos professores alfabetizadores o protagonismo de suas experiências pessoais e profissionais, de sua história.

... Não são considerações finais, e sim iniciais!

Essa escrita surge pela necessidade de registro do espaço instituído e construído pelo Gepfica, ao longo dos últimos 20 anos, enfatizando as lutas, desafios e tensões em busca de reconhecimento dentro do Centro de Educação, na UFSM e na comunidade. Foi um desafio efetuar o registro da constituição e trajetória do grupo criado no âmbito do ensino superior, mas com a preocupação de inserção na comunidade por meio da contribuição aos processos formativos de professores(as) e do debate sobre questões pertinentes à alfabetização. Escrever sobre o grupo nos levou a refletir sobre como nossa atuação como pesquisadores (as) nos faculta a possibilidade de contribuir para a formação dos profissionais da educação e como se dá o impacto dessa troca de experiências e vivências na sociedade.

As líderes do grupo, professoras Helenise Sangoi Antunes e Debora Ortiz de Leão, com uma liderança forte e assertiva nas suas proposições, buscam, sempre, por meio do diálogo, chegar ao consenso sobre as atividades a serem desenvolvidas pelo grupo. O que foi trazido ao longo deste texto não se inicia e nem se conclui com ele. Porque seguem as construções de pesquisas, estudos e passagens formativas nas quais o Gepfica se insere. O fato de participarmos de um grupo atuante e que procura fazer a diferença nos espaços nos quais se incorpora nos autoriza e permite-nos afirmar que é preciso continuar, pois somos todos professores(as) que valorizamos e defendemos a educação pública.

Salientamos que o espaço formativo que o grupo proporciona aos integrantes é de fundamental importância ao permitir a possibilidade de acesso à pesquisa, à formação e ao ensino, isso tudo sob a coordenação de mulheres que pensam e vivem a educação. Essas oportunidades nos levam ao crescimento pessoal e profissional, além da convivência e do fortalecimento de laços afetivos.

Nesse cenário, afirma-se que, por meio de suas ações, o Gepfica ultrapassa fronteiras do Centro de Educação e da Universidade Federal de Santa Maria, para além dos seus muros, impactando, assim, a sociedade. Nossa tarefa não para por aqui. Fica o convite para que novos participantes se juntem aos já integrados na equipe e cada um, a seu modo, continue a fazer essa caminhada melhor.

Referências

ALARCÃO, Isabel. **Escola reflexiva e nova racionalidade**. Porto Alegre: Artmed, 2001.

ANTUNES, Helenise Sangoi. **Ser aluna e ser professora é um olhar para os ciclos de vida pessoal e profissional**. Santa Maria: UFSM, 2011.

CANDAU, V. M. (org.) **Sociedade, Educação e Cultura(s):** questões propostas. Petrópolis: Vozes, 2002.

ANTUNES, Helenise Sangoi; DOLWISCH, Julia Bolsoni; GELOCHA, Elizandra Aparecida Nascimento. Uma pincelada na história e no enredo... **Formação Continuada do programa Pacto Nacional pela Alfabetização na Idade Certa** 1. ed. Campinas-SP: Mercado das Letras, 2019.

ANTUNES, Helenise Sangoi; LEÃO, Débora Ortiz de Leão. **Gepfica**. Santa Maria: [s.n.]. 2023. Youtube. Disponível em: https://www.youtube.com/watch?v=qzvb-ZBHKlsQ. Acesso em: 2 out. 2023.

BRASIL. Lei no 11.114, de 16 de maio de 2005. Altera os art. 6º, 30, 32 e 87 da Lei no 9.394, de 20 de dezembro de 1996, com o objetivo de tornar obrigatório o início do ensino fundamental aos seis anos de idade. **Diário Oficial da União,**

17 de maio de 2005. Seção 1, p. 1. Disponível em: http://.planalto.gov.br/CCI-VIL_03/_Ato2004-2006/2005/ Lei/L11114.htm#art1. Acesso em: 12 jul. 2023.

CAGLIARI, Luís Carlos. **Alfabetizando sem o bá-bé-bi-bó-bu**. São Paulo: Scipione, 1998.

CANDAU, Vera Maria Ferão. Sociedade, Cotidiano Escolar e Culturas (S) uma aproximação. **Educação & Sociedade**, n. 791, p. 125-161, ago. 2020. Disponível em: https://www.scielo.br/j/es/a/8Cj5XvRTYpN3WNWbMBCbNFK/?lang=pt&format=pdf. Acesso em: 2 out. 2023.

CASTORIADIS, Cornelius. **A instituição imaginária da sociedade**. Rio de Janeiro; Paz e Terra, 1982.

FARIAS, Graziela Franceschet; ANTUNES, Helenise Sangoi. Constituição de grupos de pesquisa e a figura feminina: a Trajetória do Grupo de Estudos e Pesquisa sobre formação Inicial, continuada e alfabetização (Gepfica) no cenário social. **Travessias**, v. 3, 2009. Disponível em: https://e-revista.unioeste.br/index.php/travessias/article/view/3445. Acesso em: 23 jul. 2023.

FENSTERSEIFER, Paulo Evaldo. **A tarefa educacional na especificidade da escola**. Ijuí: Unijuí, 2020.

JOSSO, Marie-Christine. **Experiências de Vida e Formação**. Natal, RN: EDUFRN; São Paulo: Paulus, 2010.

MARQUES, Mario Osorio. **A formação do profissional da educação**. Ijuí: Unijuí, 1992.

SOARES, Magda. **Alfaletrar:** toda criança pode aprender a ler e escrever. São Paulo: Contexto, 2020.

10

EDUCAÇÃO FISCAL COMO ESTRATÉGIA PARA A CONSTRUÇÃO DE CIDADANIA

Helenise Sangoi Antunes
Rosaura Vargas

Introdução

Apresentamos neste texto a relação do grupo Gepfica/CE/UFSM e o tema "Educação Fiscal", contextualizando-o nos dias de hoje. A partir dos programas nacional, estadual e municipal de Educação Fiscal, destacamos as características mais importantes de cada um, ressaltando o Programa Municipal de Educação Fiscal de Santa Maria-RS, abordando sua missão, valores, objetivos e as ações desenvolvidas desde sua criação, em 2002, enfatizando a importância da formação de professores para o desenvolvimento do tema na sala de aula e a construção da cidadania. Buscamos também fazer alguns destaques observados na evolução do programa junto às escolas municipais como resultado do trabalho interdisciplinar e integrador dos temas contemporâneos que vêm sendo desenvolvido em sala de aula.

A cidadania permeia os aspectos sociais, políticos e civis inerentes ao homem e à vida em sociedade. Exercer plenamente a cidadania nesses três aspectos passa, impreterivelmente, pela compreensão do que seja patrimônio público e gestão política. Nesse sentido, as questões referentes à cidadania têm sido palco das nossas preocupações há muitos anos, principalmente, no que se refere ao trabalho desenvolvido pelo Grupo de Estudos e Pesquisas sobre Formação Inicial, Continuada e Alfabetização (Gepfica), sob a coordenação da Prof.ª Dr.ª Helenise Sangoi Antunes, que conta com a participação de em torno de 50 pessoas (estudantes da graduação, pós-graduação, professores do sistema público de ensino de educação básica e ensino superior).

Contextos de vida e análise que sugerem ações de mudança

Se levarmos em consideração o contexto social que estamos vivendo, ações que se referem à cidadania são relevantes e significativas, conforme o relatório da Unesco (2021, p. i):

> A nossa humanidade e o Planeta Terra estão ameaçados. A pandemia serviu para revelar a nossa fragilidade e a nossa interdependência. Agora, são necessárias ações urgentes, realizadas em conjunto, para alertar o rumo e reimaginar os nossos futuros. Este relatório reconhece o poder da educação para realizar mudanças profundas. [...] Para isso, é necessário um novo contrato social da educação, que possa reparar as injustiças enquanto transforma o futuro. Este novo contrato social deve basear-se nos direitos humanos e em princípios de não discriminação, justiça social, respeito pela vida, dignidade humana e diversidade cultural. Deve integrar uma ética de cuidado, reciprocidade e solidariedade. Deve fortalecer a educação como um esforço público e um bem comum (Unesco, 2021, p. i)

Uma cidadania que se espalhe de forma planetária e global. E a educação fiscal torna-se o fio condutor para essa importante tarefa. Necessitamos, enquanto seres humanos deste século, entender que a prática da boa gestão financeira tanto pública como privada não é algo somente teórico. É fundamental reduzirmos o nosso consumo e priorizarmos, de fato, alimentos sadios e sustentáveis. Não podemos consumir tanto e de forma desenfreada. E, principalmente, mentindo, roubando e desqualificando a gestão do tempo histórico na qual estamos imersos.

Há uma tendência de sempre olharmos para o futuro e projetarmos as nossas ações para o amanhã. Não! Basta de projeções. O planeta necessita de ações concretas e saídas inteligentes para que milhares de seres vivos não percam suas vidas por fome, abandono, guerras, genocídios e doenças que podem ser prevenidas a partir de ações concretas.

Para melhor interagir nessas questões é preciso ter conhecimento dos processos de obtenção, gerenciamento e prestação de contas dos impostos pagos pelos vários segmentos da sociedade, enfim, acompanhar a aplicação dos recursos públicos.

A construção do conhecimento em Educação Fiscal, assim como na maioria dos temas que perpassam a sociedade contemporânea, torna-se realmente eficaz quando o educando percebe que pode escrever sua própria história, transformando o mundo que o cerca.

Para que o conhecimento chegue até o educando, torna-se necessária a participação efetiva do professor, por isso que buscamos a parceria com o Gepfica, pelo qual fomos prontamente atendidos desde meados de 2013.

O poder criativo da arte e os processos de expressão como música, dança, paródia, poesia, teatro e audiovisual valorizam aspectos de construção e troca do conhecimento, bem como estimulam uma visão crítica do mundo. E a nossa responsabilidade é imensa diante do cenário atual, porque o ser humano é o único ser vivo que possui consciência sobre a dimensão do futuro, *"quando o tempo parece esgotar-se num interminável presente, é preciso recordar que só os seres humanos têm consciência do futuro"* [...] (NÓVOA, 2023, p. 12). Dessa forma, precisamos agir hoje de forma a alterar esse modo de vida predatório, irresponsável e egoísta. Insistimos e vamos afirmar que a educação pode e deve ser valorizada da educação infantil ao ensino superior, pois tem as condições e a garantia necessária para alterar o nosso presente e o nosso futuro.

Não podemos nos calar e fazer com que a corrupção passiva e ativa seja um problema do outro. Que a guerra na faixa de Gaza seja só um problema dos palestinos. Não! Urge um sentimento de fraternidade para todos que sofrem as dores do mundo, as mazelas da injustiça e as dores físicas e simbólicas oriundas do analfabetismo político, geográfico, ético e cultural.

> Adotamos uma perspectiva utópica, não de um otimismo vazio, mas de esperança, para não acrescentar crise à crise, e tudo verter num discurso catastrofista. Trabalhar para um futuro comum foi, sempre, a nossa preocupação primeira. As idéias vêm de muitos lugares do mundo. Tudo o que quisemos foi repensar, juntos, os futuros da educação. (Nóvoa, 2023,p.12).

Desse modo, o Programa Municipal de Educação Fiscal de Santa Maria-RS vem contribuindo para a formação de cidadãos por meio da arte, presente nas várias atividades propostas, dentro das quais estudantes de educação infantil, ensino fundamental e EJA criam, produzem e executam apresentações referentes a questões relacionadas à função socioeconômica do tributo, aplicação dos recursos públicos, visando a uma educação de qualidade para todos, um sistema tributário que seja distribuidor de renda e um processo orçamentário com participação popular, sempre orientados por seus professores.

Por essa razão, permite-se afirmar que o tema da educação fiscal, presente na formação de professores, tem papel fundamental, para que as ações que vêm sendo desenvolvidas cumpram com o objetivo proposto.

A educação fiscal presente na escola

O tema educação fiscal é hoje uma oportunidade de discussão de conceitos como arrecadação, destinação de recursos públicos e participação na gestão pública. O que o diferencia, hoje, do modo como era discutido anteriormente, é seu principal público-alvo, que são as crianças. Vê-se na escola um caminho para ensinar termos antes exclusivos das administrações públicas, o que deixava o cidadão à margem da participação, sendo apenas responsável por votar nos candidatos, não participando e em momento algum buscando ou vendo suas necessidades alcançadas.

Hoje, propõe-se formar cidadãos críticos e conhecedores dos seus direitos e deveres e integrados à participação na administração pública, buscando que as necessidades coletivas sejam alcançadas em oposição a interesses particulares.

O Programa Nacional de Educação Fiscal (PNEF) vem trazer à tona esse tema para discussão. Isso está ocorrendo com mais força desde 1996, quando, no Seminário sobre Administração Tributária, decidiu-se por introduzir esse tema nas escolas. Com âmbito federal, estadual e municipal, o PNEF vem atingindo os estados e municípios para disseminar essas ideias e buscar parceiros para atuar na busca da consciência cidadã.

O Programa Municipal de Educação Fiscal da Prefeitura Municipal de Santa Maria-RS (PMEF) está trabalhando o tema desde o ano de 2002, quando decidiu incluí-lo de forma transversal e interdisciplinar nas escolas municipais, e ainda o fez de forma não obrigatória, por meio de um convite, fazendo com que houvesse a conscientização das direções das escolas e de seus professores para a importância de se trabalhar esses assuntos em sala de aula.

A Delegacia da Receita Federal de Santa Maria, a Universidade Federal de Santa Maria, a Delegacia da Fazenda Estadual de Santa Maria, a 8ª Coordenadoria de Educação e a Câmara Municipal de Vereadores tornaram-se importantes parceiros no desenvolvimento e disseminação do tema em Santa Maria e região central do estado do Rio Grande do Sul, apoiando o PMEF na consecução dos seus objetivos desde o início do projeto.

Metodologia e Marco Teórico Institucional: contextualizando o tema

A relação de conflito entre a sociedade pagadora e o governo arrecadador não é mérito dos dias de hoje. Pode-se observar em vários momentos da história uma batalha em torno do tema, no entanto não se verifica um vencedor. De um lado, estão as necessidades de financiamento das atividades do Estado, e, de outro, a alta carga tributária que é paga para financiar essas atividades. E o que encontramos entre os dois é o desvio, o uso indevido de recursos públicos e a sonegação fiscal.

Concomitante a essas ações várias outras são realizadas para atenuar a situação, no sentido de que, enquanto o cidadão não conhecer seus direitos e deveres nessa relação, ela continuará sendo conflituosa. Dessa forma, o tema educação fiscal busca trazer ao cidadão informações de como o dinheiro público é arrecadado, onde e como ele é aplicado e quais as formas do cidadão participar desse processo.

Programa Nacional de Educação Fiscal (PNEF)

O PNEF visa provocar mudanças culturais na relação entre o Estado e o cidadão e, ao mesmo tempo, busca contribuir para uma sociedade comprometida com as suas garantias constitucionais.

Dessa forma, o tema Educação Fiscal pode ser entendido como uma nova prática educacional que tem como objetivo o desenvolvimento de valores e atitudes, competências e habilidades necessárias ao exercício de direitos e deveres na relação recíproca entre o cidadão e o Estado.

E, ainda, fundamenta-se na conscientização da sociedade sobre a estrutura e o funcionamento da Administração Pública, a função socioeconômica dos tributos, a aplicação dos recursos públicos, as estratégias e os meios para o exercício do controle democrático.

No Seminário sobre Administração Tributária realizado em Fortaleza-CE, em 1996, pelo Conselho Nacional de Políticas Fazendárias (CONFAZ), esteve inserido o tema Educação Tributária. Observa-se nesse momento a primeira necessidade de se introduzir esse tema nas escolas, por intermédio do Programa de Consciência Tributária. A partir deste, celebrou-se o Convênio de Cooperação Técnica entre a União, os estados e o Distrito Federal.

Programa Estadual de Educação Fiscal (PEF-RS)

O PEF-RS foi instituído pela Lei nº 11.930, de 23 de junho de 2003, tendo como objetivos: formar cidadãos conscientes quanto à função socioeconômica dos tributos; levar conhecimento aos cidadãos sobre a administração pública, arrecadação, aplicação e controle dos gastos públicos;

possibilitar o acompanhamento pela sociedade da aplicação correta dos recursos públicos; estimular o recolhimento espontâneo dos tributos; criar uma relação harmoniosa entre o Estado e o cidadão.

Essa lei criou condições para se estabelecer parcerias entre os governos estadual, municipal, organizações públicas, órgãos da administração pública estadual, associações e outras entidades, para a inclusão e disseminação desse tema em todos os segmentos da sociedade. A implementação deve, ainda, ocorrer basicamente por meio dos professores com a inserção da temática da Educação Fiscal em todas as salas de aula, como objetivo de levar aos estudantes informação simplificada da origem e aplicação dos recursos públicos, com transparência de todas as ações do governo e, ainda, contribuir para a formação do cidadão por meio de um programa de Educação Fiscal permanente.

Programa Municipal de Educação Fiscal – Santa Maria-RS

O Programa Municipal de Educação Fiscal de Santa Maria-RS é um trabalho conjunto das Secretarias Municipais de Educação e de Finanças da Prefeitura, que começou de forma pioneira em meados de 2002, e atende às redes de ensino municipal, estadual e particular da cidade, além de auxiliar as atividades em outros municípios que integram a Associação dos Municípios da Região Central do Estado (A M Centro) e a 8ª Coordenadoria Regional de Educação.

O Grupo Municipal de Educação Fiscal (GMEF) para a organização do Programa Municipal de Educação Fiscal (PMEF), foi instituído mediante o Decreto 057 de 15 de agosto de 2003, e somente no dia 21 de dezembro de 2021 foi sancionada a Lei Municipal nº 6596/2021, que transforma o Programa de Educação Fiscal de Santa Maria em lei, sendo uma importante conquista para o programa, o que garantirá, diante de novos gestores que doravante venham a administrar o município, a continuidade da sensibilização dos cidadãos quanto à função socioeconômica dos tributos. Essa lei foi fundamentada na Base Nacional Comum Curricular (BNCC), documento de caráter normativo que define o conjunto orgânico e progressivo de aprendizagens essenciais dos estudantes.

O Programa Municipal de Educação Fiscal (Santa Maria-RS) visa conscientizar a sociedade da função socioeconômica do tributo por meio dos projetos desenvolvidos nas escolas, que envolvem alunos, professores e comunidades. Além disso, busca o despertar do contribuinte para o pleno exercício da cidadania, independentemente da sua idade. Dentre outras, o programa estimula o cidadão a acompanhar a aplicação dos recursos postos à disposição da administração pública, levando noções de gestão pública de recursos, de orçamento público, além de estimulá-lo a fiscalizar as atividades dos representantes eleitos pelo povo.

Dessa forma, o Programa de Educação Fiscal é uma oportunidade de discussão de temas como arrecadação, mas também, e principalmente, da destinação dos escassos recursos públicos, da participação na gestão pública, dentre outros assuntos importantes na busca de uma sociedade mais atuante visando a uma melhor qualidade de vida para todos.

O seu principal público-alvo são as crianças, que serão os futuros administradores deste país, preparando-os e possibilitando-lhes desenvolver senso crítico e condições de cobrar de seus governantes o destino e a aplicação dos tributos que hoje tanto oneram nosso dia-a-dia. No entanto para se chegar às crianças primeiro é necessário atingir os professores, e como na maioria das vezes, esses professores não receberam na academia esses conhecimentos se justifica a necessidade de se pensar em uma formação adequada, envolvente, estratégia para que esses professores sejam os verdadeiros disseminadores da Educação Fiscal.

Dessa forma, pais, professores e toda a comunidade escolar acabam por ser atingidos pelo programa, gerando não só uma expectativa de mudança comportamental como também mudanças imediatas, a partir daqueles que já exercem seus direitos e deveres de cidadão-contribuinte.

O Programa de Educação Fiscal pretende fazer do ambiente escolar o caminho propício para formar cidadãos críticos e conhecedores dos seus direitos e deveres, integrados à participação na administração pública, buscando o alcance de necessidades coletivas sobrepujadas aos interesses particulares.

O público-alvo do Programa Municipal de Educação Fiscal nos primeiros quatro anos (2003-2006) foram professores e estudantes das escolas municipais de ensino fundamental, os servidores públicos e a comunidade em geral. Tendo em vista os resultados do programa, ampliou-se o escopo atingindo também, a partir do ano de 2007, as escolas municipais de educação infantil.

A rede de ensino do município de Santa Maria está composta conforme o quadro 01.

Quadro 1 – Quantitativo de escolas no município

Classificação das Escolas	Escolas	Professores	Alunos
Escolas Municipais de Educação Infantil	24	165	3.622
Escolas Municipais de Ensino Fundamental	56	1.415	14.673
Escolas Estaduais	38	2.566	29.405
Escolas Particulares	19	1.582	14.188

Fonte: autora Rosaura Vargas

Em 2010, com base no Plano Nacional de Educação (2011-2020), que instituiu a Educação Fiscal como garantia no currículo escolar, a coordenação do Programa Municipal de Educação Fiscal foi buscar na Universidade Federal de Santa Maria (UFSM) o apoio para levar o tema Educação Fiscal para os cursos e também para os servidores. Surgiu então o primeiro projeto institucionalizando a Educação Fiscal na UFSM.

O projeto tinha como fundamento o artigo 205 da Constituição Federal: A educação, direito de todos e dever do Estado e da família, será promovida e incentivada com a colaboração da sociedade, visando ao pleno desenvolvimento da pessoa, seu preparo para o **exercício da cidadania** e sua qualificação para o trabalho. Normalmente as universidades focam suas ações na qualificação para o trabalho e o seu preparo para o **exercício da cidadania** fica relegado ao segundo plano, e muitas vezes esquecido. Portanto, o pleito da coordenação do Programa Municipal de Educação Fiscal de Santa Maria-RS ganhou força com o previsto no Plano Nacional de Educação (2011-2020), e então o público alvo ampliou-se, incluindo os estudantes e professores universitários:

> No tocante à educação fiscal deve-se: Garantir que os conteúdos da Educação Fiscal para cidadania componham currículo obrigatório na formação dos/as profissionais de educação, em todos os níveis, etapas e modalidades de ensino; possibilitar que o Sistema Nacional de Educação e as entidades da sociedade civil organizada, órgãos públicos de controle e fiscalização, escolas de governo e demais parceiros atuem articulados às ações e projetos de educação fiscal; estimular atividades práticas para o exercício da cidadania e do controle social assegurando a participação popular na gestão do Estado; fomentar o debate em torno das políticas públicas capazes de reduzir as desigualdades sociais; ser um instru-

> mento de promoção permanente do Estado Democrático de Direito; difundir informações que possibilitem a construção da consciência cidadã em torno do papel social dos tributos, dos bens e orçamentos públicos; informar, à sociedade, sobre os efeitos lesivos da corrupção, da sonegação fiscal e da má gestão dos recursos públicos; e, garantir financiamento de programas de extensão, pesquisas e projetos de servidores públicos, com vistas à construção de conhecimentos relativos à Educação Fiscal. Untitled-1 (mec.gov.br) pg.119 /https://pne.mec.gov.br/images/pdf/CONAE2010_doc_final.pdf

No mundo moderno e no Estado Democrático de Direito em que vivemos, o cidadão não se contenta mais com a simples contemplação da execução da administração pública. Ele anseia por ter voz e vez. O cidadão tem se mostrado cada vez menos resignado com a falta de qualidade na satisfação de suas necessidades coletivas, ansioso por mudanças comportamentais de toda a comunidade. Os Programas de Educação Fiscal têm se proposto a melhorar essa qualidade de vida por meio da educação, levando conhecimentos indispensáveis ao pleno exercício da cidadania.

Dentro desse panorama, os Programas de Educação Fiscal evidenciam-se como uma necessidade para garantir a qualidade de vida da comunidade como um todo, justificando sua implementação, manutenção e ampliação.

Considerações finais

O Programa de Educação Fiscal é um amplo projeto educativo, que visa ao bem estar social e à consciência cidadã, com base na construção de conhecimentos. Dessa forma, o seu produto é uma mudança cultural e tem-se a noção de que isso não acontecerá imediatamente, mas a médio e longo prazo. É preciso continuar!

A avaliação que recebemos de nossos professores é que o respeito ao patrimônio público, ao colega, às regras, tem aumentado consideravelmente após a implementação do Programa Municipal de Educação Fiscal. A posição crítica dos alunos também têm se elevado, assim como a forma de expressão, tanto pela fala como pela escrita, baseada em argumentos convincentes, e outro fato que tem chamado bastante a atenção dos professores é a autoestima dos alunos em se sentirem parte do todo.

Criar formas de discutir a cidadania hoje significa apontar a necessidade de transformação das relações sociais na busca de garantir a todos a efetivação do direito de serem cidadãos. Um cidadão consciente é aquele que tem conhecimento e está capacitado a entender as relações Estado-cidadão, desde seu funcionamento e gestão a avaliar as atitudes dos dirigentes políticos na satisfação das necessidades sociais. O tema "Educação Fiscal" vem somar-se ao esforço de nos tornarmos cidadãos plenos, conscientes dos nossos direitos e deveres.

Esse assunto está sendo debatido em todo o Brasil na busca por melhor qualidade de vida para todos os cidadãos. Em Santa Maria, com o Programa Municipal de Educação Fiscal, busca-se levar conhecimento às crianças, jovens e toda a comunidade, sobre a função socioeconômica do tributo, mostrando que com o conhecimento poderemos participar das decisões políticas dos governos, e agindo assim, estaremos sendo cidadãos plenos no uso dos nossos direitos e deveres. É uma nova prática na área educacional que discute a relação do cidadão com o Estado, no campo financeiro, integrando suas duas vertentes: a arrecadação e o gasto público, vigiando para que ambos sejam realizados com eficiência, eficácia, transparência e honestidade. Visa aproximar o Estado do cidadão, esclarecendo conceitos e quebrando tabus, como por que e para que se paga imposto.

O tributo é cobrado porque ele é o custo do contrato social, da vida em sociedade. Infelizmente, muitos parecem pensar e agir como se os benefícios sociais fossem gratuitos; na verdade, os bens e serviços públicos são custeados pelos tributos pagos pelo cidadão. Diretamente, os tributos revertem para a sociedade em forma dos bens e serviços públicos, como segurança, saúde, educação, justiça, sistemas de transportes etc. Indiretamente, seu retorno para a vida social está nos efeitos da distribuição de renda, ao arrecadar dinheiro de quem tem para distribuir a quem não tem, os tributos potencialmente reduzem as desigualdades sociais, incentivam o desenvolvimento regional ou setorial, buscando a regulação do comércio interno e externo.

Portanto, discutir a cidadania hoje significa apontar a necessidade de transformação das relações sociais, na dimensão econômica, política e cultural, para garantir a todos a efetivação do direito de serem cidadãos. Um cidadão completo é aquele capacitado a entender o Estado, seu funcionamento e as ações de todos os componentes de sua estrutura, e que possa avaliar a atuação dos dirigentes públicos quanto à propriedade e à adequação das aplicações dos recursos públicos.

Dessa forma, estamos demonstrando que um outro mundo é possível, mais justo, solidário e acima de tudo ético. Educação fiscal não é discurso, é atitude.

Referências

ANTUNES, Helenise Sangoi. **Ser aluna e ser professora:** um olhar para os ciclos de vida pessoal e profissional. Santa Maria: Editora da UFSM, 2011.

BRASIL. **Base Nacional Comum Curricular**. Brasília: MEC/Secretaria de Educação Básica, 2017.

BRASIL. Programa Nacional de Educação Fiscal. **Educação fiscal no contexto social**. Brasília, 2004. Disponível em: https://repositorio.enap.gov.br/handle/1/4251

NOVOA, Antonio. **Professores Libertar o futuro.** 1 ed. São Paulo: Diálogos Embalados, 2023.

Plano Nacional (2011-2020) pode ser conferido através do link: /https://pne.mec.gov.br/images/pdf/CONAE2010_doc_final.pdf

RELATÓRIO DA UNESCO, 2021. *In:* NÓVOA, Antonio. **Professores para Libertar o futuro.** 1 ed. São Paulo: Diálogos Embalados, 2023.

SCHULTES, Ivanice Zanini. **Educação Fiscal:** Um novo desafio para os governos. Monografia (Especialização em Gestão Fazendária) – Pontifícia Universidade Católica do Rio Grande do Sul. Porto Alegre, 2004.

VARGAS, Regiane Oliveira de. **Educação Fiscal: Um desafio para a sociedade**. Monografia do Curso de Administração da Universidade Federal de Santa Maria.. Santa Maria-RS, 2005.

VARGAS, Rosaura de Fátima Oliveira de. **Excelência no serviço público:** Uma proposta de planejamento e controle das finanças públicas. Dissertação de Mestrado em Engenharia de Produção, na área de Qualidade e Produtividade, na Universidade Federal de Santa Maria. Santa Maria-RS, 2004.

VIDAL, Eloisa Maia. **Educação Fiscal e Cidadania.** Organização Eloisa Maia Vidal. Fortaleza: Edições Demócrito Rocha, 2010.

11

TRANSPARÊNCIA E DEMOCRACIA ESCOLAR COMO SUPORTE À VALORIZAÇÃO DOCENTE PELA GESTÃO

Andressa de Senne Cargnin
Helenise Sangoi Antunes
Loiva Isabel Marques Chansis
Ricardo Mateus Klein Cargnin
Rodrigo Roratto

Introdução

Em certas turmas de educação infantil em uma escola pública estadual da região central do Rio Grande do Sul havia poucas reuniões pedagógicas e, nessas reuniões, eram tratadas com preferência as indisciplinas dos alunos, reunião de pais, eventos e entrega de bilhetes. Os professores não conseguiam chegar a um consenso sobre os conteúdos que deveriam ser desenvolvidos. A partir dessa perspectiva, observou-se a necessidade de uma investigação que possibilitasse reformas e oportunidades de melhorias na gestão pedagógica e escolar de forma mais ampla. Apesar de a escola ser uma instituição de cunho social e ter como objetivo o aprendizado dos alunos, ela precisa ser direcionada para a realização das suas metas.

É necessário ter um planejamento pedagógico, bem como administrativo e financeiro. Dessa forma, é preciso compreender a atuação da gestão dentro da escola e qual a sua influência nos resultados no ambiente escolar.

Sendo assim, esse trabalho tem como objetivo geral compreender a influência de uma gestão democrática no reconhecimento e valorização do trabalho do professor na escola pública. Como objetivos específicos busca-se (a) investigar estudos sobre a gestão democrática no contexto escolar e (b) analisar as maneiras que a equipe diretiva estabelece para que os professores, funcionários e pais sintam a importância da sua participação no crescimento da escola e de seus filhos.

Gestão democrática e transparente

Ao pensar em melhorar a qualidade da educação, não podemos apenas analisar a parte pedagógica, curricular e estrutural. Precisamos avaliar alternativas que construam laços de solidariedade, respeito e momentos de encontro de formação e conhecimento do que é uma escola, como ela é estruturada para a comunidade escolar, envolvendo seus atores. Ou seja, que toda a comunidade escolar se sinta amada e acarinhada ao chegar à escola. Mas, para isso, é necessário que gestores escolares façam um trabalho focando esses pontos com toda a comunidade escolar.

Essas reflexões aumentam à medida que questiono minha própria atuação, como coordenadora de uma escola particular. Nesse período, um dos maiores desafios encontrados foi a dificuldade de aprendizagem dos alunos e a atuação dos professores, que divergiam do planejamento da escola. Sabendo das responsabilidades da gestão escolar, precisamos nos preocupar com a cultura organizacional e o enfrentamento de desacordos pessoais existentes no ambiente escolar. Segundo Libâneo, Oliveira e Toschi (2007, p. 323):

> Constituem, pois, desafios à competência de diretores, coordenadores pedagógicos e professores: saber gerir é, frequentemente, conciliar interesses pessoais e coletivos, peculiaridades culturais e exigências universais da convivência humana; preocupar-se com as relações humanas e com os objetivos pedagógicos e sociais a atingir; estabelecer formas participativas e a eficiência nos procedimentos administrativos.

Uma das particularidades que ocasionam as contradições dentro da escola é o não conhecimento por parte de todos os profissionais da educação sobre as leis e normativas que envolvem o funcionamento escolar. A escola, para ter uma gestão democrática, a cada início de ano na primeira reunião pedagógica seria importante que a direção aplicasse um questionário semiestruturado com questões de história de vida para todo o corpo docente e os demais funcionários. Assim, facilitaria um conhecimento maior entre toda a comunidade escolar e o crescimento e o desenvolvimento da aprendizagem se faria mais prazeroso. Até porque uma direção de escola precisa conhecer individualmente cada membro da comunidade escolar. Para Gutierrez e Catani (2013, p. 80),

> [...] as características individuais também são importantes para uma gestão participativa e transparente bem-sucedida. É comum ouvir queixas, entre diretores de escolas, referentes à necessidade de ter que trabalhar com um grupo heterogêneo e em cuja formação ele não pode interferir.

A gestão democrática em uma escola tem um sentido amplo, necessitando que na construção do projeto político-pedagógico conste um diálogo com a comunidade escolar mais a comunidade externa para que haja um maior crescimento na educação. Lück (2011, p. 81) ressalta que:

> [...] a gestão na escola, corresponde a dar vez e voz e envolver na construção e implementação do seu projeto político-pedagógico a comunidade escolar como um todo: professores, funcionários, alunos, pais e até mesmo a comunidade externa da escola, mediante uma estratégia aberta de diálogo e construção do entendimento de responsabilidade coletiva pela educação.

É importante, também, que tanto a parte administrativa como a financeira e a pedagógica fiquem descentralizadas. Com isso, cada membro escolar vai se sentir parte dessa comunidade. Segundo Bruno (2018, p. 40), *"[...] ao mesmo tempo, é necessária uma participação maior dos sujeitos envolvidos no processo educacional no interior da escola, na exata medida em que suas responsabilidades aumentam com a descentralização operacional.* Cada membro da escola precisa acreditar no seu potencial para que haja o crescimento e desenvolvimento coletivo. Um dos maiores desafios é atingir os objetivos almejados pelo Projeto Político-Pedagógico (PPP) e organizar o planejamento diário, de forma participativa. Para Libâneo, Oliveira e Toschi (2007, p. 315), o [...] *sistema de organização e de gestão da escola é o conjunto de ações, recursos, meios e procedimentos que propiciam as condições para alcançar esses objetivos."* Com isso, é preciso investigar as oportunidades de melhorias nesse ambiente, revendo processos e planejamentos com o intuito de harmonizar as relações sociais e alcançar os objetivos da escola, assim como participar de grupo de pesquisa sobre a formação continuada de professores, com leituras feitas que levem a refletir mais sobre o ser professor, como está o nosso preparo profissional e nos faça pensar a respeito da estrutura escolar.

A valorização do professor na escola pública poderá ser influenciada e reconhecida com uma gestão educacional democrática. Portanto, a partir deste estudo, procurar-se-á definir o sentido de gestão. O que se observa é uma direção responsável por tomar todas as decisões, não existindo muitas vezes a coordenação pedagógica e muito menos reuniões pedagógicas, quando na realidade, a escola precisa ter uma gestão que articule recursos a alcançar o que ela pretende mediante ações construídas em conjunto com a comunidade escolar. Conforme Lück (2011, p. 15),

> [...] em vista disso, o necessário reforço que se dá à gestão visa, em última instância, a melhoria das ações e processos educacionais, voltados para a melhoria da aprendizagem dos alunos e sua formação, sem o que aquela gestão se desqualifica e perde a razão de ser.

Dentro desse contexto, parte-se para uma gestão educacional, em que o educador necessita trazer a sua prática unida ao conhecimento adquirido juntamente com o conhecimento das políticas públicas. O gestor, a secretaria de educação, precisa sair da sua área de conforto e proporcionar formação a todas as escolas que abrange, bem como verificar, em determinado tempo, como está o andamento do conhecimento que foi desenvolvido. Segundo Lück (2011, p. 19),

> [...] como se verifica comumente, os profissionais que atuam no âmbito dos sistemas de ensino são aqueles que menos têm se preocupado em refletir sobre questões relacionadas à consistência de suas ações com aquelas que pretendem sejam adotadas nas escolas, assim como têm deixado de considerar o impacto que suas ações exercem sobre elas.

Para Gutierrez e Catani (2013, p. 86), *[...] a escola pública acaba lidando com o Brasil real, o Brasil da miséria, da pobreza em todos os sentidos, de uma forma muito mais direta e urgente que a universidade ou a empresa.* Seguindo a ideia dos autores, é bem verdade, algumas crianças, ao chegarem na escola pública, mesmo com a mais tenra idade, vêm carente de afeto, de alimentação, com sede de aprender e muitas vezes são recebidas pelo educador que não tem a perspicácia e a sensibilidade desse olhar.

A gestão democrática, hoje, é de suma importância para nossas escolas, pois observa-se a falta de um trabalho construído em conjunto com toda a comunidade escolar, inclusive como forma de mostrar o trabalho feito pela escola e prestar contas à sociedade, na forma de transparência escolar. Cada ator participante precisa sentir-se valorizado e fazer parte de todo o contexto existente. Aprendemos com as diferenças quando deixamos tempo para a adaptação. Gutierrez e Catani (2013, p. 80) são bem claros quando declaram que "[...] *a incorporação bem sucedida de pessoas em qualquer organização depende de um período de adaptação, durante o qual o novo elemento conhece e adota padrões típicos de comportamento*".

O caminho construído de pesquisa

O presente estudo possui uma abordagem metodológica com uma pesquisa qualitativa, sendo adotado um questionário semiestruturado, como instrumento de coleta de dados, contendo três questões apresentadas abertas aos participantes da pesquisa.

Na sequência, apresenta-se as questões que foram entregues aos professores que fazem parte da direção e coordenação pedagógica de uma escola pública da cidade de Santa Maria-RS:

1. Que atitudes uma gestão democrática pode tomar no sentido de reconhecer e valorizar os professores da escola?

2. Como avaliam o sucesso ou não das propostas democráticas de reconhecimento e valorização do professor?

3. Como percebem o envolvimento dos professores na escola e na aprendizagem dos alunos?

O estudo ocorreu no segundo semestre de 2022. Os resultados foram analisados mediante a descrição interpretada das respostas, visando adequar o vocabulário e contribuir para a área da educação, podendo servir como sugestão de mudanças de algumas práticas para a formação continuada de gestores escolares. Também caracteriza-se como a pesquisa participativa na busca de melhorias na comunidade escolar, mas sem intenção de que tudo esteja solucionado. Campos (1984, p. 66), nos remete à ideia "[...] *de que a pesquisa participante reserva inúmeras possibilidades para o estudo da escola, sempre que não seja entendida como solução mágica, definitiva ou conclusiva"*.

Após a devolução dos questionários pelos gestores, foi realizada a análise com destaque para os aspectos principais de cada resposta. A seguir, serão apresentadas as reflexões possíveis neste momento a partir desse material.

Análises e discussões

No decorrer da coleta de dados, conversou-se com a direção da escola na possibilidade de conseguir brinquedos de recreação (piscina de bolinhas, escorregador etc.) para as crianças da educação infantil se divertirem no último dia de aula daquela semana. Logo, a direção conseguiu piscina de bolinhas, dois cavalinhos e escorregador. Os pequenos amaram, brincaram felizes toda manhã, e ao saírem entreguei a lembrancinha que fiz para cada um.

O relato dessa situação demonstra como pode ocorrer a valorização das iniciativas dos professores na escola. Com simples atitudes se pode encontrar formas de valorização profissional no ambiente escolar e demonstrar respeito e consideração aos saberes docentes. O respeito às ideias trazidas pelos professores, o diálogo e a parceria que se constroem em torno de uma atividade recreativa, por exemplo, são mecanismos importantes para consolidar uma gestão democrática e participativa na escola. Após a devolução dos questionários foi realizada a análise de cada resposta, com destaque para os aspectos principais que poderiam contribuir para enriquecer as reflexões sobre o tema e os objetivos propostos anteriormente nesse trabalho.

Ao responder a primeira pergunta, que tem como palavra-chave "atitudes" no sentido de reconhecer e valorizar o professor, o **gestor A** ressalta as reuniões pedagógicas em que as decisões são tomadas no grande grupo, o diálogo de forma participativa, as comemorações que homenageiam cada profissional e as datas festivas que são publicadas no Facebook da escola, bem como as práticas inovadoras e criativas dos professores e também o dia do planejamento, que é quinzenal, mas, por lei, deveria semanal.

O **gestor B** fala de um clima amigável, um relacionamento flexível e aberto a críticas e sugestões. Organiza as reuniões pedagógicas para que os professores se sintam acolhidos e respeitados, podendo respeitar suas opiniões e angústias, além de trocar experiências e compartilhar conhecimento. Sempre que possível atende aos pedidos e ouve as angústias dos professores, tentando auxiliá-los a resolver os conflitos ou promover uma reunião para que sejam encontradas formas de buscar o melhor caminho para a questão. Oportuniza momentos entre os professores. Esse participante vê uma gestão mediadora no relacionamento professor-aluno-comunidade, principalmente quando surgem conflitos. O trabalho do professor deve ser acima de tudo considerado primordial e as atitudes e metodologias precisam ser compreendidas em seu contexto. Os materiais necessários ao trabalho devem estar sempre à disposição, as salas de aula limpas, iluminadas e em boas condições de trabalho.

O **gestor C** menciona as reuniões pedagógicas semanais, em que são ouvidos os anseios e planejam as atividades no coletivo. A escola tenta, dentro de suas possibilidades estruturais, dar um suporte pedagógico com os materiais e equipamentos necessários para o trabalho docente, sala e espaço educativo em condições.

O gestor D vê uma gestão democrática na escola quando valoriza os professores, melhora as condições de trabalho, incentiva os professores a fazerem cursos de formação, atualização, valoriza os projetos e trabalhos desenvolvidos em sala de aula, respeita-os como ser humano e como profissional, une os turnos em atividades do mesmo turno, bem como os dois turnos da escola.

Nas respostas a essa primeira pergunta, percebe-se que, apesar de cada gestor ter o seu próprio olhar, eles compartilham das mesmas ideias no sentido de reconhecer e valorizar os professores por meio de atitudes ou ações de divulgação dos trabalhos das práticas criativas. Os gestores procuram disponibilizar recursos para os trabalhos dos professores em sala de aula. Outra forma de valorizar o trabalho do professor seria melhorar o ambiente da sala de aula, paredes pintadas, ar-condicionado em condições de funcionamento.

Além dessas ações os gestores investem na formação de professores, por meio de cursos, pois acreditam que a formação continuada é extremamente importante para promover mudanças na escola. Lück (2011, p. 100) enfatiza muito bem essa questão ao dizer que,

> [...] o que ocorre na realidade é uma dialética de forças contraditórias e conflitantes, mesmo porque os níveis de consciência dos que atuam nas organizações educacionais são extremamente diversos, cada um compreendendo de uma forma o valor e o significado das ideias e processos sociais, em torno da realização da educação.

Com isso, quer dizer que mesmo com as ações de valorização como estas, existem conflitos, problemas de interpretação que algumas vezes dificultam uma gestão democrática.

Nas respostas relativas à segunda pergunta sobre como os gestores avaliam o sucesso ou não das propostas de reconhecimento e valorização do professor, o **gestor A,** fala que, por meio do próprio envolvimento e dos outros do grupo cada vez se empenham mais. Isso se evidencia na própria fala dos professores, como a da professora do segundo, que certo dia disse que procura sempre fazer um pouquinho mais, pois sempre que precisa a escola está à disposição e reconhece o seu trabalho. Observa-se nas propostas lançadas nas reuniões e como o grupo encara e se envolve opinando e participando.

O **gestor B** responde que observa conforme o bom andamento das atividades, o rendimento dos alunos no convívio com os professores, nas conversas com alunos, durante as reuniões com os pais etc.

O **gestor C** informa que observa nas reuniões pedagógicas e nos diálogos diários com os professores, que, em suas falas nos remetem a atender seus anseios, não dependem da gestão financeira ou das políticas públicas colocadas na escola. Também é necessário avaliar e encontrar caminhos que satisfaçam a demanda.

O **gestor D** menciona que seria no dia a dia em conversas, reuniões com o grupo ou individualmente procurando saber como o professor está, se consegue desenvolver seu projeto, suas ideias.

Observando no relato do **gestor B**, quando ele se refere ao bom andamento, rendimento dos alunos e conversas com os alunos, e as resposta dos demais gestores, destaco o que Paulo Freire (2014, p. 45) defendia:

> O que importa, na formação docente, não é a repetição mecânica do gesto, este ou aquele, mas a compreensão do valor dos sentimentos, das emoções, do desejo, da insegurança a ser superada pela segurança, do medo que, ao ser "educado", vai gerando a coragem.

Isso significa que uma gestão democrática necessita estar atenta às demandas do grupo e sensível aos desejos, gestos e sentimentos que envolvem um trabalho coletivo em uma escola. Afinal, são pessoas de diferentes características, faixas geracionais e culturas diversas envolvidas em um mesmo espaço, em prol de um mesmo objetivo, que é a qualidade da aprendizagem e desenvolvimento integral dos alunos.

Com relação à terceira pergunta, que questionava o envolvimento dos professores na escola e na aprendizagem dos alunos, o **gestor A** informou que é por meio do planejamento dos professores, suas propostas/práticas construídas em sala de aula e o próprio resultado dos alunos.

O **gestor B** respondeu que é no dia a dia da escola, nas atividades de sala de aula, nas conversas com os alunos, no rendimento destes, nas propostas extraclasse, nos projetos, bem como na participação em eventos, durante as reuniões pedagógicas etc.

O **gestor C** informou que isso é percebido pelas falas, no encontro diário, nas exposições dos trabalhos, nos resultados das aprendizagens, no envolvimento dos trabalhos quando solicitados.

Para o **gestor D,** no envolvimento dos professores na escola percebemos quando eles se comprometem com as atividades propostas, participando dos eventos, dando opiniões quanto ao andamento da escola.

Sendo assim, os gestores percebem o envolvimento dos professores e a aprendizagem dos alunos quando há um bom relacionamento entre aluno e professor e quando os alunos estão obtendo sucesso na avaliação, além de observarem os aspectos citados anteriormente. Sacristán (1995, p. 66) ressalta que "[...] o ensino é uma prática social, não só porque se concretiza na interação entre professores e alunos, mas também porque esses atores refletem a cultura e contextos sociais a que pertencem".

Quando me refiro à importância de conhecer a cultura social da escola, vem à mente o que Lück (2009, p. 124), ressalta ao dizer que:

> [...] o empenho em conhecer a cultura organizacional da escola representa o esforço no sentido de compreender a sua personalidade, que explica as intenções reais por trás das ações e reações. Sem esse conhecimento se torna impossível promover mudanças na escola e alinhar sua cultura com propostas educacionais mais amplas. Não levar em consideração a cultura escolar, a sua personalidade, resulta em provocar resistências e desconsiderar a possibilidade de canalizar positivamente as energias nela presentes.

Com isso, quero ressaltar a importância da cultura local, onde cada escola está inserida para um bom andamento de uma gestão escolar democrática.

Conclusão

A partir do estudo bibliográfico realizado, das análises dos fatos observados e das respostas dos questionários, foi possível reconhecer que a gestão na escola em que foi realizada a pesquisa de campo contempla a concepção de gestão democrática no que diz respeito ao reconhecimento e à valorização do professor na escola pública. No entanto, temos que ter em mente que a qualidade de aprendizagem dos alunos em uma escola não é apenas decorrente da questão pedagógica, curricular ou estrutural. São todos esses aspectos reunidos, procurando sempre chegar a um ponto em comum e, que este traga a melhor aprendizagem ao educando. Também é necessário trazer a comunidade que se instala ao redor da escola, as famílias dos alunos, e demonstrar tudo o que é trabalhado com eles, bem como os investimentos na infraestrutura e o que está acontecendo de melhorias para os educandos.

É na construção do PPP que aparece a realidade da comunidade escolar e é onde os gestores, em conjunto com os professores, terão que refletir sobre como articular os conflitos que vierem a acontecer. Sabemos que o ser humano não consegue viver só. Assim, a escola é composta desde a sua parte gestora por seres humanos, cada um com suas especificidades, então, ela jamais poderá manter-se somente com a comunidade escolar. Hoje, todo o educador necessita aprender a enfrentar novos desafios, pois não convivemos mais com uma sociedade tradicional, precisamos ir à busca de novos artifícios para poder estimular o aluno e para que não o percamos para a violência.

Devido ao momento educacional que estamos passando, podemos pensar que seja difícil conseguir uma gestão democrática, por essa ser uma tarefa árdua, muitas vezes, de várias horas acumuladas de dedicação direta e contínua, mas uma gestão democrática necessita de muita sensibilidade e muita articulação. Isso só acontecerá se forem criadas formas democráticas, que busquem a integração com a comunidade, os gestores da escola, da secretaria e da rede pública, e que sejam considerados todos os aspectos por eles apresentados.

Referências

BRUNO, L. E. N. B. Poder e Administração no Capitalismo Contemporâneo. *In:* OLIVEIRA, D. A. (org.). **Gestão Democrática da Educação:** desafios contemporâneos. 8. ed. Petrópolis: Vozes, 2018, p. 15-45.

CAMPOS, M. M. Pesquisa participante: possibilidades para o estudo da escola. **Cad. Pesq.,** São Paulo, n. 49, p. 63-66, maio 1984. Disponível em: http://www.fcc.org.br/pesquisa/publicacoes/cp/arquivos/530.pdf. Acesso em: 20 out. 2017.

GUTIERREZ, G. L.; CATANI, A. M. Participação e gestão escolar: conceitos e potencialidades. *In:* FERREIRA, N. S. C. (org.). **Gestão democrática da educação:** atuais tendências, novos desafios. 8. ed. São Paulo: Cortez, 2013, p. 75-94.

FREIRE, P. **Pedagogia da Autonomia:** saberes e fazeres necessários à prática educativa. 49. ed. Rio de Janeiro: Paz e Terra, 2014.

LIBÂNEO, J. C.; OLIVEIRA, J. F.; TOSCHI, M. S. **Educação Escolar:** políticas, estrutura e organização. 5. ed. São Paulo: Cortez, 2007.

LÜCK, H. G. **Dimensões da gestão escolar e suas competências.** Curitiba: Editora Positivo, 2009.

LÜCK, H. G. **Gestão Educacional:** uma questão paradigmática. 9. ed. Petrópolis: Vozes, 2011.

SACRÍSTAN, J. G. Consciência e ação sobre a prática como libertação profissional dos professores. *In:* NÓVOA, A. (org.). **Profissão professor.** Porto: Porto Editora, 1995, p. 63-92.

12

O IMPACTO DO PNAIC/GEPFICA-UFSM NA FORMAÇÃO CONTINUADA DE PROFESSORES

Elizandra Aparecida Nascimento Gelocha
Julia Bolssoni Dolwitsch
Marijane Rechia
Rejane Cavalheiro
Thaís Virgínea Borges Marchi Stangherlin

Introdução

O presente texto tem como objetivo compartilhar as experiências de professoras formadoras e integrantes da equipe de apoio à coordenação do Pacto Nacional de Alfabetização na Idade Certa (Pnaic/Gepfica/UFSM), destacando alguns impactos mais evidentes dessa participação nas suas histórias de formação e profissão. A partir dessa experiência, as autoras ilustram como o Gepfica foi pioneiro no Rio Grande do Sul ao trazer a primeira edição do Pnaic para a UFSM, contribuindo com a qualificação de centenas de professores do ciclo de alfabetização, o que impactou nos processos de desenvolvimento alfabetizatório de inúmeras crianças. Evidenciamos o legado que o Gepfica deixou ao longo dos vinte anos de atuação junto à comunidade acadêmica, em especial por meio da atuação de projetos de pesquisa e extensão.

No ano de 2023, celebramos duas décadas de dedicação e contribuições para a área da formação continuada e alfabetização do Gepfica, da Universidade Federal de Santa Maria (UFSM). Ao longo do referido tempo, os integrantes desse grupo não apenas deixaram sua marca de atuação na instituição, como também contribuíram para o avanço do cenário educacional do Rio Grande do Sul-RS e regiões. A atuação abrangente e comprometida do Gepfica em projetos de ensino, pesquisa e extensão tem impactado significativamente o percurso formativo de todos e todas que estão ou estiveram envolvidos nas inúmeras atividades que por esse grupo perpassaram.

Entre os projetos, destaca-se o Programa Nacional de Alfabetização na Idade Certa (Pnaic), programa relacionado à Política Nacional de Formação e Valorização dos Profissionais da Educação no Brasil. O programa foi desenvolvido em todos os estados brasileiros sob responsabilidade das universidades públicas, cadastradas na Rede Nacional de Formação Continuada de Professores, envolvendo os sistemas estaduais e municipais de ensino. A Formação Continuada do Pnaic objetivou proporcionar alternativas para um ensino mais participativo, em que os professores tivessem a oportunidade de compartilhar práticas dos seus cotidianos, e ao mesmo tempo fossem incentivados a buscar novas experiências e fundamentação para a aprendizagem de seus alunos.

Cabe ressaltar que o desenvolvimento do programa permitiu experienciar alternativas metodológicas significativas e inclusivas que possibilitaram um ensino crítico e reflexivo envolvendo docentes e pesquisadores, tendo como protagonistas nesse movimento de busca os alunos e professores que em seu conjunto inspiraram esse trabalho de formação continuada. O programa também promoveu a melhoria da gestão escolar e o acompanhamento das ações de alfabetização, prevendo implementações de estratégias de intervenções pedagógicas para alunos com dificuldades na alfabetização.

Os integrantes e pesquisadores participantes do Gepfica a partir das interações, sobre as práticas de professores e professoras de vários municípios que aderiram ao programa beneficiaram-se também qualificando intensamente suas trajetórias formativas. Isso resultou na reconstrução de novos saberes docentes com aprimoramento de práticas diferenciadas para acolher às necessidades individuais dos alunos e na possibilidade de tornar o ambiente de aprendizado mais inclusivo.

O Pnaic trouxe a necessidade do trabalho em equipe entre todos os envolvidos, desde os educadores primários até as autoridades do Ministério da Educação – um aspecto importante a ser considerado, principalmente em função do reconhecimento que o trabalho colaborativo vem conquistando no cenário atual da formação de professores. Neste capítulo, exploraremos a jornada do grupo de estudos da UFSM, o Gepfica, sua contribuição para a formação de educadores e influência transformadora no campo da educação, com ênfase na atuação no projeto Pnaic.

O Pnaic/UFSM/-Gepfica: as siglas de um projeto pioneiro que deixa o seu legado

O projeto Pnaic/UFSM/Gepfica iniciou suas atividades em 2012 no Centro de Educação, sob coordenação institucional da Prof.ª Dr.ª Helenise Sangoi Antunes. Essa unidade de ensino pode ser assim considerada uma entre as 36 universidades públicas que lideraram o *divisor de águas* da formação continuada de professores no país.

O Pnaic foi o programa do Ministério da Educação (MEC) de maior envergadura na proposição de formação docente com registro até o presente momento, pois com a sua magnitude conseguiu atingir desde a atualização e revisão de conceitos teórico-metodológicos aos práticos, aplicados em várias salas de aulas de todo o país, impactando no resultado da/na aprendizagem de leitura e escrita de milhares de crianças.

A rede de trabalho que se ampliou pelo Rio Grande do Sul, primeiramente sob coordenação da UFSM e nos anos seguintes também com a colaboração da Universidade Federal de Pelotas (UFPel) e a Universidade Federal do Rio Grande do Sul (UFRGS). Essa articulação de três universidades objetivou um maior número de cidades alcançadas. No contexto do Rio Grande do Sul, o Pnaic teve um impacto significativo nas escolas públicas, pois o programa capacitou professores, coordenadores pedagógicos e articuladores de ensino para implementar metodologias de ensino capazes de promover a criança enquanto protagonistas da sua própria aprendizagem.

O trabalho de formação proposto pelo MEC por intermédio do Pnaic visava

> [...] mobilizar esforços e recursos na valorização dos professores e das escolas; no apoio pedagógico com materiais didáticos de qualidade para todas as crianças do ciclo de alfabetização e na implementação de sistemas adequados de avaliação, gestão e monitoramento, objetivando alfabetizar todas as crianças até oito anos de idade, apresentando como referência o Decreto nº 6.094, de 24 de abril de 2007 e a Meta 5 do Plano Nacional de Educação (PNE). (BRASIL, 2023. p.1)

Para isso, contou com apoio do material didático composto por cadernos didáticos que mediaram as discussões no contexto da formação continuada das professoras alfabetizadoras envolvidas nesse grande projeto de transformação social que se tornou o Pnaic ao longo de suas edições, sendo lembrado até hoje como um dos maiores e melhores projetos de formação continuada de professores. De acordo com Gelocha (2016), o programa é baseado em quatro eixos de atuação, conforme figura 2:

Figura 1 – Eixos da atuação Pnaic

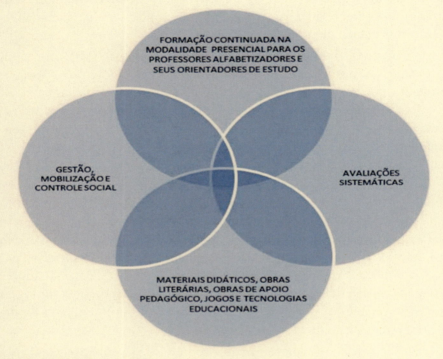

Fonte: Gelocha (2016, p. 62)

A formação era direcionada aos professores do ensino fundamental, especialmente aqueles que atuam no ciclo de alfabetização e em turmas multisseriadas e multietapas, e estes, ao se deslocarem dos seus municípios para realizar a formação nas IES, traziam consigo suas experiências de vida e formação para compartilhar com outros tantos professores alfabetizadores que estavam em busca do mesmo objetivo: a melhoria da qualidade na alfabetização e letramento dos seus pequenos.

Para o Gepfica/UFSM, ter participado da implementação desse programa no Rio Grande do Sul foi um grande legado, pois as pessoas envolvidas em suas edições guardam em suas memórias e histórias aprendizados que utilizam nas suas práticas profissionais que desenvolvem atualmente. Para as professoras alfabetizadoras que participaram como cursistas, recebemos o relato de que o programa contribuiu para uma mudança na concepção sobre as práticas de alfabetização, tornando-as professoras mais inclusivas e criativas em suas metodologias, assim como as profissionais envolvidas na equipe de apoio a coordenação, de formação e supervisão institucional também atribuíram sentido diferente às suas formações podendo assim atuar de hoje de maneira diferenciada em seus locais de trabalho.

Os impactos do Pnaic na formação, saberes e desenvolvimento profissional da equipe de apoio a coordenação do programa

Como apresentado na figura 1, a grande rede de trabalho era composta por uma equipe de apoio à coordenação formada por mestrandas, doutorandas e professoras da UFSM que tinham como principal atribuição assessorar a Coordenação Institucional, Adjunta, Professores Formadores da IES e professores que aderiram às formações por seus municípios.

Esse assessoramento da equipe de apoio perpassa por vários tipos de experiências: acesso e monitoramento do Sistema de Pactuação dos Indicadores (Sispacto) para cadastramento de professores cursistas; organização de cronograma das formações; divisão dos polos de formação junto ao Comitê Gestor Estadual de Educação; participação de reunião de formação junto às secretarias municipais de Educação; reuniões de capacitação junto ao Ministério da Educação (MEC), em Brasília; participação de seminários estaduais em outros polos de formação ministrados pela UFRGS e UFPel, como por exemplo Porto Alegre e Gramado; gestão da formação junto aos coordenadores locais para que multiplicassem o curso em suas cidades seguindo os critérios de qualidade exigidos pelo Pnaic; entre outras atribuições que surgiam como demanda ao longo da execução do programa.

Os processos vividos pela equipe de apoio, de formação e de supervisão perpassaram desde os mais burocráticos até os mais humanos, pois nos dias em que ocorriam os seminários de formação presencial o encontro com as professoras contatadas por telefone ou e-mail se tornava concreto e afetivo. Recebíamos, em forma de olhares, abraços e mimos, muita gratidão pela paciência e atenção dedicadas a cada uma delas que estava ingressando naquela nova jornada de formação, muitas vezes pela primeira vez em 25 anos de magistério, conforme muitos depoimentos.

A equipe de apoio, composta pelas autoras deste texto, viveu um universo de aprendizagem nas diferentes edições do Pnaic. E por conta dessas experiências nos tornamos professoras mais qualificadas profissionalmente, pesquisadoras com um olhar mais diversificado entre as teorias e as práticas tão diversificadas também como gestoras em distintos ambientes e propósitos no mundo da Pedagogia. O que legitima essas afirmações não são apenas autodeclarações, mas sim o percurso profissional que cada uma delineou após o encerramento do programa.

Enquanto profissionais, acreditamos que o trabalho desenvolvido no âmbito do Pnaic tenha contribuído para além do que era seu objetivo principal. Envolveu a todos na continuidade das aprendizagens adquiridas ao longo do trabalho exercido no programa dentro da Universidade Federal de Santa Maria, refletindo no seu local de trabalho e no exercício de sua profissão.

Quem são as autoras deste texto?

- Professora Thaís Virgínea Borges Marchi Stangherlin – no contexto de escola pública municipal

O Programa Municipal de Letramento e Alfabetização (Promla) foi um desdobramento do Pnaic. Após o encerramento das edições do programa, a Secretaria Municipal de Educação de Santa Maria (SMED) cria a sua própria política pública de formação continuada, tornando o seu programa parte do calendário escolar dos professores da sua rede de ensino. Em virtude da minha experiência profissional no Pnaic/Gepfica/UFSM, fui selecionada para fazer parte do grupo de professores formadores Promla/SMED nas edições dos anos de 2019 e 2020.

Outro impacto da experiência no Pnaic se observa na minha prática pedagógica cotidiana no contexto escolar quando consigo desenvolver um trabalho junto às crianças e ser reconhecida pela equipe gestora da escola onde atuo pelo meu trabalho intersetorial em Educação Especial. Não restringindo o Atendimento Educacional Especializado (AEE) das crianças com deficiência à sala de recursos multifuncional.

- Professora Julia Bolssoni Dolwitsch – orientadora educacional no contexto do Colégio Militar

No Colégio Militar de Santa Maria (CMSM) não trabalhamos diretamente com crianças em processo de alfabetização, pois a instituição atende crianças e adolescentes dos anos finais do ensino fundamental e médio.

Mesmo assim, em função da trajetória profissional construída enquanto membro da Equipe de Apoio à Coordenação do Pnaic (Gepfica/UFSM), pude assumir um perfil de trabalho diferenciado, incentivando a criação de práticas colaborativas no diálogo junto aos professores e nos projetos que são desenvolvidos pela Seção Psicopedagógica do colégio, setor o qual integro. Além disso, atribuo à experiência construída no decorrer das edições do Pnaic a facilidade de utilizar sistemas de monitoramento – que, no contexto do colégio, são utilizados para acompanhamento de desempenho escolar dos alunos, desempenho de comportamento, dados cadastrais, entre outros.

- Professora Elizandra Aparecida Nascimento Gelocha – alfabetizadora e orientadora educacional

Após minha atuação na Equipe de Apoio à Coordenação do Pnaic fui nomeada em um concurso público municipal, na minha cidade natal, onde estava desenvolvendo minha pesquisa de doutoramento e contribuindo com a formação permanente de educadores e educandos com base na produção de saberes e na reflexividade. Após a nomeação, fui desafiada a assumir um 1º ano e uma turma multisseriada (1º e 2º ano), do ensino fundamental I, em uma Escola do Campo. Assumir como professora em meu município de origem sempre foi um desejo, pois desde o início da graduação e participação no Gepfica almejava dar um retorno ao contexto que contribuiu com minha formação.

No ano de 2022, por logística familiar, pedi exoneração no município de Quevedos e assumi como orientadora educacional em um colégio privado, onde atuei até novembro de 2023 no acompanhamento do desempenho pedagógico e comportamental de 19 turmas (quatro turmas de 5º ano do ensino fundamental I, 12 turmas do ensino fundamental II e três turmas do ensino médio), atendimento a famílias e professores, entre outras atribuições. Nas atuações diárias vou me constituindo e encontrando caminhos e respostas que me conectam com o mundo que me cerca. Assim como Freire (1996, p. 80) enfatiza, "ninguém nasce feito. Vamos nos fazendo aos poucos, na prática social de que tomamos parte". Vou me construindo aos poucos, avaliando-me, utilizando recursos que me auxiliam a buscar alternativas ao meu saber fazer. Não sou a mesma que já fui. Ser a mesma nunca foi objetivo, o objetivo é viver, fazer memórias, crescer e aprender. Só tenho a agradecer.

- Professora Marijane Rechia – voluntária, formadora e analista de projetos

A participação no Pnaic contribuiu para o desenvolvimento pessoal e profissional. Como colaboradora em um dos Grupos de Trabalho (GT), tive a oportunidade de vivenciar experiências enriquecedoras e práticas pedagógicas inovadoras relatadas pelos educadores. Essas interações colaborativas ampliaram a minha compreensão da necessidade contínua de reconstrução profissional no âmbito docente. As práticas compartilhadas e troca de saberes durante os encontros do Pnaic serviram como inspiração para meu processo formativo. Entre os contatos durante essas formações recebi um convite para conhecer uma escola municipal pública o que resultou na minha participação como professora voluntária de informática da educação infantil e anos iniciais (2014-2016). Foram dois anos de atuação onde coloquei em prática um pouco dos aprendizados das formações Pnaic. Em 2019 iniciei minha experiência como formadora em uma empresa privada com cursos gratuitos oferecidos a todas as escolas públicas do Brasil. Durante as formações que são específicas para professores observei a importância do trabalho colaborativo que também foi muito enfatizado durante as formações do Pnaic. Além disso, minha atuação na equipe de apoio à coordenação do programa desempenhou um papel instrumental em minha jornada profissional, preparando-me também para a função de analista de projetos. Essa função expandiu meu olhar, tornando-o mais detalhista e observador, especialmente em relação aos processos, logística e à análise e monitoramento dos resultados

- Professora Rejane Cavalheiro – professora do Curso de Pedagogia da Faculdade Antonio Meneghetti; formadora do Pnaic desde sua implementação, em 2012, até seu encerramento, em 2018

Na oportunidade de atuar como professora formadora no programa, eu era professora alfabetizadora aposentada do estado e da escola privada, substituta do Curso de Pedagogia da UFSM e recém-aprovada no Curso de Doutorado em Educação no PPGE/CE/UFSM. Atualmente sou professora do Curso de Pedagogia da Antonio Meneghetti Faculdade, onde são desenvolvidos estudos sobre alfabetização e a influência da neurociência nas propostas de ensino com crianças nessa fase de aprendizagem. O trabalho desenvolvido ao longo da educação infantil e anos iniciais do ensino fundamental, num viés de exploração lúdica, é responsável pela possibilidade de um nível de apropriação da cultura mais elaborada num movimento naturalmente associado às necessidades de uso e emprego das habilidades psicomotoras e cognitivas. Com o trágico episódio epidêmico de Covid-19, foi surgindo a necessidade de alfabetizar crianças que não conseguiam aproveitamento pela interação on-line. Procurada por pais no lugar onde fui morar, passei a empreender uma assessoria educacional para alfabetizar crianças de modo individual (em função do uso de máscaras, não aglomeração de pessoas em lugares fechados e a falta de vacina, que ainda não tinha sido liberada). A assessoria se expandiu e atualmente se dá com professores e crianças que já estão em anos escolares finais do ciclo de anos iniciais, em que a alfabetização propriamente dita não mais o único foco. Até os dias atuais tenho contato com vários professores com os quais tive o privilégio de trabalhar durante aquele período de formação continuada por intermédio do Pnaic. Os estudos que realizamos no Gepfica, oportunizados pela necessidade de preparo na organização dos encontros de formação, foram heteronormativos, porque envolveram a todos e cada um dos participantes desde a equipe de apoio da coordenação, formadores, alfabetizadores, direções e coordenações dos municípios que aderiram ao convite e equipe nacional de coordenação geral e produtores de materiais pedagógicos de apoio para as formações e cada uma das turmas das escolas integrantes. Talvez esse tenha sido o grande diferencial do Pnaic. Não foi uma formação obrigatória, imposta para ser cumprida. Foi uma adesão voluntária ao convite de formação continuada aos municípios, escolas, professores alfabetizadores, diretores, secretarias de município da Educação (SMEDs). Enfim, um universo que aderiu ao chamado acreditando que poderia dar certo. E deu.

Quando a Escolha pela profissão está implicada com a permanente formação

Consideramos que os professores que participaram do Pnaic, de alguma forma, estavam em busca das faltas sentidas em suas práticas, ajuda de pares para o preenchimento de significado para seus objetivos alcançados cheios de lacunas visíveis nas aprendizagens de seus alunos; planejamentos um pouco desconexos do que precisaria ser mais centrado, mais imbricado, mais provocativo de dúvidas e menos assertivos de constâncias e certezas. Essas considerações foram retiradas das narrativas desses professores.

Desde a escolha de nossas profissões vivenciamos vários tipos de desvalorização: ora pelo salário, que é desproporcional à exigência de estudos e jornada de trabalho e dedicação exclusiva no período em que as crianças permanecem na escola, ora pela cultura de que o trabalho com crianças pode ser realizado por qualquer pessoa, sem uma formação específica, ora pela também equivocada concepção de que para crianças, bastam atividades criativas que apresentem um modelo a ser seguido que funcionam bem na aprendizagem dos pequenos. Enfim, todas já passamos por situações que evidenciaram todas essas proposições entre outras. O Pnaic, carinhosamente abreviado por "Pacto", representou uma oportunidade inédita de formação docente coletiva que iniciava também pelo coletivo de vivências práticas e não pela retomada teórica somente. As relações de qualificação e valorização do fazer pedagógico em sala de aula, gestão e apoio à aprendizagem, se deram ao longo dos relatos e as buscas pela compreensão do que não visualizavam ter se consolidado, direcionavam a busca teórica no desenho de possíveis percursos que levassem até essa tão almejada realidade desejada por todos: a aprendizagem real e individual a partir de abordagens coletivas. Por ter sido um programa que durou pouco mais de cinco anos, foi possível acompanhar, nesse assessoramento, os progressos observados pelos professores na interação com as crianças.

As interações oportunizadas pelo Pacto cumpriram um papel de suporte às sondagens diárias, às escutas sensíveis e às propostas auxiliares da reorganização do pensamento lógico reflexivo. Ao ocuparem *o lugar* de andaimes de sustentação e fortalecimento, impulsionando a mágica que precisa ser o ato de aprender, avanços fundamentais são inevitáveis e imprevisíveis. Ao realizar esse percurso, apropriam-se do que já sabem e propõem investidas no que ainda não sabem com autonomia e autoestima de que são capazes professores e seus alunos.

A formação permanente é o escopo formativo do professor. É, ao mesmo tempo, um fortalecedor da importância e valor na formação e uma oportunidade de escolha diária em ser professor e professora.

De todas as experiências vividas no coletivo, formações qualificadas são resultantes

Sem dúvidas, ao longo desses vinte anos de história na pesquisa e extensão do Centro de Educação da UFSM, o Gepfica vem se destacando pelo pleito de programas de selo federal, como foi o caso do Pnaic e, na sequência, o Novo Mais Educação (PNME). Ambos os programas tinham como objetivo, contribuir para o aperfeiçoamento da prática pedagógica dos professores e coordenadores pedagógicos das redes públicas de ensino, multiplicando os saberes em suas cidades de origem.

Os seminários finais presenciais I, II e III de formação de professores aconteceram em Santa Maria, no ano de 2018, no hotel Dom Rafael, no bairro Cerrito. A formação continuada foi oferecida a 264 formadores, os quais foram encarregados de multiplicar o aprendizado a 2.546 professores, 560 coordenadores pedagógicos, 70 articuladores de escola e 300 mediadores de aprendizagem nas redes de ensino participantes do Pnaic e PNME, totalizando 3.370 participantes em formação Pnaic, conforme tabela abaixo:

Tabela 1 – Tabela formações 2017-2018

PERFIS	PRÉ-ESCOLA	1º AO 3º E. F.	N. MAIS EDUCAÇÃO	TOTAL
Professor	796	1644	106	2546
Coordenador Pedagógico	229	331	0	560
Formador Local	91	133	40	264
	1116	2108	146	3370

Fonte: Relatório final Pnaic 2018

No último dia de formação, foram distribuídas telas brancas de diferentes tamanhos, pincéis e tintas para que os formadores pudessem se expressar por meio da arte. Surgiram belas produções, as quais deram origem a uma exposição itinerante intitulada "Pacto Nacional pela Alfabetização na Idade Certa: Um Legado na Formação Continuada de Professores Alfabetizadores do Rio Grande do Sul". Essa exposição teve início em 3 de setembro de 2018, às 11h, no Hall da Reitoria da UFSM. Posteriormente, de 17 a 19 de setembro, a exposição ocorreu no Hall do Prédio 16, no Centro de Educação (CE). Entre os dias 24 e 26 de setembro, as telas foram exibidas no Hall do Prédio 16B, também no CE, e, após essa data, foram permanentemente fixadas nas paredes do corredor do 3º andar do Prédio 16B do CE/UFSM.

Cada membro com sua função dentro do Pnaic/Gepfica/UFSM contribuiu para que aquela grande rede de trabalho funcionasse e consolidasse o trabalho de formação proposto pelo MEC, mas sem dúvida era à equipe de apoio a coordenação que todos recorriam quando precisavam de ajuda para resolver um problema, ou quando precisam construir uma proposta alternativa ao trabalho em grupo. Muitos momentos desafiadores marcaram esses períodos, períodos de abdicar tempo com a família, outras propostas de trabalho ou estudo, mas nosso compromisso social diante daquele imenso desafio de organizar a formação continuada em um grupo de formação em nível nacional de professores alfabetizadores.

Após esse ciclo ter se encerrado, conseguimos (res)significar essa experiência e perceber o quanto ela foi e ainda é significativa dentro da nossa história profissional, pois foi a partir desses desafios superados, das experiências vividas, das relações construídas, que exercemos nossa profissão hoje e tentamos ser melhores a cada dia no propósito de tornar a educação um degrau de subida para cada estudante que cruza o nosso caminho enquanto professoras.

A formação permanente vivenciada no Gepfica/UFSM aconteceu de maneira qualificada, integrada nas vivências e experiências educativas que contribuíram para a (res)significação dos saberes e fazeres em serviço. As nossas histórias de vida encontram-se interligadas à formação permanente, que não se fez sem a relação com os outros. Para Arroyo (2004, p. 14), "Somos o lugar onde nos fizemos, as pessoas com quem convivemos. Somos a história de que participamos. A memória coletiva que carregamos". Os sentidos e os significados atribuídos em nossos percursos relacionaram-se com os contextos que estabeleceram conexões e influenciaram a revelar quem somos e o que fazemos, pois, nesse percurso, também somos presenças nas formações daqueles que estão diretamente sob nossas responsabilidades. O Pnaic, ao resgatar a autoestima dos professores, abriu passagem para uma pedagogia da criatividade e da autonomia. Ao desenvolvermos sintonia para propostas teórico-práticas, valorizamos ainda mais as escutas docentes de si consigo mesmo, entre seus pares e sobre todas essas escutas, também aquelas que não são visíveis aos olhos, mas captadas por uma percepção sensível ao demonstrado por suas crianças no papel de norteador de interações afetivas, problematizadoras da aprendizagem.

Referências

ARROYO, Miguel. **Oficio de Mestre-imagens e autoimagens.** Petrópolis, RJ: Editora Vozes, 2004.

BRASIL. **Ministério de Educação.** Disponível em: http://portal.mec.gov.br/. Acesso em: 14 out. 2023.

BRASIL, Ministério de Educação. **Programa Novo Mais Educação.** 2016. Disponível em: http://portal.mec.gov.br/programa-mais-educacao. Acesso em: 26 out 2023.

CAVALHEIRO, Rejane. **Marcas de Formação:** processos que tecem trajetórias docentes. Porto Alegre: Editora Imprensa Livre, 2011.

CAVALHEIRO, Rejane. **Teares Formativos Docentes no Ensino Superior.** Curitiba: Editora Appris, 2017.

FREIRE, Paulo. **Pedagogia da Autonomia.** Paz e Terra, 1996.

GELOCHA, Elizandra Aparecida Nascimento. **Ações e Impactos da Formação Continuada do Pnaic no Município de Caxias do Sul-RS:** um estudo de caso. Dissertação (Mestrado em Educação) – Universidade Federal de Santa Maria, Santa Maria-RS, 2016.

LARROSA, Jorge. **Déjame Que Te Cuente – ensayos sobre narrativa y educación.** Barcelona: Laertes, S.A. de Ediciones, 1995.

VIELLA, Maria dos Anjos Lopes (org). **Tempos e Espaços de Formação.** Chapecó: Argos, 2003.

UFSM/FATEC. Fundação de apoio à tecnologia e a ciência. Relatório final Pnaic, 2018.

AS MEMÓRIAS AFETIVAS DAS PROFESSORAS ALFABETIZADORAS EM TEMPOS DE PANDEMIA: ESTUDOS DO GEPFICA SOBRE AS NARRATIVAS DE HISTÓRIAS DE VIDA

Graciele Conrad Benz
Mariane Bolzan
Marta Regina Fontoura
Noeli Oliveira de Camargo
Patricia Miolo

Introdução

Este texto traz importantes contribuições teóricas estudadas ao longo dos vinte anos de existência do Grupo de Estudos e Pesquisas sobre Formação Inicial, Continuada e Alfabetização da Universidade Federal de Santa Maria (Gepfica/UFSM), com temáticas que são problematizadas pelo grupo, como formação continuada de professores, alfabetização, histórias de vida, narrativas. O objetivo desta escrita é refletir sobre as narrativas de professoras alfabetizadoras durante o período da pandemia de Covid-19, considerando seus desafios, suas experiências de vida, profissionais e pessoais, e seu trabalho pedagógico de sala de aula, a partir da relação entre ele e seu processo de formação. Buscando embasamento teórico da narrativa como prática de formação, trouxemos contribuições de estudos de Josso (2004, 2010), possibilitando o resgate das memórias afetivas dessas professoras. Este trabalho contribui no sentido de valorizar o trabalho realizado pelos profissionais da educação que durante o período pandêmico precisaram reinventar-se e criar novas estratégias de ensino/aprendizagem. Dentre as principais competências de um professor que trabalha com crianças pequenas, cabe ressaltar o papel da professora alfabetizadora, que precisa entender as necessidades individuais de seus alunos, sendo de suma importância o contato próximo e constante entre professor e aluno ao longo do processo de alfabetização.

Conforme Freire (1970), faz-se necessário o diálogo e interação entre professor e aluno, visto que essa aproximação permite ao professor compreender as particularidades de cada criança, percebendo suas dificuldades e seus desafios, permitindo ao educador adaptar suas propostas conforme as necessidades específicas de cada aluno, o que estimula, motiva e acaba por criar um interesse maior pela aprendizagem.

Em 30 de janeiro de 2020, foi declarado pela Organização Mundial da Saúde (OMS) que o surto de Covid-19 havia alcançado o mais alto nível de alerta, e, em 11 de março de 2020, acabou por ser caracterizado como uma pandemia, o que desencadeou uma série de medidas de segurança, ocasionando, inclusive, o fechamento das escolas, tornando o processo de ensino/aprendizagem mais um desafio a ser vencido, pois além do distanciamento social, havia também a precarização do acesso às tecnologias para um ensino a distância de qualidade, principalmente no processo de alfabetização.

Para enfrentar o desafio que a educação do momento exigia, foi preciso que os professores se reinventassem e adaptassem suas práticas de ensino, buscando maneiras criativas de manter o engajamento das crianças e famílias. Portanto, esta escrita tem como finalidade refletir sobre as narrativas de professoras alfabetizadoras durante o período da pandemia de Covid-19, considerando seus desafios, suas experiências de vida como profissional, pessoal e do seu trabalho pedagógico de sala de aula, a partir da relação entre ele e seu processo de formação. Conforme Josso (2004, p. 42) "dá-se a conhecer por meio dos desafios e apostas nascidas da dialética entre a condição individual e a condição coletiva".

Considerando que ao descreverem suas experiências de vida, suas práticas formativas ocorridas ao longo de sua jornada profissional, Josso (2004, p. 48) aponta que *"atitudes, comportamentos, pensamentos, saber fazer, sentimentos que caracterizam uma subjetividade e identidades"*. Sendo assim, ao dar ênfase às narrativas das professoras de alfabetização, é dada a possibilidade desses profissionais serem protagonistas de sua própria prática pedagógica.

Desse modo, investigar narrativas se torna uma forma de compreensão de vivências pessoais, que perpassam formações, práticas pedagógicas e jornadas diante dos desafios e experiências, sobretudo no cenário da pandemia, pois, conforme Josso (2004, p. 137), *"a experiência é produzida por uma vivência que escolhemos ou aceitamos como fonte de aprendizagem particular ou formação de vida. [...]. Todas as experiências são vivências, mas nem todas as vivências tornam-se experiências".*

As pesquisas em torno das histórias de vida de professoras têm um importante papel na compreensão da prática pedagógica dos profissionais de educação e no aperfeiçoamento da formação docente, pois mediante esses relatos são absorvidas informações valiosas sobre elementos que inspiram sua prática no processo de formação, tanto de sua identidade como professor, incluindo suas experiências, valores e influências que impactam diretamente em sua abordagem pedagógica, quanto sua formação pessoal, pois, de acordo com Josso (2010, p. 48), a experiência formadora "simboliza atitudes, comportamentos, pensamentos, saber fazer, sentimentos que caracterizam uma subjetividade e identidades". Dessa forma, pode-se afirmar que todas as experiências vivenciadas vão além de apenas ações formativas, pois surgem a partir de memórias vividas, incluindo diferentes sentimentos, desafios e valores, tomando sentido após uma reflexão sobre tal processo.

Ainda conforme a autora (2010a, p. 84), o percurso de *ir ao encontro de si visa a descoberta e a compreensão de que viagem e viajantes são apenas um"*. Oportunizando esse olhar para si, permite-se que muitas lembranças não caiam no esquecimento e sejam lapidadas pela memória, não tornando-se silenciadas pelo tempo.

As narrativas de vida das professoras alfabetizadoras em tempos de pandemia: retrospectiva e possibilidades de um período desafiador

No final do ano de 2019, surgiu, na China, mais precisamente em Wuhan, na província de Hubei, um novo surto de infecções respiratórias e, em 31 de dezembro do mesmo ano, a Organização Mundial da Saúde (OMS) foi alertada sobre vários casos de pneumonia na cidade. Tratava-se de uma nova cepa de coronavírus ainda não identificada em seres humanos.

Com a caracterização do surto de Covid-19 como sendo uma pandemia, vários desafios foram surgindo, principalmente para os professores e alunos, pois as orientações de distanciamento iriam afetar direta e/ou indiretamente as práticas de sala de aula, principalmente a alfabetização.

O ano letivo de 2020 iniciou com muitas incertezas, e já no mês de março as escolas foram fechadas como forma de conter o avanço das infecções e contágio, ocasionando o distanciamento social entre escola e alunos. Arruda (2020) aponta que o novo coronavírus (SARS-Cov-2), a doença causada por ele (Covid-19) e sua forma de contágio fazem das escolas um espaço propício à transmissão, e por mais que as crianças e pessoas saudáveis não estivessem na lista de grupos de risco, poderiam ser o vetor da doença para esses grupos.

No estado do Rio Grande do Sul, com a chegada do contágio pela pandemia no território brasileiro, imediatamente foram tomadas medidas de contenção da propagação do vírus, e o Decreto 55.154 do Rio Grande do Sul veio contemplar todas as escolas do município. Com o decreto, todas as atividades escolares foram suspensas, a fim de prevenção e enfrentamento da pandemia causada pela Covid-19, embasado no art. 3º da Lei Federal nº 13.979, de 6 de fevereiro de 2020.

Nesse momento, surgiram muitas dúvidas, desafios e expectativas sobre como iria acontecer o processo educacional diante dessa situação, em especial, o processo de alfabetização, pois é um nível de ensino que requer uma mediação ativa, intencional, planejada e adaptada às necessidades e capacidades da criança. Em março de 2020, o Conselho Nacional de Educação (CNE) emitiu uma nota para que as redes de ensino [re]organizassem um calendário escolar considerando as necessidades de ações preventivas devido a propagação da pandemia, assim, os municípios e estados emitiram resoluções e pareceres, dando início a uma reorganização das formas de ensino com atendimento aos alunos durante o distanciamento social advindo da pandemia causada pela Covid-19.

A Medida Provisória nº 934, de 1º de abril de 2020, permitiu a flexibilização do calendário escolar, e a partir do Inciso I, do art. 24 da Lei 9493/96, os municípios deram início a uma nova organização na forma de ensino, buscando atender todos os alunos durante o período de distanciamento social.

Sendo assim, após o fechamento das escolas, foram necessárias adaptações no sistema de ensino, fazendo com que os governantes revissem as políticas, viabilizando o ensino remoto, buscando atender às necessidades educacionais das crianças em isolamento.

Em 22 de julho de 2020, a Resolução CMESM nº 40 regulamenta o ensino remoto emergencial para o ensino fundamental da rede municipal de ensino de Santa Maria, e fica determinado, em seu artigo 1º que:

> O Ensino Remoto de Emergência compreende o atendimento não presencial, incluindo ou não o uso de tecnologias digitais, enquanto permanecerem as medidas de prevenção ao novo Coronavírus (Covid-19) no ano letivo de 2020 e/ou quando acometidos por pandemias e outras intercorrências previstas nos termos da lei.

Com essa resolução ficam determinadas as orientações que deveriam ser seguidas no ensino remoto, que até então vinham acontecendo na escola conforme o entendimento e possibilidade do momento. Segundo Vieira e Ricci (2020, p. 1) "a paralisação compulsória das atividades presenciais trouxe ao centro do debate educacional possibilidades de usar as tecnologias para realização das atividades escolares não presenciais".

Diante desse cenário, foi preciso que os professores se reinventassem em suas práticas pedagógicas se utilizando de mídias sociais, tais como Facebook e WhatsApp, como forma de fazer com que as propostas chegassem até seus alunos. Após estudos, alguns programas educacionais foram adotados pelo governo, como Google Sala de Aula, e as propostas passaram a ser regulamentadas baseadas em um currículo emergencial que abrangia os principais pontos de aprendizados que deveriam ser abordados pelos professores, de forma a atender as necessidades de seus alunos.

Nessa perspectiva, a transição para o ensino remoto, embora necessária para garantir a segurança dos alunos e professores, abriu várias lacunas perante o aprendizado, pois em inúmeras escolas a realidade do público escolar não permitia o uso de tecnologia, sendo necessário mais uma vez reinventar as formas de ensino, quando foi pensado na possibilidade de entrega de material impresso, buscando, assim, minimizar os impactos advindos da suspensão do ensino presencial. O autor Boaventura de Souza Santos (2020, p. 14) assinala que "qualquer quarentena é sempre discriminatória, mais difícil para uns grupos sociais do que para outros [...]". O autor afirma que as desigualdades estão presentes, fazendo referência aos grupos que se encontravam em vulnerabilidade social, nesse caso, os alunos que não possuíam acesso à internet e precisaram realizar as atividades de outras maneiras.

Diante dessa mudança repentina no modo de ensinar, tanto os professores sentiram a necessidade de buscar formações adequadas de modo a se sentirem capacitados para melhor desempenhar suas propostas pedagógicas, quanto os alunos se viram obrigados a alterar sua rotina de estudos e adaptá-la ao ambiente familiar. A pandemia trouxe impactos e isso é evidente tanto nas escolas de educação básica quanto no ensino superior, conforme Antunes e Leão (2022, p. 174): "a necessidade de uma reorganização curricular, pois impactou no cotidiano docente como um todo e, em especial, com relação ao currículo nas escolas e universidades".

Mesmo com todos os desafios e dificuldades com o ensino remoto, conforme Arruda (2020, p. 260), "os governos destes países estabeleceram políticas públicas para maximizar o acesso técnico a equipamentos, de maneira a ampliar a equidade no processo de ensino e aprendizagem".

Ferreira (2020, p. 416) menciona que a procura foi, principalmente, por "cursos que ensinassem a lidar com as tecnologias digitais e novas estratégias para ensinar através delas". Já o autor Imbernón (2011, p. 17) nos adverte que "a aquisição de conhecimentos por parte dos professores é um processo complexo, adaptativo e experimental". Portanto, isso exige formação continuada e permanente de professores para que possam sempre atender as necessidades, contemplando saberes e competências que possam trabalhar com as tecnologias. Após o período pandêmico, muitos professores passaram a incorporar as práticas pedagógicas digitais em suas aulas, sentindo essa necessidade de trazer ferramentas que atendam a nova demanda surgida.

Muitos desafios surgiram na pandemia e também no período denominado como pós-pandemia, entre eles, alunos desestimulados e baixo rendimento escolar. Entretanto, os professores foram incansáveis na busca pelo preenchimento dessas lacunas educacionais, orientando, incentivando e tendo um olhar sensível com cada educando. Essa sensibilização, fez com que fossem encontradas possibilidades de aprendizagens e conhecimentos para que potencializassem os efeitos da educação na vida das pessoas. Segundo Arantes e Toquetão (2020, p. 230), é preciso pensar em ações que incentivem a produção infantil por meio dos multiletramentos e a construção dessas ações na formação de educadores. Pedro Demo traz a seguinte contribuição "[...] é preciso aprender permanentemente – aprender a aprender – porque a vida assim pede" (Demo, 2008, p. 6). Portanto, alunos e professores precisaram "aprender a aprender", já que as metodologias e estratégias adotadas foram diferenciadas durante o período pandêmico.

O processo de alfabetização é algo complexo, pois é compreendido como a capacidade que o indivíduo tem de aprender a base alfabética da língua escrita e desenvolver o processo da lecto-escrita, com habilidades para ler e escrever (Ferreiro; Teberosky, 1986). A autora Magda Soares (2003, p. 239) menciona que "letrar é mais que alfabetizar, é ensinar a ler e escrever dentro de um contexto onde a escrita e a leitura tenham sentido e façam parte da vida do aluno". Para Carvalho (2015, p. 68, 69), os alunos

> [...] não têm contatos suficientes com a escrita para se tornarem letrados, não ganham fluência, sentem aversão pela leitura [...] para alfabetizar, letrando, deve haver um trabalho intencional de sensibilização, por meio de atividades específicas de comunicação.

Nessa perspectiva, as professoras sentiram a necessidade de reinventar as suas ações pedagógicas, havendo uma adaptação ao contexto em que estávamos vivenciando e dessa forma, criassem estratégias e possibilidades para que diante do isolamento social os alunos aprendam em suas casas.

Muito do ser professor na pandemia está refletido nas histórias de vida de professores, por isso resgatar acontecimentos importantes do processo formativo faz parte do percurso profissional. O autor Vasconcelos (2000, p. 9) afirma que

> [...] resgatar histórias de vida permite vôos bem amplos. Possibilita articular biografia e história. Perceber como o individual e o social estão interligados, como as pessoas lidam com as situações da estrutura social mais ampla que se lhes apresentam em seu cotidiano, transformando-o em espaço de imaginação, de luta, de acatamento, de resistência, de resignação e criação. Permite refletir a respeito da memória para muito além dos registros efetivos pela história oficial. Aponta para aquilo que é fabricado, inventado ou transmitido como realidade. Sinaliza também para tudo que é escondido, obscurecido, mascarado e precisa ser recuperado, libertado do silêncio, tirado da penumbra.

Ainda sobre histórias de vida, Josso (2009, p. 419) afirma que "é, assim, uma mediação do conhecimento de si em sua existencialidade, que oferece à reflexão de seu autor oportunidades de tomada de consciência sobre diferentes registros de expressão e de representações de si, assim como sobre as dinâmicas que orientam sua formação. Os trabalhos que envolvam um cunho autobiográfico se constituem como uma forma de pesquisa, conforme Abrahão (2004), "o sujeito se desvela para si, e se revela para os outros, como uma história autorreferente carregada de significado".

O trabalho com as narrativas de professores é um percurso formativo, de conhecimento, que traz inúmeras possibilidades e faz com que a própria pessoa se forme a partir da compreensão da sua história de vida. Por isso, acreditamos na importância da reflexão da prática pedagógica, dos momentos de parada, possibilitando um olhar sensivelmente para dentro de si. De acordo com Nóvoa (1992), é fundamental a compreensão de que o "eu profissional" não se desarticula do "eu pessoal", já que as práticas pedagógicas são reflexos das lembranças de sua formação.

Considerações Finais

Propusemo-nos a refletir sobre as narrativas autobiográficas tendo como foco as histórias de vida das professoras alfabetizadoras e a formação continuada de professores no período da pandemia. Acreditamos que ser professora, na atualidade, já se constitui um grande desafio, mas em tempos de pandemia a exigência foi ainda maior, pois foi necessário se reinventar, criar estratégias teórico-metodológicas para que a educação não parasse. Um novo formato de educação foi necessário e as professoras fizeram o que estava ao seu alcance para que houvesse o processo de ensino e aprendizagem, mas, mesmo assim, sabemos que as lacunas na formação dos alunos existiram, pois nada substitui o trabalho de uma professora em sala de aula.

Pensamos que as narrativas autobiográficas das histórias de vida das professoras alfabetizadoras trazem um olhar sensível sobre como reinventar o ensino em tempos de pandemia, pois essa foi a palavra chave da docência, afinal, era necessário fazer com que os materiais chegassem até os alunos e com isso um dos meios mais utilizados foram os recursos digitais, até então desconhecidos por alguns professoras.

Nesse sentido, as vivências e estudos do Gepfica/UFSM, em que há uma vasta bagagem teórica, nos proporcionaram abordar temáticas voltadas ao que o grupo vinha problematizando, mas fazendo relação com o período pandêmico pelo qual passamos. Afinal, ainda são poucos estudos voltados à formação de professores/processos de ensino e aprendizagem/narrativas de professoras que tratam em específico sobre a pandemia da Covid-19.

Referências

ABRAHÃO, M. H. As narrativas de si ressignificadas pelo emprego do método autobiográfico. *In:* SOUZA, E. C.; ABRAHÃO, M. H. (org.). Tempos, narrativas e ficções: a invenção de si (p. 149-170). Porto Alegre: EDIPUCRS, EDUNEB.

ARRUDA, E. P. Educação Remota Emergencial: elementos para políticas públicas na educação brasileira em tempos de covid-19. **EmRede,** v. 7, n. 1, p. 257-275, 2020. Disponível em: https://www.aunirede.org.br/revista/index.php/emrede/article/view/621/575 . Acesso em: abr./jun. 2023.

ARANTES, P. B.; TOQUETÃO, S. C. Multiletramentos na infância: como ficam as crianças no isolamento provocado pela pandemia covid-19? *In:* LIBERALI, F. *et al.*

(org.). **Educação em tempos de pandemia:** brincando com um mundo possível. Campinas, SP: Pontes Editores, 2020, p. 217-226.

CARVALHO, M. **Alfabetizar e letrar:** um diálogo entre a teoria e a prática. Petrópolis, RJ: Vozes, 2015.

DEMO, P. Qualidade e modernidade da educação superior: discutindo questões de qualidade, eficiência e pertinência. **Educação Brasileira,** Brasília, v.13, n. 227, 1991.

DEMO, P. **Habilidades do século XXI.** B. Téc. Senac: a R. Educ. Prof., Rio de Janeiro, v. 34, n.2, maio/ago. 2008.

FERREIRO, E.; TEBEROSKY, A. **Psicogênese da língua escrita.** Porto Alegre: Artmed, 1999.

IMBERNÓN, F. **Formação docente e profissional:** formar-se a mudança e a incerteza. Tradução de Silvana Cobucci Leite. 9. ed. São Paulo: Cortez, 2011.

IOP, M. C. R. **Conexão de Sabres/PROMLA.** Santa Maria, 2020. Disponível em: https://promlasm.wixsite.com/website Acesso em: mar./jun. 2023.

JOSSO, M.-C. **Experiências de vida e formação.** São Paulo: Cortez, 2004.

JOSSO, M.-C. A transformação de si a partir da narração de histórias de vida. **Educação.** Porto Alegre-RS, n. 3, v. 63, p. 413-438, set./dez. 2007. Disponível em: https://wp.ufpel.edu.br/gepiem/files/2008/09/a_tranfor2.pdf. Acesso em: maio/jun. 2023

JOSSO, M.-C. **Experiências de vida e formação.** São Paulo: Paulus, 2010b.

LEÃO, D. O; ANTUNES, H. S. Narrativas de alfabetizadoras sobre um tempo desafiador: políticas e práticas no ensino remoto durante a pandemia no Rio Grande do Sul. *In:* MACEDO, M. S. A. N. (org.). **Retratos da alfabetização na pandemia da Covid-19:** resultados de uma pesquisa em rede. 1. ed. São Paulo: Parábola, 2022.

NÓVOA, A. (org.). **Os professores e a sua formação.** Lisboa: Instituto de Inovação Educacional, 1992.

PREFEITURA MUNICIPAL DE SANTA MARIA. **Programa Municipal de Letramento e Alfabetização:** tecendo saberes, construindo conhecimentos. Brasília, DF: Marina – Artes Gráficas e Editora, 2021.

PREFEITURA MUNICIPAL DE SANTA MARIA. **Conexão de Saberes:** Política Municipal de enfrentamento a distorção idade – ano, repetência e evasão escolar. 2019. 39p.

PREFEITURA MUNICIPAL DE SANTA MARIA. **Vídeo Institucional Conexão de Saberes.** 2021. Disponível em: https://www.youtube.com/watch?v=KaG8n-sUe-vg. Acesso em: mar./jun. 2023.

SAIDEL, M. G. B.; LIMA, M. H. M.; CAMPOS, C. J. G.; LOYOLA, C. M. D.; ESPE-RIDIÃO, E.; SANTOS, J. R. Intervenções em saúde mental para profissionais de saúde frente a pandemia de Coronavírus. **Rev. Enferm. UERJ,** Rio de Janeiro, 2020. Disponível em: https://docs.bvsalud.org/biblioref/2020/06/1097213/intervencoes-em-saude-mentalpor.pdf. Acesso: maio/jun. 2023.

SANTOS, B. S. **A cruel pedagogia do vírus.** Coimbra: Almedina, 2020.

SILVA, M. L.; SANTOS, J. S. dos. Alfabetização de crianças em tempo de pandemia e aulas remotas: o que dizem e fazem os(as) professores(as)? *In:* VII CONGRESSO NACIONAL DE EDUCAÇÃO (CONEDU). Maceió-AL. **Anais [...],** Maceió-AL: Editora Realize, 2020. Disponível em: https://editorarealize.com.br/artigo/visua-lizar/67917. Acesso em: abr./jun. 2023.

SOARES, M. Letramento e alfabetização: as muitas facetas. Trabalho apresentado na 26ª Reunião Anual da Associação Nacional de Pós-graduação e Pesquisa em Educação. Poços de Caldas, 7 de outubro de 2003. MILITÃO, G. M. A.; LIMA, Sheila Oliveira. **Alfabetização e letramento: as práticas de leitura como recurso para a alfabetização.** Disponível em: https://www.uel.br/eventos/sepech/arqtxt/ARTIGOSANAIS_SEPECH/giseldamamilitao.pdf . Acesso: janeiro de 2024.

TEBEROSKY; A.; COLOMÉ, T. **Aprender a ler e a escrever:** uma proposta construtivista. Tradução de Ana Maria Neto Machado. Porto Alegre: Artmed, 2003.

VASCONCELOS, G. A. N. Puxando um fio. *In:* VASCONCELOS, G. A. N. (org.). **Como me fiz Professora.** Rio de Janeiro: DP&A, 2000.

VIEIRA, L.; RICCI, M. C. C. **A educação em tempos de pandemia:** soluções emergenciais pelo mundo. Observatório do Ensino Médio em Santa Catarina (OEMESC), Editorial mensal, abril 2020.

14

BIOSOFIA EM EDUCAÇÃO... DAS CIDADES EDUCADORAS À EDUCAÇÃO DE FORMAÇÃO INTEGRAL INSTITUCIONALIZADA

Beatriz Santos Pontes
Crystina Di Santo D'Andrea
Sabrina Garcez

À terra que também trazemos dentro de nós.
Àquela onde vingam (ou não) as sementes.
(Crystina D'Andrea)

Introdução

É preciso uma aldeia inteira para educar uma criança. O provérbio africano resume a essência deste capítulo ao explanar de forma simples a imensidão que se faz presente ao falarmos da educação, seja de um bebê, de uma criança, de um adolescente, ou mesmo de um adulto, na perspectiva da sua formação integral em diferentes espaços e tempos da cidade. Biosofia é o neologismo que utilizamos para expressar a complexidade desse campo de estudos, alcançar o seu entendimento e transformar a educação institucionalizada por meio da potência da educação de formação integral.

As temáticas de cidadania têm ocupado pautas em diferentes segmentos da sociedade, alicerçadas no acesso igualitário a bens de direito e à intolerância a qualquer tipo de preconceito, onde o respeito à diversidade e o desenvolvimento de identidades culturais são condições *sine qua non* de desenvolvimento. Quando o direito humano ganha contornos das garantias da dignidade e da qualidade de vida, a educação faz-se presente como pretenso instrumento inerente à construção de uma sociedade mais justa e igualitária, baseada na perspectiva de que o capital cultural é sinônimo de romper com estruturas que colonializam, escravizam e são fontes das discrepantes desigualdades e injustiças sociais.

Nosso sistema de educação institucionalizada, da educação infantil à academia, não tem sido eficiente em dar conta dessas demandas, pois permanece subordinado às políticas governamentais que veiculam o processo de massificação e opressão do povo, mantendo-o atrelado à globalização capitalista que ostenta a formação de consumidores e é sustentada pela taxação de impostos à classe média.

A educação de formação integral, fundamenta-se na Constituição Federal de 1988, que estabelece por princípio, que a educação pública seja de qualidade e para todos e, juntamente com o avanço da consolidação dos processos de democratização e cidadania, trabalha-se pela instituição de uma escola pública republicana, laica, obrigatória, inclusiva, gratuita e integral. A experiência vivida, entre 2007 e 2016, sob a coordenação de Jaqueline Moll, o Programa Mais Educação foi o indutor da política de Estado para a educação integral, em dialogicidade com estados e municípios, colaborando para a consolidação de múltiplas vivências em processos educadores, garantindo a milhões de estudantes, em inúmeras escolas do país, o acesso à educação integral de qualidade. Infelizmente, com a ação do Golpe de 2016, contra a então presidenta Dilma Rousseff, todas as políticas públicas que caminhavam nesse sentido foram dilaceradas e ainda se encontram engessadas, dificultando a retomada de um processo educador que garanta a superação dos limites da barbárie, que estamos enfrentando desde então, para a efetiva construção de um projeto de civilização que acolha a essência de humanidade com que somos constituídos.

O projeto educativo do país foi subtraído desse olhar integral, desde o acesso à educação infantil, que ampliou sua demanda reprimida e se viu em tentativas de desconstituição do binário educar e cuidar, para um retrocesso apenas ao cuidado, às cuidadoras, às mães crecheiras. Com perplexidade assistimos a ações deliberadas do MEC, rompendo com o compromisso legal de entender a educação infantil como um direito primeiramente da criança e, posteriormente, de sua família, bem como outras insanidades nos demais níveis da Educação. Esse processo iniciou desde o impeachment da presidenta Dilma Rousseff em 2016 e acirrou-se na gestão Bolsonaro (2018 a 2022), causando um retrocesso ímpar, por meio de diversas ações que descaracterizam os conceitos básicos que consideramos em uma educação de qualidade. As privatizações foram o tônus desse período.

> O projeto de dominação e controle de tudo o que existe, a ruptura da dimensão cosmopolita do homem, a busca de mais e mais poder sobre a natureza, sobre tudo e todos, o antropocentrismo formam o eixo em torno do qual, enquanto civilização, gravitamos. (Trocmé-Fabre, 2006, p. 40)

Com, mediante e pela educação de formação integral, as pessoas têm maior possibilidade de conscientização do seu papel na sociedade e aprendem a questionar as estruturas que as massificam, formando-se como transformadoras e agentes da cultura. Por meio da prática investigativa exploratória e criadora de oportunidades, protagonizam suas histórias de vida e experienciam mudanças nas estruturas da sociedade, porque a partir dos seus princípios, as cidades também passam a ser educadoras para além dos muros da escola, universalizando para toda a sua população, os tempos e espaços de educar.

Este capítulo intencionaliza a necessidade de retomar o ideal de educação de formação integral, propulsor do direito de aprender para além dos tempos e espaços institucionalizados, anunciando o território da Quarta Colônia e a sua condição de Geoparque, como terreno fértil para acolher essa demanda e impulsionar, por meio dos princípios da Biosofia, a constituição de cidades que se definam como educadoras, bem como convida o Gepfica a integrar-se nesse processo.

As Cidades Educadoras... Para além da barbárie

A consistência e o odor do carvalho começam a falar já perceptivelmente, da lentidão e da constância com que a árvore cresce. O próprio carvalho assegura que só este crescer pode fundar o que dura e frutifica. Crescer significa abrir-se à amplidão do céu, mas também deitar raízes na obscuridade da terra. Tudo que é verdadeiro e autêntico só chega à maturidade se o homem for, ao mesmo tempo, ambas as coisas: disponível ao apelo do mais alto céu e abrigado pela proteção da terra que tudo oculta e produz.
(M. Heidegger, Os caminhos do campo)

Para compreender o que é uma cidade educadora, inicialmente precisamos entendê-la como um território educativo. E, para compreender o que é um território educativo, temos que saber que o conceito de território determina um recorte espacial definido por fronteiras e delimitado por relações de poder, por isso é um conceito complexo. Para compreendê-lo melhor, vamos trabalhar com o pensamento de Raquel Rolnik, arquiteta-urbanista, e Milton Santos, cientista geógrafo. Para Rolnik, os territórios são produto da dinâmica social onde se tensionam sujeitos sociais. É construído com base nos itinerários diários, trabalho-casa, casa-escola e nas relações que se estabelecem no uso dos espaços ao longo da vida, das pessoas, no seu cotidiano (Rolnik, 2023). Para Santos (2007), o entendimento da complexidade do território está em compreendê-lo como o lugar onde se realizam todas as ações, criações, forças, poderes e paixões, enfim, é o lugar onde a história das pessoas se realiza a partir das manifestações da sua existência.

> O território não é apenas o conjunto dos sistemas naturais e de sistemas de coisas superpostas; o território tem que ser entendido como o território usado, não o território em si. O território usado é o chão mais a identidade. A identidade é o sentimento de pertencer àquilo que nos pertence. O território é o fundamento do trabalho; o lugar da residência, das trocas materiais e espirituais e do exercício da vida (Santos, 2007, p. 14).

Um território educativo é fundamento da ação educadora porque se reconhece como contexto na formação da população, considerando o local, as pessoas e a cultura para além de suas funções tradicionais, institucionalizadas e cotidianas. É a ação conjunta que se constitui e é constituinte da vida, em que tudo é interdependente e o ser humano e a natureza se reencontram. Por ser fluido e estar sempre em movimento de criação formativa, promove e exerce a função educadora na vida da sua população, "assumindo como desafio permanente a formação integral e inclusiva de crianças, jovens, adultos e idosos" (Rolnik, 2023).

Essa é a premissa para as cidades educadoras, que encampam seus territórios para criar possibilidades de concretizar políticas públicas e justiça social, em espaços e tempos educativos, onde a população é compreendida como articuladora e agente pedagógico, capaz de sustentar o desenvolvimento de todo o potencial de humanidade.

A partir dessa perspectiva, entendemos que cidades educadoras são aquelas que, em seu território, encontram fluidez para além das funções sociais tradicionais, por meio de gestão sustentável, reconhecendo, potencializando e possibilitando a incumbência, ao compactuar e exercer um papel educador na vida da população. Uma cidade educadora assume o desafio permanente de intencionar a formação integral de todos os seus cidadãos, nas evidências sedimentadas pelas políticas públicas que permitem que espaços, tempos e pessoas sejam agentes pedagógicos capazes de transformar o cotidiano do seu território, em possibilidades de qualificação e harmonização da cultura e da vida em sociedade (Arroyo, 2012) E, como diz Sodré, "A educação deixa de definir-se pela incorporação intelectualizada de ensinamentos acabados, sem transformações, passando a favorecer o aprendizado da vida com liberdade" (2012, p. 119).

Santos (1988, p. 46) esclarece que "as cidades pequenas ou grandes, enquanto lugares são singulares e uma situação não é semelhante à outra, e cada lugar combina de maneira particular, variáveis que podem ser comuns a vários lugares". Considera, ainda, a importância do contexto regional, no qual tais cidades estão inseridas, já que o espaço urbano é (re)produzido tanto em função das relações intraurbanas quanto em função das relações interurbanas. Sob esse pensamento, encontra-se a potência da região da Quarta Colônia e sua atual condição de território Geoparque.

Figura 1 –Localização municípios GEOPARQUE Quarta Colônia

Fonte: https://rotaseroteiros.com.br/roteiros-integrados-da-quarta-colonia

Localizado no coração do Rio Grande do Sul, a Quarta Colônia Geoparque constitui-se por nove municípios que estabelecem relações entre si e interligam seu potencial econômico, cultural, histórico e turístico. é facilitada por um consórcio, o Condesus (Consórcio de Desenvolvimento Sustentável), que tem por missão:

> Conservar o patrimônio natural, preservar o patrimônio cultural dos grupos do Território da a Quarta Colônia e, sobre essas referências materiais e imateriais, promover o desenvolvimento social e econômico local e regional sobre bases sustentáveis e solidárias. (CONDESUS, 2023)

Essa aproximação constitui uma determinada ordem social que produz outras relações entre o espaço e o tempo. E essa constituição estabelece, a partir dessas duas ordens, em contexto paralelo, uma razão global e uma razão local específicas ao território. Um movimento dialético, em que as razões globais e locais se associam e se dissociam, leva os territórios (tempo-espaço-pessoas) a defrontar ou confrontar o mundo graças à sua própria ordem.

> A ordem global busca impor, a todos os lugares, uma única racionalidade e os lugares respondem ao mundo segundo os diversos modos de sua própria congruência. A ordem global serve-se de uma população esparsa de objetos regidos por essa lei única que os constitui em sistema. A ordem local é associada a uma população contígua de objetos, reunidos pelo território e, como território, regidos pela interação. No primeiro caso, a solidariedade é produto da organização. No segundo caso, é a organização que é produto da solidariedade. A ordem global e a ordem local constituem duas situações geneticamente opostas, ainda que em cada uma se verifiquem aspectos da outra. A razão universal é organizacional, a razão local é orgânica. No primeiro caso, prima a informação que é sinônimo de organização. No segundo caso, prima a comunicação. Cada lugar é, ao mesmo tempo, objeto de uma razão global e de uma razão local, convivendo dialeticamente. (Santos, p. 338, 339. 2020).

Há de se considerar que as cidades são cartografias que configuram a paisagem territorial por meio do mundo social vivido em seus processos culturais antropológicos e que também são constituídas pela maneira como as populações constroem suas identidades e estabelecem formas diversificadas de coexistirem com os diferentes contextos constitutivos da sociedade. Propondo regramentos pré-estabelecidos com vistas a fomentar uma maior organicidade, potência de gestão e possibilidades de inovação, esse entrelaçamento atribui as nuances de territorialidade fundamentadas pela ordem local. Elias (2000, 1991) afere aos processos civilizatórios como caracterizadores da conformação territorial, em que o contexto de urbanização, desenvolvimento e tecnologia impactam na constituição e na formação dos sujeitos neles inseridos. Perpetuar esse movimento, sem questioná-lo e possibilitar inovações, é condenar as novas gerações a serem reacionárias.

> O que é diferente e específico no jovem humano, é que o mundo no qual ele nasce foi construído por meio de múltiplas mediações técnicas e simbólicas, acumuladas ao longo do tempo, de modo que a lacuna entre o comportamento codificado pelo genoma e o que o mundo permite ou exige é muito maior no homem que em outras espécies. A invenção de ferramentas, de dispositivos materiais, de símbolos, de formas relacionais produziu mundos humanos cujo uso exige configurações neurais muito complexas e não imediatamente disponíveis no nascimento. É preciso aprender muitas coisas para habitar o mundo humano (Charlot, 2020, p. 289).

O que queremos dizer com tudo isso é que a região da Quarta Colônia criou um território fértil de aproximação entre as memórias da Terra e as dos homens, possibilitando a reaproximação das Ciências da Natureza às Ciências Humanas, até então, dicotomizadas pelo desejo de poder e subjugação da humanidade ao seu meio. Viver o território a partir de uma nova ordem local. Como produtora de ciência, tecnologia e informação, ao longo da sua história, a humanidade, referendada pela academia, distanciou-se da natureza, como se os seres humanos não fizessem parte dela e, simplesmente, pudessem explorá-la ao esgotamento. Em nossos currículos escolares e acadêmicos atuais, encontramos esse distanciamento pronunciado em Ciências da Natureza e Ciências Humanas.

Educação de formação integral... O encantamento do humano

> *No momento em que Adão e Eva pararam de brincar, Deus os expulsou do Paraíso. Não fez isso por não gostar deles, mas por medida preventiva: sabia que qualquer paraíso vira inferno quando quem não sabe brincar entra lá. Daí a reza da Adélia Prado: "Meu Pai, me livra de ser grande!"*
> *(Rubem Alves)*

O processo civilizatório vem distanciando o ser (ação de qualificação do que se é) humano daquilo que nos faz natureza terrena em processo de aprendizagem e de evolução. Aceitamos que a racionalidade humana e o consequente desenvolvimento da sociedade brasileira se pautam nas estruturas de poder, exploração, força, competição e méritos, consequentes do processo colonizador, promotor das desigualdades, devastação e acúmulo na forma de riquezas, consumo e conhecimentos espúrios à gente brasileira. Estamos marcados por uma crise de valores que está questionando esse percurso direcionado pela razão científico-positivista. Agimos pendularmente:

> [...] o que se vê é (mais uma vez) um movimento pendular no qual nega-se um pólo desta dicotomia optando pelo pólo oposto: não o *Logos*, mas a *Energéia*, não a mente, mas o corpo; não o Ocidente, mas o Oriente; não a Razão, mas a Irrazão. O que é uma forma de *reproduzir o corte*, apenas escolhendo o outro lado. Agir pendularmente é negar o movimento contraditório do real. A dicotomia é, na verdade, uma maneira de reduzir a contradição a um dos seus pólos (Unger, p. 27).

À interculturalidade, essencial aos processos educativos, relaciona-se à capacidade de os sujeitos de lidarem com a diversidade expressa por meio de saberes e práticas calcados no respeito e na dialogicidade, fazeres análogos à construção e à negociação de conflitos e tensões.

> [...] um projeto social, cultural, educacional, político, ético e epistêmico em direção à decolonização e à transformação. É um conceito carregado de sentido pelos movimentos sociais indígenas latino-americanos e que questiona a colonialidade do poder, do saber e do ser. Enfim, ele também denota outras formas de pensar e se posicionar a partir da diferença colonial, na perspectiva de um mundo mais justo. É nesse sentido que a interculturalidade não é compreendida somente como um conceito ou termo novo para referir-se ao simples contato entre o ocidente e outras civilizações, mas como algo inserido numa configuração conceitual que propõe um giro epistêmico capaz de produzir novos conhecimentos e outra compreensão simbólica do mundo [...] (Oliveira; Candau, 2010, p. 27).

Historicamente, as relações entre sociedade e natureza substituem seu meio natural por ambientes cada vez mais artificializados, sucessivamente instrumentalizados e acomodados por suas condições tecnológicas elaboradas a partir das premissas da ciência, e divulgadas em técnicas informacionais com alto coeficiente de intencionalidade para servir às diversas modalidades e às diferentes instâncias da produção, do mercado e do consumo. Dentro dessa perspectiva "a educação é condição necessária para desabrochar a cidadania, com vistas à formação do sujeito de desenvolvimento, num contexto de direitos e deveres" (Demo, 1999, p. 52). Isso é educação de formação integral. A educação integral é libertadora!

Por meio da educação de formação integral é possível devolver o sentido da humanidade à sua natureza de compaixão e cuidado integradores das virtudes do ser humano. A compaixão caracteriza-se pela "prontidão antecipativa de impedir ou minorar o sofrimento onde quer e como quer que ele se apresente". (Boff, 2000, p. 36). Em políticas públicas, isso é garantir o direito básico da sua população em ter qualidade de vida. É garantir a constituição do território. É conceber o sentido e a responsabilidade pela Educação de todos, da educação infantil à academia, bem como em outros espaços e tempos educativos, por todos. Institucionalizar a educação de formação integral é o primeiro passo para devolver o desejo e a intencionalidade de aprender em diálogos sobre o que vale a pena ser aprendido, por que, como, para que e para quem estamos a aprender.

> Sem educação o mundo humano não se reproduziria de geração em geração. Sem a educação, o genoma Sapiens produziria um animal humano, do tipo criança-lobo, e não um homem. A criança herda, ao mesmo tempo, um genoma específico, aberto, e um mundo já construído. Ela só se torna ser humano pelo encontro desse genoma e desse mundo. Um chimpanzé criado em um meio humano não vai falar, lhe falta o genoma que o permite. Uma criança abandonada, muito nova na floresta, se sobreviver, também não falará, lhe falta o mundo dos homens. A educação é o que permite o encontro do genoma e do mundo, ela é, portanto, condição antropológica, condição de existência do humano (Charlot, 2020, p. 289, 290).

Ao fomentar e possibilitar o reconhecimento do Geoparque, o Condesus – Quarta Colônia cria as condições de integrar o panteão das cidades educadoras e potencializa o contexto necessário à educação integral em todos os níveis de ensino, em romper com o emparedamento da educação institucionalizada e promover aprendizagens em diferentes tempos e espaços das cidades. O território educativo não é um espaço definido pelas paredes das escolas. É um espaço de aprendizagens ilimitado e bem intencionalizado, que envolve o sentimento de pertencimento, a sociabilidade, a cooperação, o encantamento com o que é ser humano, e a potência de compartilhar a vida.

> Falar sobre Educação Integral implica, então, considerar as questões das variáveis tempo, com referência à ampliação da jornada escolar, e espaço, com referência aos territórios em que cada escola está situada. Tratam-se de tempos e espaços escolares reconhecidos, graças à vivência de novas oportu-

nidades de aprendizagem, para a reapropriação pedagógica de espaços de sociabilidade e de diálogo com a comunidade local, regional e global. (Brasil, p.20, 2009)

Também possibilita potencializar as cidades como projeto educativo. As escolas, nem mesmo as políticas públicas em Educação, conseguirão, sozinhas, dar conta da implementação da educação integral. É preciso que esse seja um projeto de todo o território e que todas as comunidades e segmentos da população estejam incluídos e envolvidos dialogicamente, na defesa de uma educação democrática, republicana, laica e de qualidade para todes.

> Esses educadores não conseguirão muita coisa em sua tentativa de fomentar a tolerância e a convivência enquanto os meios de comunicação continuarem utilizando a agressividade e a violência como elemento central de sua oferta de entretenimento para os mais jovens. Não faz sentido manter em nossas salas de aula um discurso bem intencionado sobre a poluição e a reciclagem de matérias primas enquanto as crianças veem seus vizinhos jogarem lixo na rua. Nossa sociedade não pode encomendar dos educadores o trabalho, condenado ao fracasso, de pregar em suas aulas, valores educativos mais importantes, alguns deles vitais para sua própria manutenção (Gómez-Granell; Vila, 2003, p. 11).

As experiências que os sujeito vivenciam no espaço escolar potencializam o seu modo de ser e estar na sociedade. Isso é um fato. Se acreditamos que essa atuação não é condizente às atitudes pretendidas para o séc. XXI, o que precisa ser transformado com urgência é o projeto de escola pública e sua incidência sobre outros tempos e espaços.

Implementar a educação de formação integral é a alternativa para subverter a ordem e o progresso desconectados da nossa natureza humana, da história brasileira (decolonialista) e da essência aprendente. A tomada de consciência do que, para quem e como educar traça parâmetros que estimulam práticas pedagógicas onde cada sujeito torna-se protagonista do seu conhecimento e do seu fazer social. Os pilares alicerçados à educação, segundo Delors (2003), precisam levar em conta quatro dimensões: aprender a ser, aprender a conhecer, aprender a fazer e aprender a conviver com os outros. Tais dimensões fomentam a importância da dialogicidade, do questionamento constante, de uma Educação voltada para o desenvolvimento do raciocínio lógico em que as potencialidades e as singularidades dos educandos e dos educadores, de suas experiências e do seu entorno são basilares na formação de sujeitos autônomos e críticos. Pensando assim, também é preciso agir assim e fazer diferença desde o princípio da formação do que é ser humano, passando pelo redimensionamento do sentido da educação institucionalizada, desde a educação infantil até o mundo acadêmico, continuando e permanecendo como seres aprendentes que somos, construindo e legando memórias ao mundo.

Essa tal Biosofia...

A morada do homem é o extraordinário
(Heráclito)

Morin (2015) associa o processo de aprendizagem das questões existenciais às teorias transcendentais, compreendendo a formação do ser humano como um todo físico, biológico, psíquico, cultural, social e histórico e que sua ação no mundo é emotiva, intelectual e racional. A natureza humana é uma unidade complexa e se desenvolve no mundo que conhecemos e compartilhamos. No entanto, essa unidade é desintegrada no seu processo de formação e na ação da educação por causa das grades curriculares que aprisionam o conhecimento em disciplinas separadas e fragmentadas; das estratégias que não fluem para a energia da vida que se alimenta da curiosidade e do encantamento; das técnicas dissociativas e competitivas e da exclusão dos direitos; da ética contraditória e meritocrática; e da moral massificadora e tendenciosa. Para a dinâmica da existência, torna-se impossível romper com o processo civilizatório que nos conduz à barbárie (Charlot, 2020) e aprender o que nascemos para aprender (Trocmé-Fabre, 2006), que é o significado de ser humano. Biosofia é um termo usado para descrever a filosofia que se concentra na relação entre a vida (natureza) e a tecnologia (processos sociocivilizatórios). É uma abordagem filosófica (práxis) que está concentrada na compreensão da natureza da vida, do universo, da sabedoria e da tecnologia, bem como na forma como esses elementos interagem uns com os outros, harmonizando a vida humana e o ambiente.

Biosofia não é uma Ciência, é um neologismo que compreende e associa a vida e a sabedoria, os sentidos e a *práxis,* incorpora o diferente e se dinamiza por meio da dialogicidade, da escuta e percepção do outro. Cabe considerar que o outro é compreendido como tudo que está além de mim, mas também onde me reconheço. Implica na lógica da compaixão e

do cuidado (Boff, 2001), assumidos como modo de ser, de fazer e de com-
-viver constitui mais que um saber é um campo de estudos em movimento;
é cocriação e implica em estudar a vida em sua sabedoria.

Biosofia constitui um campo de estudos que desvincula-se dos dogmas, das crenças, das verdades postuladas, do formalismo e das histórias contadas pelos vencedores, para anunciar a dinamização das reflexões como processo includente, afeito à complexidade que cocria a vida e assume a sabedoria e a racionalidade humanizadora, tanto quanto a integralidade do que compõem a condição do genoma humano. Estuda a práxis que nos leva a aprender e apreender em cooperação e partilha, construindo e comunicando novos sentidos, significados e compreensões que não dissociam o ser humano da natureza de ser. Por isso a sabedoria da vida (Biosofia) incorpora o diferente, as múltiplas possibilidades a todos e a todo momento, apoiando-se nas vias do diálogo (Dalbosco, 2007). É um campo de conhecimento integral e integrador que considera a capacidade humana de pensar, organizar ações e impulsionar criativamente seu poder criador, dinamizando vivências, existências e experiências harmoniosas e harmonizantes que potencializam a qualificação da vida no cosmos. Pensar a educação através da Biosofia é dialogar, interagir e integrar-se com a ecologia e a ecobionomia, rompendo com o colonialismo e a devastação exploratória do planeta.

A Biosofia possibilita a descentralização do conhecimento institucionalizado como centrado no ser humano (antropocentrismo) e habita uma visão da vida em sua totalidade e universalidade. Consequentemente, a transdisciplinaridade é a travessia fundamental para desconstituir a existência de fronteiras no/do pensamento, conhecimento, fundamentos, razões e lógica entre as ciências. E a bricolagem, um caminho para constituir um método de pesquisa que mantenha viva a sabedoria que nos constitui como seres humanos.

Instituir a Biosofia ao campo da Educação é um projeto a ser considerado e estudado e convidamos nosso grupo de pesquisa, o Gepfica, que comemora 20 anos de ousadia em educação, pesquisa, formação de professores e alfabetização, liderado pela Prof.ª Dr.ª Helenise Sangoi Antunes, a se incluir nesse processo transformador.

Podemos assim dizer que espaço e tempo são coincidentes, uma vez que envolvem a mensuração e a natureza das relações, onde os mecanismos de engrenagem balizam as conformações sociais, onde o local e o global se conectam dando contornos às dimensão da sociedade e aos atravessamentos que estão imbuídos nessas relações ora de pertencimento, ora de esvaziamento e de estratificação, em que ser sujeito de direitos envolve uma gama de dispositivos culturais, sociais e históricos. Em que a luta por igualdade de oportunidades é fonte de constantes disputas e negociações, bem como pauta frequente de debates. O desmantelamento da rede pública de educação foi uma pauta do governo Bolsonaro, divulgada no próprio site federal, por meio de informações e conceitos tendenciosos, fascistas e reacionários divulgados em marketings para promover redes de consumo e clientelismo e convencer os cidadãos brasileiros que a lógica de mercado, educação bancária e o processo civilizatório colonizador são os pilares estruturantes da cidadania, da educação e da formação de quem forma os formadores bem como o esteio da sociedade, que é a própria classe trabalhadora. É um discurso perverso, sorrateiro e invisível. Desvelar e elucidar esse processo criminoso de destruição da vida, da humanidade e da alegria coletiva de ser, urge, em soluções de reconhecimento, formação e sustentabilidade dos territórios.

É preciso organizar e implementar um processo (trans)formador e decolonialista que privilegie a formação de pessoas, mediante os princípios da educação integral, envolvido no/com o território, garantindo direitos, qualidade de vida e sustentabilidade; começando pelo entrelaçamento das/nas redes transgressoras da ordem e do progresso civilizador ostensivo, passando por processos de compreensão da territorialidade e da formação de pessoas, e entretecendo possibilidades de educação de formação integral nas políticas públicas dos estados e municípios. Neste projeto, começar por compactuar com a rede das cidades educadoras faz vislumbrar uma *pro-babilidade* de sucesso na promoção da qualidade de vida, da amorosidade, da dignidade, da formação de pessoas e da dialogicidade com o território (lugar-pessoas-cultura) Quarta Colônia Geoparque, impulsionando um processo subversivo e decolonizador, por meio da formação de pessoas.

"O passado é uma roupa que não nos serve mais..." (Belchior)

E agora? O que vamos vestir?

Referências

ARROYO, M. O direito a tempos-espaços de um justo e digno viver. *In:* MOLL, J. (org.). **Caminhos da educação integral no Brasil: direito a outros tempos e espaços educativos.** Porto Alegre: Penso, 2012.

BERNARDI, B. **Introdução aos estudos etno-antropológicos**: perspectivas do homem. São Paulo: Edições 70, 1974.

BOFF, L.; MÜLLER, W. (col.). **Princípio de compaixão e cuidado.** Petrópolis, RJ: Vozes, 2000

BRASIL. **Educação Integral.** Brasília: MEC, 2009.

CASSOL, C. V. **Biosofia**: viver com sabedoria - movimento pela continuidade, defesa e qualificação da vida. [ca. 2023]. Disponível em: https://www.fw.uri.br/storage/publications/files/f488b7c0d9e9a568772dca2d2d0cc42aCap%205%20-%20Biosofia%20viver%20com%20sabedoria.pdf. Acesso em: 10 out. 2023.

CERTEAU, M. de. **A escrita da História.** São Paulo: Forense Universitária, 1982.

CHARLOT, B. **Educação ou barbárie?** Uma escolha para a sociedade contemporânea. 1. ed. São Paulo: Cortez, 2020.

CONDESUS. **Quarta Colônia.** [ca. 2023]. Disponível em: http://www.condesus-quartacolonia.com.br/quem-somos/missão. Acesso em: 9 set. 2023.

DELORS, J. **Um tesouro a descobrir.** 2. ed. São Paulo: Cortez. Brasília, DF: MEC/UNESCO, 2003.

DALBOSCO, C. A. Pedagogia Filosófica: **Cercanias de um diálogo**. São Paulo: Paulinas, 2007.

DEMO, P. **Participação é conquista**. 4. ed. São Paulo: Cortez, 1999.

ELIAS, N. **The Civilizing Process**, rev. edn. Oxford: Blackwell. [On the Process of Civilisation. Collected Works, Vol. 3, Dubl *In:* UCD Press, forthcoming]. 2000.

ELIAS, N. **A condição humana.** Lisboa, Portugal: Difel, 1991.

GIDDENS, A. **As consequências da modernidade**. Tradução de Raul Fiker. São Paulo: Editora Unesp, 1991.

GÓMEZ-GRANELL, C. VILA, Inácio (org.). **A cidade como projeto educativo.** Porto Alegre: Artmed, 2003.

MORIN, E. **Ensinar a viver:** Manifesto para mudar a educação. Porto Alegre: Sulina, 2015.

OLIVEIRA, L. F. de; CANDAU, Vera M. F. **Pedagogia decolonial e educação antirracista e intercultural no Brasil. Educação em revista,** v. 26, n. 1, Belo Horizonte, abr. 2010. Disponível em: http://dx.doi.org/10.1590/S0102-46982010000100002. Acesso em: 6 out. 2023.

RIGHI, J. V.; BISOGNIN, L. E.; TORRI, V. **Povoadores da Quarta colônia:** contribuições do imigrante italiano na Quarta colônia imperial de Silveira Martins, Rio Grande do Sul – Brasil. Porto Alegre: Editora EST Edições, 2001.

ROLNIK, R. **Educação e território.** Disponível em https://educacaoeterritorio.org.br/conceito-territorios-educativos/#:~:text=Um%20Territ%C3%B3rio%20Educativo%20%C3%A9%20aquele,%2C%20jovens%2C%20adultos%20e%20idosos. Acesso em: 9 set. 2023.

SANTOS, M. **A natureza do espaço: técnica e tempo, razão e emoção.** 4. ed. 10. reimpr. São Paulo: Editora da Universidade de São Paulo, 2020.

SANTOS, M. *et al.* **Território e territórios:** ensaios sobre o ordenamento territorial. 3. ed. Rio de Janeiro: Lamparina, 2007.

TROCMÉ-FABRE, H. **Nascemos para aprender.** São Paulo: Triom, 2006.

UNGER, N. M. **O encantamento do humano.** Ecologia Espiritualidade. São Paulo: Loyola, 1991.

A RELEVÂNCIA DOS PROGRAMAS DE FORMAÇÃO CONTINUADA NOS PROCESSOS FORMATIVOS DE PROFESSORES ALFABETIZADORES

Helenise Sangoi Antunes
Rejane Cavalheiro

Introdução

Este capítulo foi elaborado com o objetivo de apresentar reflexões construídas a partir de programas na área de alfabetização de crianças. Ações produzidas e produtoras de empatia, estudo, amor, foco e prática transformadora no período de pandemia e pós-pandemia a partir do programa de extensão universitária intitulado de "Formação Continuada em Alfabetização e Currículo: desafios contemporâneos". Esse programa é resultante da experiência de formação continuada proposta pelo Grupo de Estudos e Pesquisas sobre Formação Inicial, Continuada e Alfabetização (Gepfica). O referido programa entrelaça os conhecimentos das áreas das pesquisadoras, autoras deste texto, envolvidas nas temáticas de alfabetização e currículo juntamente à necessidade de formação continuada dos professores das redes de ensino municipal e estadual. Foram as demandas que emergiram desse movimento de formações que incentivaram a proposição do programa de extensão, com vistas a ser realizado por meio de plataformas educacionais híbrida por meio do Google Classroom e/ou Hangouts Meet.

Olhares alternativos para situações inusitadas

Um entre tantos ensinamentos vividos em época de isolamento social por conta do SARS-Cov-2, faz reportarmo-nos à capacidade de incentivar no outro a solidariedade, a empatia, a resiliência, o amor e a paciência. Não há como permanecer insensível à provocação de encontrarmos alternativas de ajuda ao próximo. As atitudes encontradas foram pontuais para cada conjunto de situações e pontuais no seu todo.

Podemos demonstrar empatia a cada dia, tanto na nossa vida privada como na nossa vida pública. É improvável que deixássemos de nos sensibilizar pela questão da alfabetização antes, durante e depois da Pandemia de Covid-19 nas escolas urbanas como nas escolas imersas no cotidiano do campo. Apresentamos aqui uma análise abreviada a partir de algumas narrativas registradas pelo Gepfica, que como grupo foi conquistando a admiração e respeito acadêmico pela seriedade e comprometimento em suas entregas formativas de ensino, pesquisa e extensão ao longo de sua trajetória.

Ao completar 20 anos, encontra-se vinculado ao Conselho Nacional de Pesquisa Cientifica/CNPq e ao Programa de Pós-graduação em Educação. As trajetórias de vida pessoal e profissional de cada integrante do Gepfica ao serem respeitadas, reforçam os vínculos de comprometimento com a pesquisa com o ensino e com a adesão aos projetos propostos pelo grupo. A ênfase na formação dos pesquisadores integrantes do grupo é que não visem a centralidade na formação de seus currículos somente sem que atentem para contrapartidas de formação no intuito de ao qualificarem-se nas perspectivas teóricas e práticas contribuam também com os processos formativos de seus pares onde o foco seja sempre a educação pública desde a educação infantil até o ensino superior.

E com esses princípios nos envolvendo, nos sensibilizando e nos motivando que construímos um importante Programa de Extensão intitulado "Formação Continuada em Alfabetização e Currículo: desafios contemporâneos" que se originou a partir da experiência de formação continuada construída pelo Gepfica e que une os conhecimentos das áreas das pesquisadoras envolvidas nas temáticas de alfabetização e currículo juntamente à necessidade de formação continuada dos professores das redes de ensino municipal e estadual oriundas da pandemia de Covid-19. Construímos esse programa de extensão com vistas a ser realizado por meio de plataformas educacionais, tanto de forma híbrida – por meio do Google Classroom e/ou Hangouts Meet – nos servindo de suporte para compartilhar atividades, transmitir vídeos do tipo *webinar*, entre outros, nos encontros não presenciais.

Cabe aqui ressaltar que o Programa de Extensão "Formação Continuada em Alfabetização e Currículo: desafios contemporâneos" que se originou a partir da experiência de formação continuada construída pelo Gepfica/

CNPq/PPGE, foi idealizado por integrantes do referido grupo liderados pelas professoras doutoras Helenise Sangoi Antunes e Débora Ortiz de Leão. A adesão de pesquisadoras e pesquisadores integrantes do grupo como as professoras Dr.ª Elizandra Aparecida Nascimento Gelocha, Prof.ª Dr.ª Jane Schumacher, Prof.ª Me. Marijane Rechia, Prof. Me. Felipe Costa, bem como pelas mestrandas bolsistas de iniciação Científica: Gabriela, Priscila, Thaiene e Liliane, além das professoras mestras Carmem Flores e Beatriz Pontes e pelos doutores em Educação Loiva Isabel Marques, Rodrigo Roratto, Cristina D'Andrea e a Prof.ª Dr.ª Rejane Cavalheiro com pós doutorado.

Enfim, um número significativo de integrantes que tornaram esse programa um espaço de acolhimento, vida e (res)significação de trajetórias pessoais e profissionais de professores alfabetizadores.

Esse programa possui os seguintes objetivos:

- Construir estratégias teórico-metodológicas para atender as demandas de formação continuada de professores nas temáticas de alfabetização e currículo;

- Valorizar a profissão de professor e seus saberes por meio da criação de estratégias teórico-metodológicas que fortaleçam a autonomia do professor;

- Fortalecer a identidade docente e o pertencimento com a teoria/pratica da educação patrimonial;

- Discutir as implicações de políticas curriculares como a Base Nacional Comum Curricular no cotidiano da sala de aula e nos processos formativos de professores.

O programa supracitado foi composto por quatro módulos de estudos, organizados da seguinte forma:

- Apresentação do Grupo de Estudo e Pesquisas sobre Formação Inicial, Continuada e Alfabetização (Gepfica).

- Módulo 1 – Memórias de alfabetização e alfabetização no cenário atual;

- Módulo 2 – BNCC, Referencial Curricular Municipal; Currículo, política e alfabetização;

- Módulo 3 – Alfabetização documentação pedagógica

- Módulo 4 – Práticas Alfabetizadoras.

Esse programa foi ofertado de forma gratuita aos municípios e poderá contar ainda com outras atividades formativas realizadas por seus integrantes a partir de palestras, *webconferências*, entre outros mediadores de interação e poderão ser incorporadas novas temáticas e outros módulos conforme as demandas oriundas das realidades envolvidas.

Em relação à extensão universitária, faz parte da ação de fortalecimento e criação dos aspirantes a Geoparques Quarta Colônia e Caçapava do Sul, e une-se às demandas e ações da agenda 2030 UNESCO a ODS 4 Educação de Qualidade, no que se refere ao oferecimento de cursos para professores da rede pública.

Antunes (2013,p.36) destaca que:

> Questionar o que significa uma prática docente tradicional parece oportuno no momento atual, principalmente quando nos deparamos com tamanho desejo de mudanças na área da educação. Desejamos práticas educacionais inovadoras, críticas, reflexivas e em conformidade com as demandas da realidade na qual estamos imersos. Mas, o que são mudanças na educação? O que significa uma prática docente criativa na sala de aula dentro de uma comunidade? Qual o desejo das crianças e dos jovens que estudam nessas escolas em relação às práticas de leitura e escrita? Pensar sobre ler e escrever faz sentido para as crianças e jovens brasileiros de hoje?

São esses questionamentos que nos inspiraram na criação do Programa e consequentemente colocá-lo em prática na pandemia e pós-pandemia, porque acreditamos no que encontramos em Antunes (2001) a partir de Castoriadis (1987) quando esta se refere à capacidade histórica da criação humana, na capacidade de instituir novas ideias e construir novas significações a toda ação/reflexão/ação humana.

> Uma política de formação de professores deve também, garantir a criação de espaços onde os professores imersos em seus cotidianos e no lócus formador possam atualizar práticas, criar novos conhecimentos, trocar saberes, alegrias, esperanças que sirvam de retroalimentação para o enfrentamento de novos desafios. (Antunes, 2001, p. 159).

Imbricados no desejo de uma política de formação continuada de professores neste país, considerando a importância dos microespaços, construímos o referido programa, que teve apoio da pró-reitoria de extensão da Universidade Federal de Santa Maria- PRE/UFSM, por meio de bolsa de extensão.

Para a realização do estudo optou-se pela abordagem qualiquantitativa baseada nos estudos de Bogdan e Biklen (1994), Fazenda (1995), Goldenberg (2011), Haguette (2011), Weller e Pfaff (2010), assim como por autores com pesquisas publicadas sobre alfabetização como Ferreiro (1996; 2012), Soares (2020) e outros na área de formação continuada, educação do/no campo e formação de professores.

Para contribuir com as discussões propostas, optou-se por utilizar o estudo de caso coletivo realizado nas escolas de classe multisseriada de abrangência da 8ª Coordenadoria Regional de Educação (CRE) do Rio Grande do Sul e no Uruguai. O referido estudo visa conhecer as estratégias teórico-metodológicas construídas para o enfrentamento da pandemia e do pós-pandemia da Covid-19. Conforme Alves-Mazzotti (2006), amparado teoricamente por Stake (2000), no estudo de caso coletivo o pesquisador estuda alguns casos para investigar um dado fenômeno e pode ser visto como um estudo de caso instrumental estendido a vários casos. "Eles são escolhidos porque se acredita que seu estudo permitirá melhor compreensão, ou melhor teorização, sobre um conjunto ainda maior de casos" (Alves--Mazzotti, 2006, p. 642).

Com o intuito de operacionalizar a pesquisa e coletar as informações, que permitam conhecer as escolas e os sujeitos que compõem essa realidade, optou-se por aliar a aplicação do questionário via formulário eletrônico com tópicos que possibilitaram aos participantes trazerem à tona suas narrativas segundo Souza (1996), a partir de pontos mais específicos da investigação.

Realizando a análise das informações coletadas, a proposta foi organizar e promover, em parceria com as escolas envolvidas, forma-ções de professores em classes multisseriadas, a fim de problematizar e promover discussões que envolvam assuntos oriundos das demandas das realidades envolvidas.

Por onde nos conduzimos?

Os estudos propostos por Antunes (2001, 2004, 2005a, 2005) apontam a relevância de projetos/programas de formação continuada para professores que atuam da educação infantil até o ensino superior que promovam a partir de narrativas, estudos sobre as memórias escolares como potencializadores da imagem do professor, repensando os processos formativos e buscando entender a complexidade dos processos de ensinar e aprender.

A força das experiências vivenciadas durante anos de escolarização passa despercebida, na maioria das vezes, nos cursos de formação de professores. Contudo, segundo as pesquisas e os Programas de Extensão desenvolvidos por Antunes (2004, 2011a e 2011b) apontam a importância das lembranças, recordações, imagens e atitudes vividas pelos professores ao longo de suas escolarizações como pontos de referência formativa a serem retomadas nos cursos de formação inicial e continuada de alfabetizadores.

Os estudos já desenvolvidos por Antunes (2004, 2005,2007 e 2011) destacam que a escrita e o espaço de reflexão das narrativas viabilizaram aos sujeitos refletir sobre suas trajetórias pessoais e profissionais do passado a partir das experiências construídas no momento atual.

A lembrança da primeira professora, para uma alfabetizadora, faz com que muitos elementos significativos do processo de ser e tornar-se professor sejam recordados e refletidos, conforme pode ser percebido em outro relato autobiográfico transcrito a seguir:

> Reencontrar a minha primeira professora há exatamente 46 (quarenta e seis anos) passados é de uma intensidade muito marcante. Tanto para mim quanto para a minha primeira professora, o tempo tinha dado uma trégua, estava suspenso no ar. Pois, o amor e o respeito continuam intactos, e o melhor de tudo foi perceber a lucidez e o amor que a minha primeira professora traz para a educação e para os seus ex-alunos. (Relato autobiográfico escrito de H., professora, 2023).

Ao recordar sobre a sua primeira professora, H. destaca o carinho com que ela se dedicava aos alunos, e principalmente sua preocupação com a aprendizagem deles. Nesse contexto, a contribuição teórica de Marcelo (1998) aponta para a necessidade de se repensar o conhecimento sobre o aprender a ensinar dos professores, aspecto que ainda precisa ser amplamente estudado e investigado. Em relação ao seu ciclo de vida pessoal e profissional, segundo os estudos de Huberman (1992), poderíamos estar presenciando em suas narrativas o declínio e o início do desencanto profissional.

> Logo, essa percepção sugere principalmente que os professores estejam preparados para criar e construir alternativas metodológicas que tornem os processos de ensinar e de aprender expressões mais intensas de desejo e de reconstrução contínua. A atitude investigativa como princípio fundamental na formação inicial de professores alfabetizadores justifica-se por criar as condições necessárias para instaurar trajetórias

formativas que irão estimular o professor a buscar a continuidade desse processo, mesmo após estar atuando como docente (Antunes, 2013 p. 9).

Despertar por meio de programas de extensão universitária a garantia da formação continuada em serviço parece ser um dos achados importantes que mostram a força da universidade quando ela se enraíza junto a escola pública, aos seus professores e estudantes cumprindo uma importante estratégia no fortalecimento do espírito crítico e reflexivo por parte dos educadores.

Outro elemento a ser incorporado a essa questão diz respeito aos espaços de formação continuada, que devem ser instaurados na escola de modo a permitir ao professor questionar e reformular constantemente os elementos que fazem parte do projeto político-pedagógico, no sentido de buscar construir respostas e soluções para os problemas que afetam o seu cotidiano escolar (Antunes, 2013, p. 10).

A formação continuada em serviço precisa ser procurada e exigida pelos nossos alfabetizadores como uma forma de poder oportunizar a escuta atenta de suas demandas e reivindicações. Os professores precisam ser ouvidos, urge essa necessidade no contexto pós-pandêmico.

O professor alfabetizador que desenvolvesse tal perfil poderia promover as discussões e reformas necessárias na organização curricular da escola básica. Mas, para tanto, seria necessário desenvolver sua capacidade argumentativa, tornando-o capaz não apenas de compreender e solucionar problemas, mas principalmente de identificá-los no currículo e superá-los, conforme apontado em parte do discurso curricular contemporâneo (Antunes, 2013, p. 11).

A superação da invisibilidade de vozes dos nossos alfabetizadores precisa ser uma bandeira de luta incorporada por todos aqueles que acreditam no poder de transformar ou de sensibilizar a si próprio para conseguir com o seu exemplo transformar o outro.

Conclusão

Sabemos que este capítulo abre questões ao leitor devido à temática ser provocativa.

Acreditamos na utopia, pois é ela que nos torna mais ousados para enfrentar índices apontados pela Secretaria de Educação Básica do Ministério da Educação SEB/MEC (2023). O documento destaca que no Brasil há um índice de 50 municípios em que inexiste qualquer tipo de política municipal para a educação de jovens. Esses dados não nos assustam, mas nos impulsionam a criar estratégias de formação continuada que partam da escola, que valorizem as narrativas tanto de docentes e estudantes que vivem em região de vulnerabilidade social e sofrem questões sociais precárias muito fortes.

As universidades públicas conquistaram no cenário nacional um espaço legítimo de poderem arcar com a responsabilidade de desenvolverem a formação de professores na escola básica com propriedade, pois esse é o seu foco de formação. A retomada desses profissionais para programas de formação, que, sozinhos, não conseguem diminuir as demandas de insucesso na alfabetização, já vem sendo realizada cada vez com maior força e foco sobre a qualidade dos processos de apropriação das linguagens de escrita e habilidades de leitura com compreensão. Entre eles estão: a Escola que Protege, Proletramento e o Pacto Nacional pela Alfabetização na Idade Certa (Pnaic). Como grupo de estudo, semente gerada no interior de uma universidade pública, muito se pode realizar. Sensível às escutas, aos anseios, aos desejos de sonhos possíveis de serem realizados, como profissionais da docência e como professores pesquisadores é o que funda nossas ações e proposições formativas.

Referências

ALVES-MAZZOTTI, Alda Judith. **Usos e abusos do estudo de caso.** *In:* **Cadernos de Pesquisa,** v. 36, n. 129, p. 637-651, set./dez. 2006.

ANTUNES, Helenise Sangoi. **Práticas Educativas.** Editora UFSM. Santa Maria,2005.

ANTUNES, Helenise Sangoi; SOUZA, Elizeu Clementino de (org.). **Formação e trabalho docente em contexto rural:** diálogos teórico-metodológicos. Campinas, SP: Mercado de Letras, 2017, p. 87-114.

ANTUNES, Helenise Sangoi. **Ser aluna, ser professora:** uma aproximação das significações sociais instituídas e instituintes construídas ao longo dos ciclos de vida pessoal e profissional. 2001. Tese (Doutorado em Educação) – Faculdade de Educação, Universidade Federal do Rio Grande do Sul, Programa de Pós-Graduação em Educação, Porto Alegre, 2011.

ANTUNES, Helenise Sangoi. As lembranças escolares de professores alfabetizadores e a relação com os processos formativos. *In:* BOLZAN, Doris Pires Vargas (org.). **Leitura e escrita:** ensaio sobre a alfabetização. Santa Maria, Editora UFSM, 2007, p. 159-171.

ANTUNES, Helenise Sangoi. Relatos autobiográficos: uma possibilidade para refletir sobre as lembranças escolares das alfabetizadoras. **Revista Educação**, Santa Maria, v. 32, n. 1, p. 81-96, 2007. Disponível em: http://coralx.ufsm.br/revce/revce/2007/01/r5.htm. Acesso em: 7 mai. 2020.

CAVALHEIRO, Rejane. **Marcas de Formação:** processos que tecem trajetórias docentes. Porto Alegre: Imprensa Livre, 2011.

CAVALHEIRO, Rejane. **Teares Formativos Docentes no Ensino Superior.** Curitiba: Appris, 2017.

HERMES, Rosiméri; ANTUNES, Helenise Sangoi; CAVALHEIRO, Rejane (org.). **Dossiê temático:** formação de professores – desafios do ensinar e aprender. E-Book. Pimenta Cultural. São Paulo: Pimenta Cultural, 2019.

FERREIRO, Emilia. **Alfabetização em Processo.** São Paulo: Cortez, 1996.

FERREIRO, Emilia. **Passado e presente dos verbos ler e escrever.** Tradução de Claudia Berliner. 4. ed. São Paulo: Cortez, 2012.

HERNÁNDEZ, Fernando; VENTURA, Montserrat. **A organização do Currículo por projetos de trabalho:** o conhecimento é um caleidoscópio. Tradução de Jussara Haubert Rodrigues. 5. ed. Porto Alegre: Artmed, 1998.

MOREIRA, R. J. Ruralidades e globalizações: ensaiando uma interpretação. *In:* MOREIRA, R. J. (org.). **Identidades sociais:** ruralidades no Brasil contemporâneo. Rio de Janeiro: DP&A editora, 2005.

RIBAS, J. da R.; ANTUNES, H. S. Olhares para a educação do campo: em busca da construção do projeto político-pedagógico. **Regae**, n. 6, p. 99-106, jul./dez. 2014.

SANTOS, Fabio Josué Souza dos; SOUZA, Elizeu Clementino de. **Trajetória de vida e profissional de professoras de classes multisseriadas**: alguns apontamentos. *In:* SOUZA, Elizeu Clementino de; *et al.* Ritos de passagem de estudantes de classes multisseriadas rurais nas escolas da cidade. **Roteiro,** Joaçaba, v. 41, n. 1, p. 219-240, jan./abr. 2016. Disponível em: http://editora.unoesc.edu.br/index.php/roteiro/article/view/9269/pdf. Acesso em: 15 ago. 2018.

UNESCO. Organização das Nações Unidas para a Educação, a Ciência e a Cultura. **Diretrizes de políticas para a aprendizagem móvel.** Brasil, 2015

WELLER, Wivian; PFAFF, Nicolle (org.). **Metodologias da pesquisa qualitativa em educação.** Petrópolis, RJ: Editora Vozes, 2010.

16

REVISITANDO O PARADIGMA DA COMPLEXIDADE E A EXPERIÊNCIA INTERDISCIPLINAR/ TRANSDISCIPLINAR NA FORMAÇÃO DE PROFESSORES

Ane Carine Meurer
Helenise Sangoi Antunes
Lorena Inês Peterini Marquezan

Introdução

Este artigo é um recorte da tese de doutorado intitulada: TRAJETÓRIAS E PROCESSOS FORMATIVOS NA/DA DOCÊNCIA: MEMÓRIAS E [RES] SIGNIFICAÇÕES do Programa de Pós –Graduação em Educação da UFSM, de autoria de Lorena Inês Peterine Marquezan na qual percebemos que o contexto da crise mundial gera implicações na formação inicial e continuada dos professores. A colaboradora de pesquisa foi a professora Ane Carine Meurer na qual em sua trajetória constitui-se dentro do paradigma da complexidade interdisciplinar e transdisciplinar. Questionamos: é possível uma mudança de mentalidade, de flexibilidade, de compartilhamento de saberes e fazeres, conhecimentos, atitudes e valores no processo de formação de professores através da interdisciplinaridade e da transdisciplinaridade? Revisitando os operadores dialógicos, holográficos e recursivos, a Teoria da Complexidade propõe que se considere o caráter subjetivo, qualitativo e criativo da aprendizagem, nas quais, o aprender como uma busca de reconfigurações constantes do auto-referencial dos seres humanos, para se alcançar saltos qualitativos do seu entendimento da realidade, propiciando discussões e compreensões no padrão de organização da Universidade articulada com a Escola Básica, em seus diversos níveis de complexidade: organismo - entorno, organizações - entorno, sociedade - entorno, local e global. "O conhecimento é, com efeito, uma navegação num oceano de incerteza respingado de arquipélagos de certeza" (MORIN, 1999, p.46).

Revisitando a interdisciplinaridade e transdisciplinaridade

Estudos sobre a interdisciplinaridade desde a antiguidade clássica era de interesse especulativo dos filósofos. Porém, para este trabalho nos reportamos à década de 60. A temática interdisciplinaridade foi lançada pelo pesquisador francês Georges Gusdorf, em 1961, a UNESCO (Fundo das Nações Unidas para a Educação e Cultura), que criou um projeto de pesquisa interdisciplinar para as Ciências Humanas, reintegrando o conhecimento para ser colocado a serviço do bem comum da humanidade. O referido projeto considerava a interdisciplinaridade uma possível via de ampliação do exercício crítico da cidadania, necessário ao desenvolvimento das sociedades. Alguns estudiosos de universidades europeias e americanas de diferentes áreas do conhecimento compartilharam das ideias propostas.

Os resultados das pesquisas voltaram-se para indicar as principais tendências de pesquisa nas Ciências Humanas, no sentido de sistematizar a metodologia e os enfoques das investigações realizadas pelos pesquisadores. As questões daquela época, segundo os estudiosos, eram: a proposição do estudo da arte numa dimensão antropológica, levando hoje a refletirmos sobre a superação da dicotomia ciência e arte; a indicação da necessidade de estudarmos antropologicamente as matemáticas, o que nos permite hoje refletir sobre a dicotomia "cultura e ciência".

No cenário brasileiro, nos anos 70, as primeiras pesquisas sobre a interdisciplinaridade foram de Hilton Japiassú, no ano de 1976, as quais estão presentes no livro "Interdisciplinaridade e Patologia do Saber". A obra foi baseada nos trabalhos do francês Georges Gusdorf, em que a interdisciplinaridade aparece mais voltada para a pesquisa em Ciências Humanas. O autor trazia os principais questionamentos a respeito da temática e seus conceitos, fazendo uma reflexão sobre as atividades interdisciplinares, fundamentada em experiências realizadas naquele período. O autor nos reporta à interdisciplinaridade como uma necessidade de superarmos a fragmentação responsável pelas "migalhas do saber. Para Japiassú (1976, p.74), "a interdisciplinaridade caracteriza-se pela intensidade das trocas entre os especialistas e pelo grau de interação real das disciplinas no interior de um mesmo projeto de pesquisa".

Ivani Catarina Arantes Fazenda, no seu primeiro estudo (1993), dedicou-se mais aos aspectos relativos à conceituação do que à metodologia, em que também dissertou sobre como a interdisciplinaridade estava sendo implementada nas diferentes esferas do poder constituído na época, a partir da análise do quadro político, que resultou no livro intitulado "Integração e Interdisciplinaridade no Ensino Brasileiro: efetivação ou ideologia?"

Percebemos que o movimento surgiu na Europa, principalmente na França e na Itália, em meados da década de 1960, época em que os movimentos estudantis reivindicavam um novo estatuto de universidade e escola como tentativa de elucidação e de classificação temática das propostas educacionais que começavam a aparecer na época, buscando flexibilidade, igualdade, liberdade e fraternidade. Fazenda (2006) analisa: "O eco das discussões sobre a interdisciplinaridade chega ao Brasil no final da década de 1960, com sérias distorções, próprias daqueles que se aventuram ao modismo sem medir as consequências do mesmo" (p. 23).

Os anos 90 significaram para a autora a possibilidade de explicitação de um projeto antropológico de educação, o interdisciplinar, em suas principais contradições. Em 1990, o assunto mais discutido no *Congresso Estadual Paulista sobre a formação do educador rumo ao século XXI* foi a interdisciplinaridade e, atualmente, ainda é bastante discutida em eventos educacionais. Nos anos 90, abre-se um espaço maior de discussão acerca da temática nacional em que a interdisciplinaridade começa a ser mais bem produzida através da publicação de trabalhos e bibliografia especializada.

Essa interação pode ir da simples comunicação de ideias à integração mútua dos conceitos da epistemologia, da terminologia dos procedimentos, dos dados da organização referentes ao ensino e a pesquisa; transdisciplina – resultado de uma axiomática comum a um conjunto de disciplinas.

Para Edgar Morin (2000), as disciplinas, como estão estruturadas, só servirão para isolar os objetos do seu meio e isolar partes do todo. A educação deve romper com essas fragmentações para mostrar as correlações entre os saberes, a complexidade da vida e os problemas que hoje existem. Caso contrário, será sempre ineficiente e insuficiente para os cidadãos do futuro.

Para Edgar Morin (2000), o parcelamento e a compartimentação dos saberes impedem a compreensão da complexidade da totalidade. Essa inadequação de como as disciplinas são trabalhadas, de saberes divididos, compartimentados, não está de acordo com a realidade que é global, pois as relações entre o todo e as partes impedem a contextualização dos saberes, que deveriam propiciar essencialmente o resgate da unidade complexa da natureza humana.

Na formação de professores, faz-se necessário resgatar as memórias docentes de forma contextualizada, elencando os fatos que marcaram a trajetória de aprendizagem nos percursos urbanos e/ou rurais, no sentido de compreender a constituição dos processos formativos interdisciplinar e transdisciplinar, como no caso de nossa personagem, a Educadora Ane Carine Meurer. Os saberes das experiências compartilhadas articulam saberes interdisciplinares produzidos na Educação Infantil em duas escolas rurais integrando alunos da UFSM de diferentes cursos de formação de professores com vistas à construção de conceitos científicos que nos reportam a Edgar Morin (2012 a).

O primeiro estágio do conhecimento não se reduz a simples informações, pois conhecer implica em trabalhar com as informações, classificando-as, analisando-as e contextualizando-as de maneira inteligente, desenvolvendo a consciência ou sabedoria. A inteligência implica na arte de vincular o conhecimento de maneira útil e pertinente, isto é, produzindo novas formas de progresso e desenvolvimento. A consciência e a sabedoria envolvem reflexão, implicando na capacidade de produzir novas formas de existência, de humanização e de pensar em complexidade.

A complexidade é a união da simplicidade e da complexidade, salienta Morin (1999); dos processos de simplificação implicando em seleção, hierarquização, separação e redução, com os outros contra processos que implicam a comunicação e a articulação daquilo que está desassociado e distinguido, tentando evitar o pensamento redutor que vê apenas os elementos e/ou partes e o pensamento global, que não vê mais que o todo.

Para a educação do futuro, é necessário promover grande remembramento dos conhecimentos oriundos das ciências naturais, a fim de situar a condição humana no mundo, dos conhecimentos derivados das ciências humanas para colocar em evidência a multidimensionalidade e a complexidade humanas, bem como integrar (na educação do futuro) a contribuição inestimável das humanidades, não somente a filosofia e a história, mas também a literatura, a poesia, as artes... (MORIN, 2003, p. 48).

O planeta tem cada vez mais necessidades de pessoas aptas a apreender seus problemas fundamentais e globais, a compreender sua complexidade. Os sistemas de ensino dividem e fragmentam os conhecimentos que precisam ser religados, tanto os mitológicos como os científicos, artísticos, religiosos, éticos e estéticos. Nossa formação escolar, universitária e profissional transforma a todos em cegos políticos, assim como nos impede de assumir nossa necessária condição de cidadãos da Terra. A urgência vital de "educar para a era planetária" requer três reformas inteiramente interdependentes: Reforma do modo de conhecimento; reforma do pensamento; e reforma do ensino. Para tanto, torna-se fundamental que possamos pensar numa reformulação do pensamento, voltando-se para sua complexidade, isto é, um pensamento que considere todos os aspectos que lhe constituem, possibilitando o desenvolvimento do sujeito, sua organização e transformação, assim como da natureza (PETRAGLIA, 1995).

Aproximando as ideias de Morin (2004), assim como a figura construída por Petraglia para ilustrar a sua compreensão das mesmas, nas quais afirmava: "pense global e aja local", esta é sempre verdadeira, mas, dialética, de mãos duplas (pense local e aja global), forma-se uma consciência planetária inacabada.

Percebemos em nossa personagem de pesquisa o paradigma da complexidade, a unidade, dentro da diversidade, a Educadora buscou construir o Projeto Político- Pedagógico da Escola Estadual Cilon Rosa e traz sua experiência para o Projeto Político-Pedagógico do Centro de Educação da UFSM, mobilizando a todos, desenvolvendo sentimento de pertencimento e comprometimento.

O método/caminho/ensaio/estratégia implica num conjunto de princípios metodológicos que configuram um guia para um pensar complexo. Portanto, o método se torna central e vital quando se reconhece a presença de um sujeito que se esforça em descobrir, que conhece e pensa, reconhecendo que a experiência não é uma fonte clara, inequívoca, do conhecimento, pois o mesmo não é o acúmulo de dados ou de informação e sim uma organização. Assim nos reportamos ao autor que afirma:

> É igualmente necessário considerar que método e paradigma são inseparáveis. Qualquer atividade metódica existe em função de um paradigma que dirige uma práxis cognitiva. Ante um paradigma simplificador que consiste em isolar, desunir e justapor, propomos um pensamento complexo que reata, articula, compreende e que, por sua vez, desenvolve sua própria autocrítica. [...] Do ponto de vista etimológico, a palavra "complexidade" é de origem latina, provém de complectere, cuja raiz plectere significa trançar, enlaçar. Remete ao trabalho da construção de cestas que consiste em entrelaçar um círculo, unindo o princípio com o final de

> pequenos ramos. À primeira vista, complexidade é um tecido de elementos heterogêneos inseparavelmente associados, que apresentam a relação paradoxal entre o uno e o múltiplo. A complexidade é efetivamente a rede de eventos, ações, interações, retroações, determinações, acasos que constituem nosso mundo fenomênico. A complexidade apresenta-se, assim, sob o aspecto perturbador da perplexidade, da desordem, da ambiguidade, da incerteza, ou seja, de tudo aquilo que é se encontra do emaranhado, inextricável. (MORIN, 2003b, pp.37-44).

O pensamento complexo entende a ordem através de um conceito mais rico do que o da lei do determinismo, pois, para além dela, inclui as ideias de constrição, obrigatoriedade, estabilidade, constância, regularidade, repetição, estrutura e invariabilidade. Essa ordem nova rompe com a ideia, segundo a qual apenas há ciência do geral. Ao complexificar-se, a ideia de ordem se relativiza. A ordem não é absoluta, substancial, incondicional e eterna, mas relacional e relativa; depende de suas condições de surgimento, existência e se reproduzirá: no tempo e no espaço, toda ordem, cósmica, biológica etc., tem data de nascimento e, cedo ou tarde, terá data de falecimento.

Revisitando o capítulo de livro escrito por Furtado e Meurer (2013, p.147), percebemos que as autoras se reportaram ao paradigma da complexidade de Edgar Morin (1999) para fundamentar o Projeto Interdisciplinar do Campo. Acreditamos que o religar e o problematizar caminham juntos nas trajetórias e processos formativos na/da docência de Ane Carine Meurer.

> Após analisar os dados, buscamos com a equipe de professores e a direção da escola um tema gerador que pudesse ser trabalhado por toda a escola na tentativa de alcançarmos a realização de uma proposta interdisciplinar, nos fazendo pensar propostas que articulem teoria e prática e que superem a fragmentação em disciplinas. Fazendo uma analogia entre a interdisciplinaridade e a globalidade, a mutidimensionalidade e a complexidade de Morin (2000), podemos dizer que acreditamos em uma educação que possibilite encontrar no todo as qualidades e as propriedades que não são encontradas nas partes, reconhecer o caráter multidimensional do conhecimento, em que as dimensões históricas, econômicas, sociais, sociológicas, etc. dialogam entre si e que os elementos afetivos, psicológicos, políticos, etc. estabelecem uma interatividade entre o objeto de conhecimento e seu contexto, a fim de compreender a unidade da complexidade (MEURER; FURTADO, 2013, p. 148).

As autoras reportando-se à necessidade de aprender a religar, a problematizar, parafraseiam Morin na qual a ideia de uma reforma do pensamento como necessidade paradigmática; afirmam que os princípios fundamentais que devem governar todos nossos discursos e nossas teorias. São fragmentados e deveríamos buscar a conjunção e a implicação mútua, citando criticamente que se estuda o cérebro nos departamentos biológicos e o espírito nos departamentos psicológicos, sem jamais criar laços. Revisitando a aprendizagem da religação, afirma Morin (1999) que a missão do ensino implica muito mais em aprender a religar do que aprender a separar, o que foi feito até o presente. Aprender a problematizar, essas ideias são o fio condutor nos projetos político-pedagógicos e de Ensino, Pesquisa e Extensão coordenada por Ane Carine Meurer, sempre aberta ao diálogo e com uma sensibilidade de escuta, de empatia, de compreensão, de humildade, pois tem consciência que religar e problematizar caminham juntos. Religar as questões a partir do ser humano, mostrando- o em seus aspectos biológicos, psicológicos, políticos, pedagógicos e sociais, podendo acessar as disciplinas, mantendo nelas a marca humana e, assim, atingir a unidade complexa do homem, esse é o mote do pensamento complexo, desejável para educador e educando rumo à autonomia de pensamento.

Salienta-se a necessidade de percebermos que a cultura implica *humanidades*, fundada sobre a história, a literatura, a filosofia, a poesia e as artes, e sua essência, pois, possibilita a abertura contextualizada, favorecendo a capacidade de refletir, de meditar sobre o saber e de integrá-lo em sua própria vida para melhor esclarecer sua conduta e o conhecimento de si.

> O desafio da complexidade reside no duplo desafio da religação e da incerteza. É preciso religar o que era considerado como separado, aprender a fazer com que as certezas interajam com a incerteza. "O conhecimento é, com efeito, uma navegação num oceano de incerteza respingado de arquipélagos de certeza" (MORIN, 1999, p. 46).

Morin (1999) defende a necessidade de criarmos os três princípios da reaprendizagem pela religação, articulando em forma de espiral e não linear os conhecimentos produzidos pela humanidade; em essência, emergindo a partir dos diálogos os indivíduos humanos:

> O problema da religação é um problema de reaprendizagem do pensamento que implica a entrada em ação de três princípios. O primeiro princípio é o do anel recursivo ou autoprodutivo que rompe com a causalidade linear. Este

> anel implica um processo onde os efeitos e os produtos são necessários à sua produção e à sua própria causação [...] Desta sociedade, emergem qualidades como a língua ou a cultura que retroagem sobre os produtos, produzindo, assim, indivíduos humanos. [...]. A causalidade é representada de agora em diante por uma espiral, não sendo mais linear. O segundo princípio é o da dialógica, um pouco diferente da dialética. É preciso, em certos casos, juntar os princípios, as ideias e as noções que parecem opor-se uns aos outros. [...] Nesse contexto, o princípio dialógico é necessário para afrontar realidades profundas que, justamente, unem verdades aparentemente contraditórias. Chamei hologramático o terceiro princípio, em referência ao ponto do holograma que contém quase a totalidade da informação da figura representada. Não somente a parte está no todo, mas o todo está na parte (MORIN, 1999, p. 48).

A necessidade de reforma do pensamento proposta por Morin (1999) pode ser materializada na autobiografia da Ane Carine, no seu fazer docente, em que vivencia a indissociabilidade entre Ensino, Pesquisa e Extensão, nos diferentes contextos, da Educação Básica e Universidade, articulando os quatro centros de ensino: CE, CAL, CCNE e CEFD, através do Projeto PIBID Interdisciplinar do Campo.

Considerações finais

O Paradigma da Complexidade foi fundamental para melhor compreendermos as trajetórias e os processos formativos na/da docência da personagem, Educadora Ane Carine Meurer. Revisitando os operadores dialógicos, holográficos e recursivos, a Teoria da Complexidade propõe que se considere o caráter subjetivo, qualitativo e criativo da aprendizagem, nas quais, o aprender pode ser traduzido como uma busca de reconfigurações constantes do auto-referencial dos seres humanos, para se alcançar saltos qualitativos do seu entendimento da realidade, propiciando discussões e compreensões no padrão de organização da Universidade articulada com a Escola Básica, em seus diversos níveis de complexidade: organismo - entorno, organizações - entorno, sociedade - entorno, local e global.

Nas reflexões de Ane, tanto nos artigos científicos quanto no memorial escrito por ela, percebemos a necessidade de buscar em si e em seus educandos, uma consciência menos competitiva, para compreendermos o ser humano e a vida em relações mais democráticas. Defende que o ser humano e o conhecimento devem ser concebidos em conexão com a natureza, o meio ambiente, a vida, o entorno, o local e o global. Ane assina sua experiência com autoria, pensamento próprio, complexo.

A Complexidade permeia o comportamento, os sentimentos e as palavras da nossa personagem, para a qual a autonomia não significa independência, mas sim diálogo na busca de uma educação humanizadora, ética, estética e bioecológica. Esse paradigma coloca o indivíduo, a escola e os sistemas educacionais em redes de articulação, as mesmas percebidas na trajetória da personagem Ane Carine Meurer. A Teoria da Complexidade postula que a Universidade e a Escola Básica, tanto quanto o Sistema Educacional, são como organizações aprendentes, desejantes de superação, de ir além dos fragmentos que até agora ainda compreendemos inadequadamente como conhecimento.

Ane Carine Meurer, como gestora, professora, pesquisadora, evidencia-se nas articulações de teorias e prática, em vários contextos investigativos vem contribuindo para a construção dos projetos político-pedagógicos construídos no/com o coletivo, compartilhando ação-reflexão-ação emancipatórias, muitas vezes imbricadas nas fragilidades e possibilidades, como é o caso das escolas itinerantes do MST e das duas escolas do PIBID interdisciplinar do campo, nas quais mobilizam alunos de diferentes licenciaturas da UFSM, como Pedagogia, História, Educação Especial, Dança, Matemática, Letras – Português, Biologia, Geografia e Educação Física, formando uma verdadeira comunidade entre os Centros: CE, CCNE, CEFD, CCSH e CAL, constituindo-se na/da docência em dinâmicas de complexidade inovadora.

As trajetórias pessoal/profissional e os processos formativos na/da docência, vivenciados e narrados pela educadora Ane Carine configuram-se complexas. Em busca das suas memórias e [res] significações foi buscando fatos e imagens, montando quebra- cabeças a partir das unidades simples de pensamento e abarcando o todo de sua vida e de sua profissão, as unidades complexas que reconstituem o Todo. Em circularidade, cuja abertura volta-se ao tempo-espaço em que passado-presente-futuro são mergulhos em direção de si mesmo, do quê se escondeu e faz bem revelar, do quê se esqueceu e, frente ao Outro, é des-velado.

Nas trajetórias e os processos formativos na/da docência de uma educadora no município de Santa Maria/RS, ao longo da sua carreira, no bojo das narrativas (auto) biográficas escritas das suas memórias e [res] significações aprendemos que a docência complexa constrói-se imbricada na vida pessoal e profissional, no amálgama pessoa- educadora-pessoa. Precisamente, precisamos dizer ainda uma vez o quão inusitada foi a Ane personagem, inventada à luz da escuta sensível a palavra dada, entendida ainda mais uma vez na *compreensão cênica* do narrado, do lembrado frente às imagens fotografadas de então e de agora.

Parafraseando Morin (2004), somos confrontados ao processo da complexidade do mundo interligado à complexidade da história. Precisamos urgentemente reformar o pensamento a partir da reflexão, pensando a ciência una e múltipla, simultaneamente, revisitando a epistemologia interdisciplinar e transdisciplinar, ressignificando os saberes necessários à educação na formação de inicial e continuada de professores.

Concordamos com Morin (1973) quando este afirma que "é importante sintetizar algumas das pontas do mesmo fio que permite caminhar pelo labirinto do conhecimento e tecer o seu itinerário intelectual". Existe a mestiçagem entre vida e obra na construção da subjetividade, tanto pessoal quanto profissional, sentimos a inseparabilidade entre o sujeito e o conhecimento através da *compreensão cênica*, passando pela análise do conhecimento, o que supõe uma psicanálise do conhecimento.

Buscamos uma "ciência da inteireza", implicando igualmente desafiar as bases para uma educação que facilite a "inteireza do sujeito". Assim, é importante redirecionar os horizontes pedagógicos, políticos e educacionais, com vistas à autoformação de sujeitos autores de suas narrativas, concebendo-se como construtores da realidade.

Podemos afirmar que ela vive no paradigma da complexidade, carreando nele os seus saberes e fazeres, evidente na postura reflexiva, aberta, inacabada, sempre compartilhando com humildade. Afirma estar sempre aprendendo devido à incompletude de todo ser humano, mobilizado pela busca da *inteireza do ser*.

> Somos a um só tempo seres cósmicos e terrestres" [...] O ser humano é ao mesmo tempo singular e múltiplo. Dissemos que todo ser humano, tal como o ponto de um holograma, traz em si o cosmo [..] O gênio brota na brecha do incontrolável, justamente onde a loucura ronda. A criação brota da união entre as profundezas obscuras psicoafetivas e a chama viva da consciência (MORIN, 2003, p. 50-57).

Inspirada em Morin, com a ideia de que a aprendizagem do amor através do Eros não é somente o desejo de conhecer e transmitir, ou somente o prazer de ensinar, de comunicar ou de dar: é também o amor daquilo que se diz e do que se pensa ser verdadeiro, implicando em vivências impactantes.

É o amor que introduz a profissão pedagógica, a verdadeira missão do educador e, talvez aí resida a essência da grande complexidade de escuta e mediação, diante dos conflitos interpessoais, das adversidades, das problemáticas, nas quais Ane sempre demonstrou empatia, ética, rigor, equilíbrio, entre outras qualidades, capazes de influenciar positivamente as tomadas de decisões, justas, coerentes, democráticas, beneficiando o clima emocional institucional do Departamento de Fundamentos da Educação, no Conselho do Centro de Educação, na Direção do Centro de Educação, do Conselho Universitário, das Assembleias do Centro de Educação, dos eventos nos quais coordenou, das bancas das quais participou, entre outras cenas de diferentes contextos nas quais estivemos também presentes.

É preciso religar o que era considerado como separado concomitantemente, é preciso aprender a fazer com que as certezas interajam com a incerteza. "O conhecimento é, com efeito, uma navegação num oceano de incerteza respingado de arquipélagos de certeza". (MORIN, 1999, p.46). A Universidade e a Escola Básica necessitam de uma revisitação urgente na sua estrutura, nas matrizes curriculares que permeiam a formação inicial e continuada dos profissionais e, no nosso caso, a formação inicial e continuada de nossos professores.

REFERÊNCIAS

BACHELARD, G. **La formación del espíritu científico**: contribuición a um psicoanálisis del conocimiento objetivo. Tradução de José Babini. Buenos Aires, Argentina: SigloVeinteuno, 1972.

_____. **El materialismo racional**. Tradução de Elsa Repetto de Laguzzi e Norma Martinez Castrillón. Buenos Aires: Paidós, 1986.

FAZENDA, I. (Org.) **Práticas interdisciplinares na escola**. 2. Ed. São Paulo: Cortez, 1993.

FAZENDA, I. **Interdisciplinaridade**: história, teoria e pesquisa. 13. Ed. Campinas: Papirus, 2006.

FURTADO, D. B. V.; MEURER, A. C. O diálogo entre a aprendizagem acadêmica e a prática pedagógica na educação infantil PIBID - interdisciplinar educação do campo. *In*. GENTILI, P. **Falsificação do Consenso**. Petrópolis RJ, Vozes 2002.

GUSDORF, G. Pasado, presente y futuro de la investigación interdisciplinaria. *In*: APOSTEL, L. Et al. **Interdisciplinariedade e ciências humanas**. Madrid: Tecnos- UNESCO, 1983.

JAPIASSÚ, H. **Interdisciplinaridade e patologia do saber**. Rio de Janeiro: Imago, 1976.

JAPIASSU, H. **Nascimento e morte das ciências humanas**. Rio de Janeiro: Francisco Alves, 1978.

JAPIASSU, H. O problema da história das ciências; o problema da objetividade; o estatuto epistemológico das ciências humanas. *In*: JAPIASSU, H. **Questões epistemológicas**. Rio de Janeiro: Imago, 1981, pp. 45-126.

JAPIASSU, H. **Introdução ao pensamento epistemológico**. Rio de Janeiro: Francisco Alves, 1986.

JAPIASSU, H. A atitude interdisciplinar no sistema de ensino. **Tempo Brasileiro**, Rio de Janeiro, N.º 108, jan./mar., 1992, pp.83-94.

MARQUEZAN, L. I. P.; ANTUNES, H. S.; MEURER, A. C. Revisando a formação de uma professora com percursos urbanos e rurais. Rio de Janeiro: VI CIPA. Congresso Internacional de Pesquisa (Auto) Biográfica: entre o público e o privado. Modos de viver, narrar e guardar. **Anais...**, 2014, pp. 1147- 1149.

MEURER. A. C. **O Pedagogo, articulador da reconstrução do projeto político-pedagógico da escola**: possibilidades e limites. Ijuí: Ed. UNIJUI, 1998.

MEURER, A. C. **Escola de Ensino Médio:** O caminho percorrido para a reconstrução do projeto político-pedagógico. Tese (Doutorado em Educação). Universidade Federal da Bahia, Salvador, 2003.

MEURER, A. C. O Projeto Político-Pedagógico da Escola Itinerante: contribuições que me ajudaram a repensar o projeto político-pedagógico da Universidade. *In*: MEURER, A. C. **Espaços-tempos de itinerância**. Interlocuções entre Universidade e escola itinerante do MST. Santa Maria: Editora UFSM, 2006 a, pp. 197-215.

MEURER, A. C. Articulação do projeto político-pedagógico da escola de ensino médio e do projeto político-pedagógico social: perspectiva dos alunos. *In*. VEIGA, I. P. A. (Org.). **Quem sabe faz a hora de construir o projeto político-pedagógico**. Campinas, São Paulo: Papirus, 2007, pp. 89-111.

MEURER, A. C. PIBID Educação do Campo Interdisciplinar. **Relatório**. Santa Maria, dezembro de 2014.

MEURER, A. C.; COSTAS, F. A. T.; MARQUEZAN, L. I. P. **Cadernos de Psicologia da Educação I, II, III e IV**. Santa Maria: UFSM/CE, Curso de Graduação a Distância de Educação Especial, 2005.

MEURER, A. C.; De DAVID, C. **O Projeto Político-Pedagógico dos movimentos sociais**: o que a educação formal tem para aprender com eles? Universidade Federal de Santa Maria, V. 37, N.º 3, set./dez. Santa Maria, 2012, pp. 509-521.

MORIN, E. **Para sair do século XX**, Rio de Janeiro, Nova Fronteira, 1986.

_____. **Vidal e os seus**. Lisboa, Portugal: Instituto Piaget, 1994.

_____. **Ciência com consciência**. Rio de Janeiro: Bertrand Brasil, 1996.

_____. **Complexidade e transdisciplinaridade**: a reforma da universidade e do Ensino Fundamental. Natal: Editora da UFRN, 1999.

_____. **A religação dos saberes**. O desafio do século XXI, SP. Bertrand Brasil, 2000.

_____. **O X da questão**: o sujeito a flor da pele. Rio de Janeiro: Imago, 2002.

_____. **A cabeça bem-feita**: repensar a reforma, repensar o pensamento. 6.ª Ed., Rio de Janeiro: Bertrand Brasil Ltda., 2003 a.

_____. **Educar na era planetária**: O pensamento complexo como método de aprendizagem pelo erro e incerteza humana. São Paulo: Cortez; Brasília, DF: UNESCO, 2003b.

_____. **Os sete saberes necessários à educação do futuro**. 2.ª Ed. São Paulo: Cortez, 2003c.

_____. **Em busca dos fundamentos perdidos**: textos sobre o marxismo. Tradução Maria Lúcia Rodrigues, Salma Tannus. 2.ª Ed. Porto Alegre: Sulina, 2004.

_____. **Introdução ao pensamento complexo**. Porto Alegre: Sulina, 2006.

_____. **O método 2**: a vida da vida. Porto Alegre: Sulina, 2011 a.

_____. **O método 4**: as ideias: habitat, vidas, costumes, organização. Porto Alegre: Sulina, 2011b.

_____. **O método 6**: ética. Porto Alegre: Sulina, 2011c.

_____. **O método 3**: o conhecimento do conhecimento. Porto Alegre: Sulina, 2012 a.

_____.**O método 5**: a humanidade da humanidade. Porto Alegre: Sulina, 2012b.

_____. **O método 1**: a natureza da natureza. Porto Alegre: Sulina, 2013. MORIN, E.; KERN, A. B. Terra-Pátria. Porto Alegre: Sulina, 1996.

PETRAGLIA, I. C. **Interdisciplinaridade**: o cultivo do professor. São Paulo, SP. Pioneira: Universidade de São Francisco, 1993.

SOBRE AS AUTORAS E AUTORES DESTE LIVRO

Para Rubem Alves, *há escolas que são gaiolas e há escolas que são asas.* Os integrantes do Grupo de Estudo e Pesquisa em Formação Inicial Continuada e Alfabetização (Gepfica) se dedicam a contribuir com a formação de professores e professoras para que estes e estas criem com seus estudantes escolas desenvolvedoras de asas. Por onde esses autores e autoras já andaram vivendo experiências incentivadoras de *mentes aladas* de criatividade, saberes e sonhos?

Andressa de Senne Cargnin http://lattes.cnpq.br/9996002929332409

Ane Carine Meurer http://lattes.cnpq.br/6724702305350914

Beatriz Sousa Ribeiro Luso Calado ORCID: 0000-0003-3299-6845

Beatriz Santos Pontes http://lattes.cnpq.br/5246716446064579

Caroline Leonhardt Romanowski http://lattes.cnpq.br/6872 843067269222

Clarice Marlene Rucks Megier http://lattes.cnpq.br/6762666237874736

Cristian Fátima Stakonski http://lattes.cnpq.br/5751383649740837

Crystina Di Santo D'Andrea http://lattes.cnpq.br/6081650175089385

Conceição Leal da Costa http://lattes.cnpq.br/8593080950412611

Débora Ortiz de Leão http://lattes.cnpq.br/7780429374933352

Elcí da Silva Tonetto http://lattes.cnpq.br/0033548138791981

Eliane Medianeira Sanguitão Nikele http://lattes.cnpq.br/8746748038763771

Elizandra Aparecida Nascimento Gelocha http://lattes.cnpq.br/574297026 0517423

Felipe Costa da Silva http://lattes.cnpq.br/3227307131030347

Fernanda Ferreira Vogel http://lattes.cnpq.br/2597752943154467

Gabriela dos Santos Oliveira http://lattes.cnpq.br/6896989517270131

Graciele Conrad Benz https://lattes.cnpq.br/8577347495777349

Helenise Sangoi Antunes http://lattes.cnpq.br/6804330341401151

Julia Bolssoni Dolwitsch http://lattes.cnpq.br/4439946147010044

Júlio César Rosa Machado http://lattes.cnpq.br/5144057904053883

Liliane Goreti Portinho Ortiz http://lattes.cnpq.br/7774047290954818

Loiva Isabel Marques Chansis http://lattes.cnpq.br/7150885640328089

Lorena Inês Peterini Marquezan http://lattes.cnpq.br/7744372138473817

Maria Helena Menna Barreto Abrahão http://lattes.cnpq.br/0244287001731375

Mariane Bolzan http://lattes.cnpq.br/6707355933109381

Marijane Rechia http://lattes.cnpq.br/3184621166784539

Marta Regina Fontoura http://lattes.cnpq.br/0826666237660426

Noeli Oliveira de Camargo http://lattes.cnpq.br/8722083779315699

Patricia Miolo http://lattes.cnpq.br/6678698083506846

Priscila Michelon Giovelli http://lattes.cnpq.br/1798008472819361

Rejane Cavalheiro http://lattes.cnpq.br/9087193967745267

Ricardo Mateus Klein Cargnin http://lattes.cnpq.br/7320791839607064

Rodrigo Roratto http://lattes.cnpq.br/0021728526080711

Rosaura de Fátima Oliveira de Vargas http://lattes.cnpq.br/5027174237117229

Sabrina Garcez http://lattes.cnpq.br/5552302440829986

Thaieni Mazzeto da Costa http://lattes.cnpq.br/0896884621156310

Thaís Virgínea Borges Marchi Stangherlin http://lattes.cnpq.br/44587395
68225501

Zoraia Aguiar Bittencourt http://lattes.cnpq.br/9415905395080587